中国社会科学院创新工程学术出版资助项目

中国社会科学院马克思主义理论
学科建设与理论研究工程系列丛书

马克思主义与西亚非洲 国家发展道路问题研究

杨光 王正 张宏明 主编

中国社会科学出版社

图书在版编目(CIP)数据

马克思主义与西亚非洲国家发展道路问题研究／杨光，王正，张宏明主编.
—北京：中国社会科学出版社，2017.3

（中国社会科学院马克思主义理论学科建设与理论研究工程系列丛书）

ISBN 978 - 7 - 5203 - 0111 - 4

Ⅰ.①马… Ⅱ.①杨…②王…③张… Ⅲ.①马克思主义—
发展—研究—西亚②马克思主义—发展—研究—非洲

Ⅳ.①D737②D74

中国版本图书馆 CIP 数据核字（2017）第 067776 号

出 版 人	赵剑英
责任编辑	赵　丽
责任校对	王佳玉
责任印制	王　超

出　　　版	中国社会科学出版社
社　　　址	北京鼓楼西大街甲 158 号
邮　　　编	100720
网　　　址	http://www.csspw.cn
发 行 部	010 - 84083685
门 市 部	010 - 84029450
经　　　销	新华书店及其他书店

印　　　刷	北京君升印刷有限公司
装　　　订	廊坊市广阳区广增装订厂
版　　　次	2017 年 3 月第 1 版
印　　　次	2017 年 3 月第 1 次印刷

开　　　本	710×1000　1/16
印　　　张	18
插　　　页	2
字　　　数	295 千字
定　　　价	78.00 元

前　言

以毛泽东、邓小平、江泽民为核心的党的三代领导集体和以胡锦涛同志为总书记的党中央始终高度重视党的理论工作，重视全党对马克思主义理论的学习和研究工作。十八大以来，以习近平同志为总书记的党中央更是把意识形态工作作为党的一项极端重要的工作来抓。

2004 年 1 月，《中共中央关于进一步繁荣发展哲学社会科学的意见》下发，并决定实施马克思主义理论研究和建设工程。为贯彻落实党中央关于把中国社会科学院努力建设成为马克思主义坚强阵地、党和国家的思想库智囊团（智库）、哲学社会科学的最高殿堂的要求，中国社会科学院党组采取了一系列重要措施。2009 年初成立了中国社会科学院马克思主义理论学科建设与理论研究工程领导小组。小组成立后，一方面注重抓好马克思主义理论学科组织机构的建设，设立马克思主义理论类别的研究室和中心等；另一方面注重马克思主义基础理论研究。

为了推进马克思主义基础理论研究，中国社会科学院从 2010 年起陆续推出的"马克思主义理论学科建设与理论研究系列丛书"，包括"马克思主义经典作家专题摘编系列"、"马克思主义专题研究文丛系列"、"马克思主义基础理论研究系列"等。"马克思主义基础理论研究系列"是马克思主义及其中国化理论研究的专门论著，该系列论著的推出，将有助于马克思主义话语体系的构建和马克思主义话语权的巩固。

中国社会科学院马克思主义理论学科建设
与理论研究工程领导小组
2015 年 1 月

目　　录

第一章　马克思主义时代观与西亚非洲国家的发展环境

科学地认识和判断人们所处的时代、准确地分析国际环境的变化，这是摆在每一个国家面前的首要任务。因为在竞争日益激烈的当代世界，只有廓清时代的性质和特征，把握时代发展的方向，才能做出符合时代潮流的战略选择，才能明确相应的战略任务，推动全面发展，提升国际地位，进而引领时代的潮流。从这个意义上说，关于时代的认识和判断是一个国家解决其发展道路和战略方向的首要前提，因此，时代观是一切问题的总开关。

但是，究竟如何认识和判断时代的发展和国际环境变化？西亚非洲各国在长达一个多世纪的实践探索中，尤其是在时代观的认识上有过不同程度的偏差或失误，因而给国家和社会的发展事业带来了重大损失，曾有着极为沉痛的教训。

正确的时代观来源于科学理论和方法的指导。马克思主义时代观有助于人们科学地分析和判断西亚非洲国家发展的国际环境，进而揭示西亚非洲诸国发展进程等重大问题的根源、走向和出路。目前，学术界从马克思主义视角对时代的界定和分析，已有许多精辟的观点和重要的研究方法，然而，以马克思主义时代观为指导，对西亚非洲国家发展环境的相关研究尚属少见，仍然是当前一个薄弱的领域。因此，本章尝试以宏观视角，在概述马克思主义时代观方法论的基础上，剖析西亚非洲国家发展的国际环境特点，比较分析西亚非洲主要国家在时代观问题上的认知、判断、后果及其影响，进而回答"如何认识西亚非洲国家发展的国际环境""西亚非洲国家的发展如何适应国际环境变化和时代方向"诸问题。

第一节　马克思主义时代观的基本内涵

"时代"与"格局"是国际关系领域研究的核心议题。前者是依据科学方法进行的主观判断，即怎样看所处的时代？后者是关于客观国际现实的分析，即国际或地区力量结构状况。马克思主义时代观就是要揭示不同时代的性质和特征，把握时代演变的内在规律，从而根据时代特征选择并制定任务和目标，改变或推动格局向有利于潮流的方向、有利于自己的方向发展。正如列宁所说："只有在这个基础上，即首先考虑到各个'时代'的不同的基本特征（而不是个别国家的个别历史事件），我们才能够正确地制定自己的策略。"①

一　马克思主义对"时代"的界定及其判断时代的方法

时代是关于不同历史发展时期的基本概括，通常以生产力和生产关系变革所引起的经济、政治、文化等重大变化为依据而划分不同的时期。时代是时空条件变化的总体表现，它反映了影响人类活动的客观环境的变化。

时代观是指人们对时代变化状况的认知和判断，包括对时代的性质、时代发展的阶段、时代主题或基本特征等问题的概括和分析。

马克思主义的时代观是关于时代的理论和方法的学说，旨在揭示时代发展演变的内在动力和规律，分析不同时代的特性，确定时代发展的方向等理论问题。

时代问题是马克思主义的最基本理论问题。如果说时代是关于人类社会发展一定时期世界主要特征和发展趋势的揭示和反映，那么，时代问题就是全局性、根本性、稳定性的问题，是最高层次的战略判断。②

如何判断"时代"？列宁曾指出："我们无法知道，一个时代的各个历史运动的发展会有多快，有多少成就。但是我们能够知道，而且确实知道，哪一个阶级是这个或那个时代的中心，决定着时代的主要内容、时代发展的主要方向、时代的历史背景的主要特点等等。"③ 在列宁看来，在阶级社会中，哪一个阶级处于时代的中心，成为支配时代运动的主要动力，决定着时代的主要内容和时代发展的主要方向。

马克思主义关于时代的判断，其基本方法是：第一，以生产方式和社

---

① 《列宁全集》第26卷，人民出版社1985年版，第143页。
② 郭跃军：《马克思主义时代观与当今时代》，知识产权出版社2012年版，第2—5页。
③ 《列宁专题文集：论资本主义》，人民出版社2009年版，第91页。

会制度的变迁作为划分时代的基本方法。按照生产方式,从所有制与阶级的角度所进行的划分是最主要的划分标准。第二,以动态的发展的态度认识和判断时代问题,强调对时代判断的多层次分析,即把握大时代与小时代、国际时代与国内时代、现时代与未来时代的统一。①

人类社会从低级到高级的演变,经历了生产方式的不同发展阶段,每个阶段其生产方式有不同的内在特质,决定了不同时代的基本特性,这构成了历史发展进程的大时代。与此同时,在同一大的历史阶段或时代,由于一些重大历史事件的重大影响,从而形成了一个个不同的历史时期,即同一大的历史阶段内的"小时代"。实际上,"大时代"与"小时代"的关系是相互作用又互为影响的,前者具有决定性,后者则是对前者的丰富。

实际上,人们对于时代观的认识立足于对现实世界的透彻分析,而非马克思主义经典作家的字句上。正如列宁所说,"只有不可救药的书呆子,才会单靠引证马克思关于另一历史时代的某一论述,来解决当前发生的独特而复杂的问题"②。

二 从马克思主义时代观看时代的主题

马克思主义时代观是认识和判断时代的科学理论和方法。

19世纪后半叶,马克思主义创始人提出了自由竞争的资本主义时代观。

20世纪前期,列宁根据垄断资本主义的特点,特别是帝国主义政治、经济发展不平衡的现象和规律,认为社会主义将首先在帝国主义链条最薄弱环节的一个或几个国家取得胜利,从而提出了帝国主义战争和无产阶级革命的时代观。列宁以大量时间和精力关注和研究时代问题,绝非只是从学术角度对当时资本主义所发展到的新阶段进行描述和论证,其根本目的乃是以正确的时代观指导现实的无产阶级革命实践。列宁关于时代的概括影响了整个20世纪波澜壮阔的国际共产主义运动乃至世界历史进程。

20世纪中期,毛泽东进一步提出了"三个世界"划分的战略思想。

20世纪80年代中期,邓小平根据客观形势的变化,以"东西南北论"形象地概括了当今时代的主要问题,抓住国际社会的主要矛盾,从而揭示

---

① 陶文昭:《列宁时代观的新视角》,《晋阳学刊》2012年第4期。
② 《列宁文集:论马克思主义》,人民出版社2009年版,第299页。

了和平与发展的时代主题。邓小平认为："国际上有两大问题非常突出，一个是和平问题，一个是南北问题。还有其他许多问题，但都不像这两个问题关系全局，带有全球性、战略性的意义。"[①] "现在世界上真正大的问题，带全球性的战略问题，一个是和平问题，一个是经济问题或者说发展问题。和平问题是东西问题，发展问题是南北问题。概括起来，就是东西南北四个字。南北问题是核心问题。"[②]

纵观20世纪以来的世界历史，前50年是以战争与革命为主题的历史时代。时代主题转换的历史契机起源于50年代中期以后，彰显于70年代后期以来，其标志是，世界主要矛盾的变化，即从政治转向经济，从革命转向和平，由此而概括出当代世界最突出的战略新判断：和平与发展逐渐成为当代世界的主题，其中，由于和平离不开发展，因此，发展问题实质上乃是核心问题。

时代主题的变化规定了这一时代的基本特性——"开放性"。开放成为新的时代的重要特征。换言之，当今时代是开放的时代。世界历史发展到今天，几乎所有国家在经济上都处于相互依赖和相互影响之中，任何国家都不可能脱离世界经济的发展，关起门来搞建设。正如邓小平指出："现在的世界是开放的世界。中国在西方国家产业革命以后变得落后了，一个重要原因就是闭关自守。……关起门来搞建设是不行的，发展不起来。"[③] 由此观之，和平、发展、开放就成为当今时代的主要特征。

第二节　马克思主义时代观与中东国家发展的国际环境

从马克思主义时代观出发，认清时代的特征和主题，进而分析如何实现和平和发展就成为至关重要的问题。对于中东诸国而言，判断时代变化方向，认清国际和国内环境是确定发展道路与方向、制定战略方针的前提。那么，中东诸国在解决发展道路和制定战略方针等问题上，是否做出了科学的判断？其衡量标志是：对于时代变化或"世情"的判断是否准

---

① 《邓小平文选》第3卷，人民出版社1993年版，第96页。
② 同上书，第105页。
③ 同上书，第64页。

确？是否符合特定的"区情"和具体的"国情"？

所谓"世情"，它包括所处的时代及其不同发展阶段的基本特征、特定阶段世界格局的变化及其国际关系等，其中对时代及其不同发展阶段的正确判断是一个核心问题。

所谓"区情"即指中东区域环境，它包括地区秩序的特点、变化，地区国家间相互关系状况，本地区与域外国家之间的关系状况等。

所谓"国情"，它包括本国的社会制度及其发展阶段、经济和文化发展程度、人口和自然资源、国土与历史传统等，其中社会制度的性质及其发展阶段是国情的核心问题，即基本国情。

历史经验表明，只有对"世情"和"区情"做出准确判断，深刻理解所处的时代特点，才能制定出切合客观需要的战略方针，推动国家建设事业进一步发展；反之，就会遭受挫折和失败。

从整体上看，绝大多数中东国家发展经历了两个重要历史时期，即独立前的被殖民时期和独立后的自主发展时期。前一个时期主要是欧洲殖民主义入侵中东和奥斯曼帝国逐渐走向衰落和瓦解，其中，埃及沦为殖民地、波斯（后改称伊朗）沦为半殖民地以及阿拉伯新月地带相继为英法所控制，中东地区形成了由英法等列强主宰的殖民体系。后一个时期则是各国挣脱殖民体系，取得国家独立并开始建立民族国家时期，从两次世界大战期间民族独立运动，到一个又一个国家相继独立，至 20 世纪 70 年代初期，中东民族国家体系在该地区逐步完成，各国纷纷走上了自主发展的道路。

伴随着这一历史进程，中东国家经历了深刻而艰难的社会变迁，无论是社会形态还是制度类型都在发生深刻的变化。欧洲殖民主义入侵和资本主义扩张以及殖民化进程所带来的巨大冲击，殖民地经济结构和政治权力结构的变化带来社会结构的变化，形成中东地区社会变迁和社会转型。其中，民族独立运动和民族独立国家的建立，成为中东变迁的新标志。因此，独立以来的中东各国，是否将发展置于首位，如何实现其自主发展？中东诸国的实践经历既反映了对"世情"的认知程度和回应方式，又反映了对国情的把握程度。

一　中东地区国际环境分析

（一）中东地区国际环境的基本特征

国际环境通常指国际关系结构体系对一国的影响和一国对国际关系结

构体系的影响所做出的应对及反映方式。换言之，国际环境反映了国际关系结构体系与国家行为体之间的互动关系。

考察国际环境通常有多种视角。从地缘政治学来看，中东国家的国际环境包括了三个层次，一是，中东诸国的"周边环境"，它对一国的影响最直接，一国对周边环境的反应最为敏感，因为周边环境的变化决定着一国对外战略的调整和实施；二是，中东国家的"区域环境"，它集中于中东地区层面的力量对比关系；例如，阿拉伯国家与以色列之间、世俗共和制国家与君主制国家之间、以伊朗为核心的什叶派国家集团和以沙特阿拉伯为核心的逊尼派国家集团之间的力量对比关系，等等；三是，中东之外的"国际环境"，它通常是不同国家行为体或非国家行为体之间形成的复杂的国际体系，且包含了周边环境和区域环境，是全球范围内的力量对比关系的体现。这三者之间相互关联，在不同时期有着不同的关联性。例如，冷战时期，中东地区亲苏阵营与亲美阵营之间的区分就是美苏对峙这一国际关系在该地区的反映。这种关联性的背后，就是中东地缘政治的重要性。

众所周知，中东位于亚、非、欧三大洲的交汇处，其扼守国际水路运输通道和拥有丰富的能源资源赋予其全球性战略要地的特殊地位。这正是吸引着外部列强觊觎中东，纷纷踏入中东的重要原因。由此决定了中东地区国际环境的基本特征。

第一，外部性。中东地区历来是大国角逐的舞台。一方面，外部列强始终将中东列为其战略利益的重要区域，为了获得竞争优势，列强利用地区内部的矛盾，进行渗透和扩张，塑造所谓"中东秩序"。另一方面，中东地区在奥斯曼帝国瓦解后，缺乏可以抗衡外部列强的力量核心，一些地区国家甚至转而寻求外部列强的庇护。由此产生的结果是：列强等域外力量主宰中东地区的秩序。相反，中东地区国家常常难以主宰其自身发展的命运，缺乏自主性。

第二，变动性。长期以来，中东地区局势跌宕起伏，变动不居，变幻莫测。这里既有外部的干涉和介入，又有地区国家之间的复杂关系，后者常常因教派、族群等历史积怨或疆界划分、资源利用等现实利益而矛盾重重，冲突不断，甚至陷入了无休止的纷争之中。因此，内外多重因素造成中东地区环境以及中东国家的周边环境的不确定性。

第三，破碎化。自近代列强介入中东地区以来，中东地区一直处于不断分裂的状态。许多人将中东视之为"破碎地带"（shatter-belts of the Middle East）——处于分崩离析的状态，大国的角逐又加剧了这种状况。① 时至今日，分裂的中东地区变得更加破碎了。相反，中东地区的整合，可谓遥遥无期，各种致力于统一的努力（例如，阿拉伯国家统一运动）均无果而终。

正是这种由外而内的"介入方式"和由内而外的"回应方式"，直接和间接地塑造着中东地缘政治结构的脆弱性特征，并随着内外因素的变化，进一步强化了中东地缘政治结构的不稳定状态，同时也加大了中东地缘政治风险，深刻地影响着中东各国的发展和对外交往。

（二）中东地区国际环境的变化

从全球视野看，冷战结束后，"和平与发展"作为新的时代的主题，越来越被人们所认可。因此，顺应"和平与发展"是人们理性的选择。但是，"和平与发展"并不会自动出现，而是要通过不断努力才能实现，尤其是对于动荡的中东地区，更需要努力才有望实现。

从中东地区看，随着世界形势的变化，中东地区逐渐从战争状态向和平过渡，即通过军事方式逐渐转向政治方式解决争端。其中最有代表性的是持续了半个多世纪的阿以冲突在冷战结束后迈上政治解决轨道。但是，中东和平进程举步维艰，新的局部性冲突频频发生，中东局势跌宕起伏，整个中东地区正处在由"战"向"和"的艰难过渡时期，且充满着变数。在此过程中，有许多变化值得关注，它直接影响着中东地区国际关系的走向。

一是阿以冲突从中东地区全局性争端逐渐演变为巴以之间的较量和对抗，由此导致巴以问题在中东地区的重要性呈现相对下降的趋势。

二是随着苏联的瓦解，以前在中东地区的亲苏反美阵营分崩离析，并成为美国重点打压的对象。在此背景下，美国进一步强化其对中东地区的控制，打造美国治下的"中东秩序"。

三是美国发动阿富汗战争和伊拉克战争，不仅严重削弱了美国的实力，而且打破了中东地区脆弱的力量平衡，美国在中东的影响力和控制力逐步下降。

① Saul Bernard Cohen, *Geopolitics: The Geography of International Relations*, Rowman & Littlefield Pubishers, Inc. , pp. 355 – 356.

四是"阿拉伯之春"导致许多中东国家政权变更，而且地区国家实力的升降，中东地区格局呈现着新的变化，中东地区秩序处在激烈变动之中。

五是中东地区安全形势不断恶化。一方面，政权变更以及国家间利益冲突导致安全问题凸显，另一方面，非国家行为体的破坏行为——恐怖主义战争危及中东地区多个国家的生存，中东国家的发展和安全环境明显恶化。

由此观之，中东国家对于自身发展道路的选择以及制定相应的发展战略，既要把握时代的变化和国际局势，又要立足于特定的"区情"和具体的"国情"。

二　中东国家对时代的认知和判断

中东地区现有 20 多个国家，其资源禀赋不尽相同，治国施政方略差异明显，发展水平差别很大，因此，各国在该地区的地位和处境也截然不同。究其原因，很大程度上取决于这些国家如何把握时代的变化和国际局势，以及如何根据特定的"区情"和具体的"国情"来制定相应的战略。下面将通过分析伊朗、土耳其、埃及等地区大国和利比亚这个地区小国来透视这些国家在这方面的经验和教训。

（一）土耳其关于时代的判断及其影响

对时代的判断以及国家发展道路的定位，是奥斯曼帝国瓦解后土耳其政治精英面临的命运攸关的选择。

土耳其在赢得民族独立战争的胜利之后，穆斯塔法－凯末尔审时度势，在国家定位上，果断放弃恢复奥斯曼伊斯兰帝国那种不切实际的梦想。一位土耳其记者曾比较凯末尔和恩维尔（土耳其青年党领袖），"恩维尔的特点是胆大，而凯末尔的特点是有眼光。……如果 1914 年的陆军大臣是凯末尔，他绝不可能把国家拖进第一次世界大战；如果 1922 年进入伊兹密尔的是恩维尔的话，他就会乘势长驱直入叙利亚和伊拉克，从而把所有已经赢到手的东西全部输掉"[1]。所以，正因为凯末尔的眼光和判断，战事一停，他就立即同希腊议和，并且公开宣布放弃一切对外野心，宣布

---

[1] ［英］伯纳德·刘易斯：《现代土耳其的兴起》，范中廉译，商务印书馆 1982 年版，第266页。

放弃一切形式的大奥斯曼主义和大伊斯兰主义的意识形态……把重心转到复杂的建设工作。1923 年，凯末尔在演说中讲道："至今我们的军队已经取得了胜利。我们不应该为我们军事上的胜利而感到自满。我们还应该更多地为取得科学和经济方面的新胜利做好准备。"① 因此，凯末尔根据时代发展需要和时局新变化，选择以现代化、世俗化作为重点，重塑土耳其，废除哈里发制和素丹制，建立了新的政权——土耳其共和国。一方面，凯末尔迅速结束战时状态，将重点转向经济建设和社会发展方面，致力于民族国家建设，先后开展了一系列系统而深入的社会改革，改变土耳其"西亚病夫"的形象，提高土耳其现代文明程度。另一方面，面对第一次世界大战后的复杂局势，土耳其摆脱了帝国时期的"负累"，在对外交往上奉行"中立"政策，既同欧洲国家保持密切交往，又与苏联建立友好关系，从而为土耳其现代化建设创造更为有利的发展环境。

可以说，凯末尔对时局的认知及其改革实践，显示了作为一位伟人的世界眼光，不仅符合第一次世界大战后的时代潮流，直接推动着土耳其的"新生"，而且使土耳其以新的姿态重新兴起。

第二次世界大战后，土耳其与苏联关系一度紧张（土苏围绕黑海海峡问题的争端），为了应对来自苏联的巨大压力，土耳其一步步地靠向美国、欧洲等西方阵营，并加入了北大西洋公约组织。同样，为了换取美国等西方国家的援助和支持，土耳其政府对内实行多党制选举、扩大民主自由，经济自由化等措施，对外追随美国等西方国家，扮演着美苏争霸时期西方阵营中的小伙伴角色。

2002 年，具有浓厚伊斯兰色彩的正义与发展党上台当政（以下简称正发党），正发党根据土耳其地缘政治特点和所处国际环境，提出了"战略纵深"（strategic depth）战略，重新对土耳其发展进行定位，力图将其打造成具有重要影响的"中枢"国家。为此，土耳其实施"与邻国零问题"外交政策（zero problem policy），营造良好的周边环境。土耳其还充当了伊核问题、叙以矛盾、巴以争端的"调停者"角色，推动中东地区和平进程。叙利亚成为土耳其向阿拉伯国家出口的主要通道，甚至包括与亚美尼亚的关系也有所改善。与此同时，土耳其与俄罗斯的关系取得实质性进

① ［英］伯纳德·刘易斯：《现代土耳其的兴起》，范中廉译，商务印书馆 1982 年版，第 267 页。

展。因此，"零问题外交"使得土耳其在 21 世纪的第一个十年获益甚大，不仅国内政治发展稳定，而且周边环境相对平稳，土耳其在中东地区的影响力稳步上升。伴随着土耳其经济快速发展，"土耳其模式"（Turkish model）受到广泛关注。土耳其政府进一步明确国家发展目标，提出了"2023 百年愿景"即共和国成立 100 年的 2023 年，将土耳其建成发达国家，其标志是土耳其进入 G10 全球的十强之一，显然，"2023 年百年愿景"展现着当代土耳其人的雄心。

然而，"阿拉伯之春"爆发后，土耳其以强硬姿态介入中东事务，把这场变局视为阿拉伯世界的民主化新时代。土耳其则以"民主典范"自居，积极推销"土耳其模式"。基于这一判断，土耳其政府改变了此前"零问题"外交政策，公开支持革命后的"民主政体"，试图构建一个以土耳其为核心的囊括北非的"中东民主阵线"。最突出的变化是，土耳其政府改变对邻国叙利亚巴沙尔政权的态度，公开要求巴沙尔下台；同时公开支持 2013 年 7 月被废黜的埃及穆尔西总统，坚称其民选合法总统身份，不承认塞西政权的合法性。土耳其政府在外交上的变化，导致本国与埃及、叙利亚、以色列交恶，与伊拉克关系也冷淡。2015 年 11 月 24 日俄罗斯战机被击落之后，土俄关系趋紧。凡此种种，意味着土耳其受到广泛推崇的"零问题"外交已经演变为"多问题"外交：大批叙利亚难民源源不断地涌入土耳其，迄今已高达 250 万人之众，成为土耳其难以承受之"重"；"伊斯兰国"恐怖武装力量崛起后，频频在土耳其制造血腥袭击事件，给土耳其带来了严重的安全威胁。与此同时，土叙、土埃、土俄交恶后，经叙利亚出口阿拉伯市场以及经埃及出口非洲市场的贸易渠道几乎中断，俄土经济来往搁浅，赴土旅游者减少，由此导致土耳其经济遭遇最困难境地。年均经济增长率从 2010 年、2011 年高达 9.2% 和 8.8% 回落到 2013 年的 4%，[①] 2014 年又至 2.9%，2015 年低于 2.5%。

可见，土耳其政府对于中东变局存在认知上的偏差，对中东地区局势及国际关系变化的判断出现失误，直接影响土耳其自身的发展，2023 年的"土耳其梦"似乎难以企及。地区环境的风险和周边关系的恶化还导致安全问题再度成为土耳其的重大挑战。

---

① "*The Silent Revolution: Turkey's Democratic Change and Transformation Inventory, 2002 – 2012*", Undersecretariat of Public Order and Security Publications, November 2013, pp. 24 – 126.

（二）伊朗关于时代的判断及其影响

20 世纪后期，伊朗关于时代的判断反映在霍梅尼的伊斯兰革命学说中。

伊朗伊斯兰共和国建立后，最高宗教领袖霍梅尼制定了"既不要东方，也不要西方，只要伊斯兰"的基本国策，视美国为"恐怖主义政权"，共产主义是"最坏的独裁者"，号召全世界穆斯林团结起来建立世界伊斯兰制度的时代已经来临。于是，霍梅尼对内实行全盘伊斯兰化的同时，对外全面推行"伊斯兰革命输出"。其行动表现在：推动伊斯兰复兴运动，进而谋求在整个中东地区推动伊斯兰制度实践。

应该说，随着 1979 年革命的成功，以霍梅尼为首的伊朗宗教领导阶层对形势的判断以及对时代的认识是：伊斯兰革命已经来临，伊朗是这场革命的旗手，伊朗将为此承担起"应有的使命"。霍梅尼在其《政治遗嘱》（《伊斯兰革命的篇章：伊斯兰革命领袖和伊朗伊斯兰共和国国父霍梅尼教长的政治和宗教遗嘱全文》）中指出："当今的时代，是美国、苏联和他们的走狗们，例如沙特王室（愿真主诅咒他们）压迫穆斯林世界的时代，他们是反对穆圣家族的共谋者，他们都将受到严厉的谴责。"[①] 因此，"我号召其他穆斯林民族，以伊斯兰政府、以伊朗的奋斗着的人民为榜样，倘若你们残酷无情的政府不听从人民的要求，你们就推翻它们"，因为"依赖西方或东方的政府是穆斯林们不幸的根源"[②]。为此，伊朗举全国之力发动伊斯兰化运动，在中东地区掀起了宗教激进主义复兴运动浪潮，霍梅尼号召阿拉伯国家和世界各国穆斯林起来反抗本国政府，旨在建立伊斯兰政权。1981 年 9 月成立专门机构伊斯兰革命总会，下辖"伊拉克伊斯兰革命协会""黎巴嫩伊斯兰革命协会""阿拉伯半岛伊斯兰革命协会""非洲及马格里布伊斯兰革命协会"和"亚洲伊斯兰革命协会"，负责对外发动不同区域伊斯兰革命活动，其后，伊朗与伊拉克进行长达八年的战争，对中东地区乃至伊斯兰世界各国政权安全都产生了重大影响。

1989 年霍梅尼去世后，随着世界局势的变化，伊朗领导人开始做出了重大调整，集中反映在两方面：一是主动放弃对外公开输出"伊斯兰革

---

① ［伊朗］霍梅尼：《伊斯兰革命的篇章：伊斯兰革命领袖和伊朗伊斯兰共和国国父霍梅尼教长的政治和宗教遗嘱全文》，香港穆士林布道会出版社 1990 年版，第 11 页。

② 同上书，第 22 页。

命";二是倡导"文明对话",缓和与西方等国的关系。在拉夫桑贾尼、哈塔米相继担任总统期间,伊朗奉行务实外交。特别是 1997 年哈塔米执政后,对内倡导民主政治,对外奉行"消除紧张、文明对话"的政策,开启了伊朗社会历史发展的一个新阶段,被誉为"第二共和时期"。哈塔米认为,提出文明对话是为了代替文明冲突论,并作为新世纪的外交基础和原则。因此,哈塔米执政时期,尽管伊朗内外政策的伊斯兰性质并未改变,但是,对外进行伊斯兰革命输出的行动基本放弃,开始谋求顺应世界全球化、民主化潮流,走自强发展之路。其中,哈塔米关于文明对话的倡议还得到时任联合国秘书长安南的认可,遂将 2001 年确定为文明对话年(*Year of Dialogue Among Civilizations*)。文明对话在本质上是强调以和平、对话方式融入国际体系,否定亨廷顿"文明冲突"论,显示了伊朗改善并加强与世界各国关系的愿望。

然而,内贾德担任总统后,伊朗重回强硬激进政策。内贾德将伊朗视为抗衡西方的中心,视其为世界文明的中心。2009 年 9 月内贾德在联合国大会发言中,将伊朗的伊斯兰世界观视为西方世界观的替代者。他认为:"世界面临两种相互冲突的世界观:一种是美国和西方的以物质利益为基础的世界观;另一种是相信万能的真主的唯一性、遵从真主使者教导、尊重人类尊严并为人类建立一个安全的世界,人人皆能享有平等、可持续的和平和精神追求的世界。"内贾德执政八年,围绕伊核问题,伊朗与西方国家关系交恶,甚至剑拔弩张,伊朗甚至成为美国采取军事打击的选项,也造成伊朗长期被封锁、制裁。可以说,对抗加剧并没有给伊朗带来益处,相反导致伊朗国内经济发展和外部环境的艰难。

客观而言,内贾德时期的强硬政策,并不是为了对抗而对抗,而是西方长期打压、排挤、制裁的回应。美国不仅从一开始敌视伊朗伊斯兰共和国,不承认其合法性,而且千方百计进行颠覆活动,还在国际上孤立、在经济上制裁、在军事上威胁、在舆论上"妖魔化"伊朗。从而导致美以关系长期紧张,伊朗也随之进行强硬回击。拉夫桑贾尼、哈塔米时期对西方的缓和并没有带来实际利益,因此,内贾德担任总统后的示强就有其必然性。伊朗还力图以自己的方式重塑中东,瓦解美国主导下的中东秩序。2012 年 8 月 26 日—31 日,伊朗还举办不结盟运动峰会,并担任主席国,有 100 多个不结盟运动成员国、观察员国和国际组织的代表参加会议,包括联合国秘书长潘基文以及 16 位国家首脑出席此次峰会。

　　"阿拉伯之春"爆发后，伊朗确有推动"伊斯兰革命"的强烈冲动。伊朗将其界定为反对专制统治的"伊斯兰觉醒运动"（Islamic Awakening），是"伊朗伊斯兰革命"的延续，伊朗官方甚至号召通过伊斯兰觉醒运动帮助巴勒斯坦阿拉伯人推翻以色列政权。为此，伊朗成立专门机构，连续每年举办"世界伊斯兰觉醒大会"（international conference on the Islamic Awakening），著名政治家、最高宗教领袖的顾问韦拉亚提亲担大会秘书长。2011 年 9 月，在德黑兰举行首届"世界伊斯兰觉醒大会"，来自 80 多个国家的穆斯林专家应邀出席会议并进行研讨。2012 年 1 月 29 日、30 日还专门举办了"世界青年与伊斯兰决心运动大会"，来自 75 个国家约 1200 青年参加会议，大会认为"'伊斯兰觉醒'是真主的旨意，它表明当今时代伊斯兰教……进入新阶段"[1]。同年 7 月，又举办了"世界妇女与伊斯兰觉醒运动大会"，来自 80 个国家的 1500 名妇女出席会议。2013 年 4 月在德黑兰举办的第六次"世界伊斯兰觉醒大会"有 700 多名国内外国专家和宗教界精英参加，其中国外专家 500 多人。韦拉亚提认为："2010 年以来席卷阿拉伯国家的伊斯兰觉醒运动浪潮，验证了伊斯兰革命领袖的预言。"[2]

　　尽管如此，内贾德时期的伊朗的强硬政策并不意味着伊朗会重回对外进行"伊斯兰革命输出"的路径上。

　　2013 年伊朗选举后，鲁哈尼担任总统，伊朗对外战略做出重大调整。鲁哈尼总统提出与国际社会"建立'建设性互动'（constructive interaction）"的主张。2013 年 9 月（出席联合国大会前夕）他在《华盛顿邮报》上发表《为什么伊朗寻求建设性互动》一文，明确指出，世界已经变了，国际政治不再是"零和游戏"，而是既竞争又合作的多维关系，国际社会面临着诸如恐怖主义、极端主义、外军干涉、毒品走私、互联网犯罪以及文化腐蚀等严峻的挑战。因此，提议开展建设性互动外交。[3]此后，鲁哈尼进一步表示，当今世界，没有哪个国家能够在孤立的情况下取得进步，

---

　　[1]　"World Conference on Youth and Islamic Awakening"，http：//iranaware. com/2012/02/03/world-conference-on-youth-and-islamic-awakening，FEBRUARY 3，2012.

　　[2]　"Iran to host 6th Islamic Awakening conf. "，http：//english. irib. ir/radioculture/iran/society/item/149842 – iran-to-host-6th-islamic-awakening-conf，24 April 2013.

　　[3]　Hassan Rouhani，"Why Iran Seeks Constructive Engagement"，https：//www. washingtonpost. com/opinions/president-of-iran-hassan-rouhani-time-to-engage/2013/09/19/4d2da564 – 213e – 11e3 – 966c – 9c4293c47ebe_ story_ 1. html，SEPTEMBER 20，2013.

伊朗愿与所有尊重伊朗人民权利的东西方国家建立兄弟和朋友关系。①

可以说，鲁哈尼上任后，频频向国际社会传递伊朗与世界各国友好相处的意愿，强调伊朗与世界的关系已经走在了友好互动的道路上，从而为伊朗缓和与西方国家、融入国际社会创造了条件。2015 年 7 月 14 日，经过艰苦的谈判，达成《伊朗核问题最终协议》，结束了伊朗与西方严重对抗的局面。这一历史性变化，很大程度上归因于伊朗既要适应全球化潮流，又要寻求摆脱受西方长期经济制裁的困境。因此，伊朗选择主动缓和与西方关系，逐渐融入国际社会。这在一定程度上反映了伊朗决策层对时代的新的理解和认识。随着《伊核最终协议》的生效，2016 年 1 月，鲁哈尼总统先后访问意大利、法国，双方开启了"崭新关系"，伊朗分别同意大利、法国达成了价值约 170 亿美元和 250 亿美元的贸易协议，后者成为自西方国家解除对伊朗的制裁以来伊朗签署的最大订单，伊朗迎来了一个新的外交"春天"。伊朗伊斯兰革命 37 周年前夕，鲁哈尼再次向世界表示，伊朗要进一步加强与邻国友好关系，密切同全球各国的友好交往。②

由此可见，伊朗当权者们在经历了对时代和国际局势的重新审视之后，在逐渐把握住时代潮流的同时，正在为伊朗创造一个重要的发展机遇期。

（三）埃及关于时代的判断及其影响

对于时代的认知和判断，埃及共和国总统纳赛尔在《革命哲学》中强调时间维度和空间维度。他指出"孤立的时代已经过去了。以铁丝网为界把各国隔绝和孤立起来的日子也过去了"，"任何国家都不得不环顾国界的周围，以便认清对于本国发生影响的那些浪潮究竟是从哪里来的，以便知道要怎样才能和其他国家相处，要怎样……"，"任何国家都不得不环顾国界的周围，研究本国在这个空间中所处的地位和环境，看清本国在这个空间能做什么，活动范围有多大，在这个动荡不安的世界里，本国的积极任务是什么"。③ 因此，纳赛尔从埃及的周边及国际环境出发，分析并归纳埃

---

① "Iran on path of interaction and friendship with the World: Rouhani", *Tehran Times*, May 8, 2014.

② "Iran's Rouhani calls for further and closer global ties", http://www.iran-daily.com/News/136564.html, 11 Feb, 2016.

③ ［埃及］加麦尔·阿卜杜勒·纳赛尔：《革命哲学》，张一民译，世界知识出版社 1957 年版，第 42 页。

及对外交往的"三个圈子",即"阿拉伯圈子""非洲圈子"和"伊斯兰圈子"。纳赛尔一方面分析了埃及的落后性,"我们已经落后了5个世纪,或者更多一些"[1];另一方面,提出了明确的任务,即"我们必须置身其内,并且在里头竭尽所能采取行动的第一个圈子,就是阿拉伯的圈子","如果我们进而考虑到第二个圈子,也就是非洲大陆的圈子,在任何情况下,我们对于500万白人与2亿非洲人今日正在那里进行的可怕的血腥的冲突都不能袖手旁观……非洲的人民继续把希望寄托在我们身上,因为我们扼守着大陆的北门,我们被认为是大陆对外面世界联系的连锁。在任何情况下,我们决不能放弃对于处女森林的最深处传播光明和文化,给以全力支持的责任。另外一个重要理由,就是尼罗河是我国的生命动脉,而尼罗河是发源于大陆中心的"。[2]

基于这种认识,1952年革命后,埃及作为地区大国,将推动阿拉伯、非洲民族解放运动以及维护阿拉伯民族利益视之为天然职责。力争摆脱殖民主义和帝国主义的控制,斗争的矛头直接对准殖民主义和帝国主义,因此,埃及与西方关系紧张,逐渐以苏联为友。为此,在支持阿拉伯世界和非洲大陆革命运动的同时,担负起对抗以色列的主要责任,即阿以冲突的主要前线国家。

然而,在先后进行的四次中东战争(1948年、1956年、1967年、1973年)中,埃及作为对抗以色列的主要国家蒙受了巨大的代价,领土和主权遭到破坏,战死10万余人,耗资400亿美元,军费开支连年递增,在国内生产总值中占比不断攀升(从20世纪50年代的5%—7%,60年代初期10%—12%,1967年上升至17%,1974年高达25%)。[3]

可以说,战争早已成为埃及难以承受之重。尤其是,1973年"十月战争"关键时期,当以色列军队受重创告急时,美国政府向以色列架起空中桥梁,源源不断地向其输血,使战局朝着有利于以色列方面发展。埃及总统萨达特很快意识到埃及的对手不只是以色列,还有其背后的美国。他说:"我猛然发现我面对着美国","这是我或者任何一个不是大国的国家

---

① [埃及]加麦尔·阿卜杜勒·纳赛尔:《革命哲学》,张一民译,世界知识出版社1957年版,第33页。

② 同上书,第58页。

③ *The Industrialization of Egypt*, 1893 – 1973, Oxford Press, pp. 37 – 38.

都无能为力的"。① 这更加坚定其"以战促和"的目标，尽快使埃及摆脱战争的漩涡。因此，"为了实现和平，我准备走遍天涯海角"②。萨达特客观分析了世界局势，以现实主义态度，通过美国的调停实现埃及与以色列的和解，最终为埃及迎来了和平。可以说，"十月战争是现代埃及对外关系的转折点，而埃及对外关系的重大转折是埃及对外战略调整与国际环境变化的结果"③。

实际上，进入 20 世纪 60 年代后期，埃及民族独立任务已经完成，迫切需要创造和平建设的环境，加快社会经济发展。因此，萨达特在"十月战争"之后的选择，历史证明是正确的，不仅实现了和平，而且收复了失地，更好地维护了埃及的主权和独立。曾任以色列驻埃及大使杜维克认为"萨达特是和平的主要缔造者。……没有他对短期、长期历史进程的判断力，我们这一代同埃及实现和平是难以想象的"④。

1981 年，穆巴拉克担任总统之后，继续维护埃以和平局面，将和平外交视为实现埃及国家利益的最为有利的途径，因此，在外交战略的选择上继续坚持走和平发展的道路。穆巴拉克总统说："我们选择和平，因为我们希望将用在武器、弹药上的资金节省下来，用于造福饱经战争、恐惧和贫穷煎熬的埃及人民。因此，在和平的道路上我们将义无反顾，绝不走回头路，这是既定事实，没有商量的余地。""和平是我们的社会建设中不可分割的一部分。因此，我们将坚持不懈地为实现本地区以及全世界的公正和平付出努力。""和平不会永远是不可能达到的目标。要实现和平。需要诚恳的态度和坚决的决心。"⑤ 他在谈及和平和安全时说，"只有和平才能创造安全。和平能够建起信任的桥梁，摧毁极端主义思想，消灭暴力和仇恨"⑥，它甚至批评安全第一论，"先后安全后有和平的观点是错误的。如果没有和平就不存在安全。如果和平还没有实现，我们无论怎样努力维持

① ［埃及］安瓦尔·萨达特：《我的一生——对个性的探讨》，李占经、施光亨、王贵发译，商务印书馆 1980 年版，第 303 页。

② 同上书，第 327 页。

③ 陈天社：《埃及对外关系研究（1970—2000）》，中国社会科学出版社 2008 年版，第 232 页。

④ Ephraim Dowek, *Israeli - Egyptian relations*, 1980 - 2000, Frank Cass & CO. LTD, 2001, p. 282.

⑤ 埃及新闻部、新闻总署：《穆巴拉克与现代化国家建设》，中译本 2006 年版，第 19 页。

⑥ 同上书，第 20 页。

安全都是徒劳的，因为还有土地被占领着，极端势力会在被占领土地上存在下去，阻碍问题的最终解决，所以我们不可能维持住安全"①。正是在穆巴拉克和平理念的推动下，不仅促成以色列撤离西奈，又经过长达10年艰苦谈判，解决了塔巴危机。1989年3月埃及终于收复了塔巴地区，实现了以和平的方式捍卫埃及国家领土和主权完整的目标。与此同时，埃及努力实现同周边各国的正常和平交往。穆巴拉克总统还积极扮演推动着中东和平进程的角色，并多次出面居间调停解决国际争端，化解矛盾，缓和危机，显示其外交智慧，也展现了埃及作为中东地区大国的积极作用。

　　然而，埃及执政者始终没有破解"发展"这个时代主题。如何实现"发展"成为困扰埃及的难题。换言之，埃及领导人解决了"和平"问题，却仍没有解决好"发展"问题。在穆巴拉克执政的近30年里，埃及作为地区大国其地位逐步下降和削弱，经济发展基础脆弱（主要依靠"旅游""侨汇""苏伊士运河过路费"和"石油"这四大支柱），对外依赖性强（依靠美国经济援助和阿拉伯国家援助），社会建设落后，贫富差距悬殊，失业问题尖锐，腐败等社会问题突出。而穆巴拉克本人长期当政、恋权擅权，造成了民众的不满情绪，以至于民众以"够了运动"表达其心中的不满情绪。于是，在"阿拉伯之春"的风暴中，穆巴拉克这位"政治常青树"被民众运动逼下台。

　　应该说，发展与稳定相辅相成，穆巴拉克总统时期发展问题没有解决好，反过来又导致社会和政治的动荡，稳定和安全问题凸显。因此，对于埃及来说，究竟如何推动适合其"国情"的发展路径，仍然是一道世纪性难题。

　　（四）利比亚关于时代的判断及其影响

　　1969年利比亚"九·一革命"后，革命领导人卡扎菲崛起，时值阿拉伯民族主义趋向衰落的时期，强烈的使命感促使卡扎菲把推动阿拉伯统一，孤立和打击以色列，削弱西方势力作为利比亚对外关系的基点，在此基础上提出了一套"世界第三理论"（《绿皮书》），它集中反映了他对时代的认知、判断及其实践，对外致力于整个"阿拉伯世界的统一"，对内实行"民众国"统治。

　　在《绿皮书》中，卡扎菲全面阐述了世界第三理论的政治基础（"民

---

① 埃及新闻部、新闻总署：《穆巴拉克与现代化国家建设》，中译本2006年版，第20页。

主"和"人民政权")、经济基础（"社会主义"）和社会基础（家庭、部落、民族）。卡扎菲认为，所谓共和时代已经过时了，利比亚进入了民众国的新的历史时期。因此，他宣布："继共和国时代之后，民众时代正朝我们快步走来。"①

民族主义是卡扎菲最基本的价值观。卡扎菲认为"民族斗争——社会斗争是历史运动的基础"，"民族主义则是民族赖以生存的基础"。②卡扎菲认为，民族是一种社会结构，其连接的纽带是民族主义；而国家则是政治结构。如果政治结构适合社会结构，这个政治结构——国家就会存在下去；如果政治结构由于外来殖民主义或自身没落而发生变化，不再适合社会结构，那么它"将在民族斗争或民族复兴、民族统一的口号下再次出现"③。这实际上表达了当今分裂为20多个国家的阿拉伯民族必定会走向统一的意向。从中不难看出，贯穿于卡扎菲思想中的乃是"民族斗争"——"民族运动"——"民族统一"，即"统一阿拉伯民族"，这构成了利比亚对外政策的出发点和主要目标。正如卡扎菲执政早期所说："阿拉伯统一无论如何是不可少的，也是万万不能忽视的。要想保护阿拉伯人民不遭敌人的侵犯，就不可缺少统一；要想保护阿拉伯国家的成就，就必须要有统一；要想保护自由和社会主义，还是需要统一。统一是阿拉伯国家进行斗争的可靠保证和最终理想。"④

在卡扎菲看来，真正阻碍阿拉伯统一的势力乃是西方帝国主义。于是，反对西方强权就成为卡扎菲对外政策的突出表现。1969年利比亚"九·一革命"后，利比亚首先将打击目标锁定为殖民主义，把清除一切外国势力，特别是外国军事基地作为维护利比亚主权独立与完整的重大举措。从收回英、美租占的军事基地，实行国有化措施（主要针对外国石油公司），到发动旨在消除西方影响的"文化革命"、成立"伊斯兰宣教会"向撒哈拉以南非洲地区传播伊斯兰教，等等。

卡扎菲在推动"民众国"建设和"阿拉伯统一"事业中，越来越将利

---

① ［利比亚］穆阿迈勒·卡扎菲：《绿皮书》（中译本），世界知识出版社1983年版，第57页。

② 同上书，第93—94页。

③ ［利比亚］穆阿迈勒·卡扎菲：《绿皮书》，世界知识出版社1983年版，第112页。

④ 上海人民出版社编译室编译：《卡扎菲和利比亚》，上海人民出版社1974年版，第166页。

比亚视为中心，并以阿拉伯世界的"领导人"和世界的"解放者"自居，热衷于对外输出革命。早在1986年，卡扎菲就认为，"一种具有世界水平的新的国际主义已经建立起来，它的中心在利比亚，它的司令部在利比亚。它在利比亚是为反对美国和犹太主义、保卫锡德拉湾和巴勒斯坦而斗争"①。很明显，卡扎菲将自己看作是肩负特殊使命、致力于阿拉伯民族的变革和统一的革命领导人。从他对时代的认知和判断上，卡扎菲显然认为革命已经到来，其目标：一是挑战西方主导下的国际秩序，并将"世界第三理论"推向全球，以取代现存的资本主义和共产主义；二是执着于阿拉伯世界的统一，在阿拉伯世界民族利益与国家利益存在矛盾和冲突的时代，试图超越国家利益谋求阿拉伯世界的"大一统"，寻求在阿拉伯世界的领导权。

显然，由于对"世情"和"区情"缺乏科学的判断和分析，卡扎菲不切实际地追求阿拉伯统一以及在中东政策上的强硬立场，导致了利比亚与周边国家、与阿拉伯各国关系跌宕起伏，变化不定。最为突出的两个方面：一是利比亚直接或间接进行军事干预，与邻国乍得之间持续多年的冲突，损害了利比亚的国际声誉；二是对外进行革命输出，不仅受到许多国家的谴责——称其为干预内政或颠覆政权，甚至被西方国家视之为支持"恐怖主义"。1986年，美国借口利比亚支持恐怖主义，出动战机空袭利比亚。20世纪90年代又因洛克比空难事件（1988年），对利比亚进行全面制裁，利比亚在国际社会陷入空前孤立的境地。

在一连串挫折和失败中，卡扎菲逐渐意识到新时代的变化，开始放弃了"阿拉伯统一"的努力。他说："利比亚为实现阿拉伯统一进行了30多年的努力，我们努力包括所有国家，也包括同两个、三个、四个国家促成统一。……但现在我们处在一个全球化时代。以民族主义、宗教、一种语言与文化进行统一的时代已告结束。现在是经济、消费、市场和投资的时代。它促使人们不顾及语言、宗教或国籍的差别而统一（联合）起来。"②2003年伊拉克战争，以强硬著称的萨达姆政权败亡。受此影响，卡扎菲立即向美国表示了妥协姿态，表示愿意放弃大规模杀伤性武器项目，并接受

---

①　Ronald Bruce St. John, *Qaddafi's World Design: Libyan Foreign Policy*, 1969-1987, p. 69.

②　Muammar Al-Qadhafi Speaks Out, http://www.qadhafi.org/Muammar_Al_Qadhafi_Speaks_Out.html.

国际社会的武器核查，随后交出了制造大规模伤性武器的试验材料。此后，美国等西方国家相继宣布解除对利比亚的制裁，2006 年 6 月，美国宣布恢复中断 25 年的利美外交关系。随后，利比亚与其他西方国家恢复了外交关系，利比亚逐渐回归国际社会。

实际上，卡扎菲的统一梦想并没有放弃。在推动阿拉伯统一遭到挫折后，卡扎菲转而致力于非洲的统一，将巨额的石油财富投入到这一理想和目标上，并且在一定程度上推动了非洲联盟的建立。长期以来，卡扎菲敢于抗衡西方、挑战现有秩序、推动阿拉伯统一或非洲统一，甚至对外输出革命的主要资本——丰富的石油资源，源源不断的石油财富支撑着卡扎菲的理想追求。然而，残酷的现实表明，利比亚毕竟是小国，既难以挑战现有国际秩序，又无法支撑卡扎菲式的理想大厦。更重要的是，石油财富源源不断的外输必然损害本国民众的利益，忽视本国的社会发展水平，再加上财富分配的不均和长期的独裁统治激起了民众的不满和反抗。于是，2011 年 3 月利比亚爆发反政府示威活动，西方大国以及一些阿拉伯国家借机实施军事干预，统治了 40 多年的卡扎菲政权垮台，卡扎菲被俘而死。强人统治结束后，利比亚徘徊在一个血腥、脆弱又充满变数的转型期。

三 中东国家对时代认知的经验和教训

对"世情"和"区情"的认知状况是时代观的具体表现。纵观独立以来的中东各国，在对世情、区情的认知以及时局的研判上，有着各自不同的选择取向，由此产生了这样或那样的问题。简要归纳，集中反映在如下方面：

第一，在对待西方国家及其主宰的国际秩序上，除了土耳其之外，绝大多数中东国家走上了抗衡西方的道路。凯末尔采取了比较开放的态度，在废除了丧权辱国的《色弗尔条约》后（取而代之的是《洛桑和约》），不仅没有切断与西方的联系，反而将现代化、西方化作为土耳其发展的方向，积极向西方体系靠拢。相反，从纳赛尔、霍梅尼到卡扎菲，几乎都经历了切断与西方联系的过程。与之所不同的是，霍梅尼时期，伊朗采取了"既不要西方、又不要东方，只要伊斯兰"的独特道路，反抗西方主宰的国际秩序，推崇"伊斯兰秩序"；而纳赛尔、卡扎菲在反抗西方的同时，完全倒向了苏联。虽然说，中东国家抗衡西方、反对强权和霸权的斗争具有积极意义，但是，它会导致另外的一些问题，或者造成国家的封闭，或者倒向苏联后，又被苏联所控制，成为美苏较量中的一颗"棋子"。

第二，在战争与和平、革命与建设等重大问题上，这些国家经历了从战争向和平、从革命向建设的过渡，通过战争捍卫独立，通过革命建立新政权。但是，各国由于对时代的认知的差异，对时局的判断的不同，从战争向和平过渡的艰难程度，也完全不同。土耳其在独立战争结束后迅速开启了和平建设进程，顺应世界潮流，全面推动现代化、世俗化改革，实现了由革命向现代化建设的重大转变。相反，埃及、伊朗迈向和平的过程则异常艰难复杂。埃及在经历了四次中东战争的巨大代价后，伊朗在承受了八年两伊战争的沉重负荷后，才逐步迈上和平发展轨道。可以说，中东国家从战争向和平以及从革命向建设转变的速度，主要取决于这些国家"革命领导人"对时代的认知和时局的把握上。

第三，在处理周边及地区国家关系上，能否客观地看待自身力量（"国情"），存在着明显的问题。许多中东国家，往往过高地估计了自身力量，在处理周边及地区国家关系上，具有强烈的理想主义色彩，不符合"区情"和"国情"。例如，卡扎菲统治下的利比亚，这个仅有 500 多万人口的小国，凭借石油"武器"（资源）欲称雄阿拉伯世界和非洲大陆，且频频向西方大国"叫板"，致使利比亚与周边国家和地区国家关系起伏不定，最终导致卡扎菲本人众叛亲离，一败涂地。同样，有的地区大国随着国力的不断上升，其地区大国心态膨胀，急于扮演大国的角色。例如，埃尔多安主政下的土耳其，在综合实力上升的同时，改变以往的中东外交政策，频频介入中东事务，卷入中东纷争，这在一定程度上显露其地区"大国心态"和"大国情结"，被称为"新奥斯曼主义（Neo-Ottomanism）"①，导致土耳其与一些周边国家的紧张。

显而易见，从马克思主义时代观的视角看，许多中东国家对于时代认知和判断出现失误。究其根源，既受其立场、观念的影响，也是中东地缘政治关系复杂性的客观反映。例如，伊朗最高宗教领袖霍梅尼对于伊斯兰革命时代已经来临的判断，显然是其宗教观在国际政治领域的表现，以宗教统治取代东西方的世俗统治，以宗教治理取代世俗治理。进而从宗教观念出发处理国际关系，以伊斯兰国际观代替科学的时代观。这种认知方式

---

① Nora Fisher Onar, *Neo-Ottomanism*, *Historical Legacies and Turkish Foreign Policy*, Bahçesehir University, 2009.

必然决定其回应方式，即对外进行伊斯兰革命输出。因此，仔细探究中东国家对于时代的认知和判断，其教训是深刻的。

首先，伊斯兰国际观对于中东国家在时代认知上有着消极影响。历史上，在对待国家间关系上，按照伊斯兰教义，将整个世界划分为伊斯兰区域（Dar Al-Islam）和战争区域（Dar Al-Harb）。前者指接受伊斯兰统治的地区，包括穆斯林居住区和受伊斯兰统治的非穆斯林地区；后者则指伊斯兰主权范围之外、不执行伊斯兰宗教和政治规则的地区，亦即由异教徒统治的世界上其他所有地区。① 这构成了伊斯兰国际观的基本内涵。于是，向"异教徒"统治地区发动"伊斯兰革命"就被看作理所当然的选择，由此导致同外部之间的紧张关系。对此，马克思曾有过精辟分析："《古兰经》和以它为根据的伊斯兰教法律把各个不同民族的地理和人文归结为一个简便的公式，即把他们分为两种国家和民族——正统教徒和异教徒。异教徒就是'哈尔比'，即敌人。伊斯兰教宣布异教徒是不受法律保护的，并在穆斯林和异教徒之间造成一种经常互相敌视的状态。"② 正是受伊斯兰国际观的影响，独立以来的许多中东国家，无视当今时代的深刻变化，仍大张旗鼓地推动伊斯兰革命输出，不仅脱离了现实，也不符合当今时代国际关系的基本准则。可以说，正是这种理念和认知，导致许多中东伊斯兰国家难以融入现代国际体系。

其次，激进主义和理想主义理念驱动着一些国家脱离实际，追求不现实的目标。20世纪50、60年代，在反对殖民主义、帝国主义的世界民族主义运动中，许多新独立的中东国家处在这样一个民族主义的"革命时代"，其领导层在国家间交往和治国理政上充满了理想主义和激进主义倾向，脱离现实。最突出例子就是许多阿拉伯国家竭力追求阿拉伯世界的统一，发动阿拉伯统一运动。不可否认，阿拉伯世界统一运动，在一定程度上具有反抗西方霸权的性质。但是，阿拉伯世界统一运动的倡导者们忽视了中东的"外部性"特征，也无视"民族国家"是新时代的既成事实，结果，统一运动接连碰壁，最终遭遇挫折。60年代末至70年代，伴随着阿拉伯国家之间的矛盾和纷争，阿拉伯世界进一步走向分裂，阿拉伯统一运动遂迅速走向衰落，阿拉伯统一的目标变得遥不可及。

---

① 刘中民：《伊斯兰国际观》，《世界经济与政治》2014年第5期。

② 《马克思恩格斯全集》第10卷，人民出版社1972年版，第180页。

再次，对时代认知的失误还反映在民族国家主权观念淡薄等问题上。众所周知，外部干预是中东动荡的根源。但是，中东国家间以强凌弱、相互干预的情况频频发生，这既给外部插手中东地区提供了借口，又在本地区造成严重的危机。例如，1990 年伊拉克举兵入侵科威特，反映了萨达姆在民族国家主权观念上的错误、对时局判断的严重失误，最终为美国提供了进一步插手中东、全面控制中东的借口。实际上，无论是 2011 年海湾阿拉伯国家协助法美出兵利比亚，还是 2015 年沙特阿拉伯空袭也门等，这些事例说明，许多中东国家并未从民族国家主权观念上来解决纷争，而是从教派、教俗划分以及宗教认同等研判周边和地区关系，造成在处理周边和地区关系上的失误。

最后，对于发展问题的重视程度远远不够。冷战后，大国之间的竞争从军事领域逐渐转变到经济、科技、社会等领域的综合国力上，国家间的竞争归根到底是实力和综合国力的较量。因此，"和平与发展"这一时代特征越来越受到人们的重视。然而，许多中东国家并没有将主要精力转变到发展上来，换言之，发展生产力尚未摆上各国的首要日程，而是仍将大量财力和物力投放到军事领域，展开不断升级的军备竞赛。包括埃及在内的许多国家，忽视了工业化建设和经济结构的调整，依赖于外部的经济援助等。许多国家缺乏周密的国家经济社会发展战略，致使生产力发展落后，经济发展缺乏推动力，社会落后，贫富分化严重，民生问题突出。2011 年席卷阿拉伯世界的自下而上的"改善民生、追求民主"的运动，反映了民众对解决发展问题的强烈愿望。可以说，处在"和平和发展"时代的许多中东国家，尚未深刻认知到发展是解决一切问题的核心。

第三节　马克思主义时代观与非洲国家
发展的国际环境

一　当前非洲国家所处的发展阶段

马克思以社会形态作为时代的划分标准，对时代观划分问题进行了界定，他明确指出，我们判断一个人不能以他对自己的看法为根据，同样，我们判断这样一个变革的时代也不能以它的意识为根据；相反，这个意识必须从物质生活的矛盾中，从社会生产力和生产关系之间的现存冲突中去解释。依据生产力与生产关系以及上层建筑的关系来划分的时代观，是我们正确认识非洲国家所处发展阶段的基础。

关于非洲国家所经历的不同发展阶段，我国党和国家领导人有过多次论述。特别是，毛泽东主席的论断为我们科学判断非洲国家所处的发展阶段提供了科学的依据。1974 年 2 月 22 日，毛泽东在会见赞比亚总统卡翁达时全面提出了划分三个世界的观点。毛泽东说："我看美国、苏联是第一世界。中间派，日本、欧洲、加拿大，是第二世界，咱们是第三世界。"毛泽东还指出："美国、苏联原子弹多，也比较富。第二世界，欧洲、日本、澳大利亚、加拿大，原子弹没有那么多，也没有那么富。但是比第三世界要富。第三世界人口很多。亚洲除了日本，都是第三世界。整个非洲都是第三世界。"①

20 世纪 80 年代，以邓小平为核心的党的第二代领导集体对非洲的定位依然是第三世界，并认为发展是非洲面临的重要任务，非洲国家应该利用有利时机加快发展，用自己的发展来维护世界和平。1988 年 6 月 22 日，他在会见埃塞俄比亚总统时说："现在国际形势看来会有个比较长期的和平环境，即不爆发第三次世界大战的环境。我们都是第三世界国家，要紧紧抓住经济建设这个中心，不要丧失时机。"1989 年 3 月 2 日，邓小平对乌干达总统赛维尼说："我们非常关注非洲的发展与繁荣，我们高兴地看到，第二次世界大战后，许多非洲国家都独立了，这为发展创造了最好的条件。经过多年奋斗，现在国际形势趋向缓和，世界大战可以避免，非洲国家要利用这一有利的和平环境来发展自己。要根据本国的条件制定发展战略和政策，搞好民族团结，通过全体人民的努力，使经济得到发展。"②而非洲国家的发展既包括广义的发展，又包括狭义的发展。从广义上来说，发展包括政治发展、经济发展和社会生态环境发展等发展内容。狭义的发展一般指的是经济发展。第二次世界大战以来，非洲经济发展的问题变得越来越重要，逐步成为当今非洲大陆面临的最主要任务之一。

20 世纪 90 年代以来，以江泽民为核心的党的第三代领导集体、以胡锦涛为总书记的党中央和以习近平为总书记的党中央在继承党的第一代领导集体关于三个世界的划分理论以及非洲所处发展阶段理论的基础上进行了科学的判断。江泽民、胡锦涛和习近平在论述中非关系和中非合作时均

---

① 《毛泽东外交文选》，中央文献出版社 1994 年版，第 600—601 页。

② 王培文：《邓小平国际战略思想探讨》，《社科纵横》2011 年第 3 期。

多次指出，中国是世界上最大的发展中国家，非洲是发展中国家最集中的大陆，中国和非洲的人口占世界人口三分之一以上。发展经济和推动社会进步是中国与非洲共同面临的任务。① 鉴于中国与非洲相似的发展阶段，习近平总书记更是明确提出了中非共同体理论。2013 年，在北京人民大会堂同肯尼亚总统肯雅塔举行会谈时，习总书记明确指出，当前，和平、发展、合作、共赢的时代潮流更加强劲，新兴市场国家和发展中国家整体实力增强，国际力量对比朝着有利于维护世界和平的方向发展。非洲人民求和平、思稳定、谋发展的意愿空前强烈。中非从来都是命运共同体。中方坚定支持非洲国家自主发展和联合自强，愿为促进非洲和平稳定和发展振兴继续发挥建设性作用。②

应该指出的是，党中央关于当前非洲国家将长期处于发展中国家的发展阶段的认识是基于非洲国家的现实状况做出的科学判断，因为从当前来看，由于殖民主义长期以来对非洲国家的残酷掠夺和压制，非洲仍然是世界上最不发达国家最集中和最贫困的大陆。主要表现在：其一，基础设施不完善，缺乏经济腾飞的相关配套；其二，政治局势在总体向稳的情况下，局部动荡不断，影响经济发展；其三，医疗卫生条件总体不高，艾滋病、疟疾等疾病感染和死亡率高；其四，在一些地区，宗教极端势力抬头，恐怖主义成为非洲发展必须克服的问题。此外，非洲国家还存在贫富两极分化严重的问题。因此，党的几代领导集体对于非洲属于第三世界、仍是面临迫切发展任务的发展中国家集聚的地区的判断敏锐地抓住了这片大陆的基本特点，对于我们正确认识非洲国家所处的发展阶段和发展中非关系提供了重要的依据。

二　非洲国家发展的国际环境分析

（一）非洲国家所处国际环境的基本特征

我们党和国家领导人对非洲发展阶段论述的依据除了非洲国家的经济实力特别是综合国力之外，一个重要的标准就是非洲国家所处国际环境的基本特征。非洲国家并不是孤立存在的，对其发展阶段的判断来自于世界

---

① 中华人民共和国国务院新闻办公室，《中国与非洲的经贸合作》，2010 年 12 月。
② 《习近平：中非从来都是命运共同体》，http://news.xinhuanet.com/politics/2013-08/19/c_117004049.htm，2013 年 8 月 19 日。

各国发展阶段的对比，来自于外部世界对非洲的塑造。正是大的国际环境造成了非洲国家面临的主要任务。从历史来看，外部力量特别是西方列强对非洲的发展和遭遇形成了巨大的影响。因此，要科学地利用马克思主义时代观来分析非洲问题，就必须对非洲国家发展所处的国际环境进行科学的分析。

从总体上看，和平与发展是当今世界的两大主题，也是非洲国家所处国际环境的基本特征。1984 年，邓小平在会见苏丹总统时，初步表达了和平与发展是当今世界两大主题的思想："现在世界上的问题可以概括为两大问题，就是东西问题和南北问题，东西问题就是和平问题，南北问题对第三世界国家是个非常现实的问题，南方国家首先要摆脱贫困。"[1] 基于一系列客观的国际环境条件，邓小平同志明确指出："现在世界上真正大的问题，带全球性的战略问题，一个是和平问题，一个是经济问题或者说发展问题。和平问题是东西问题，发展问题是南北问题。概括起来，就是东西南北四个字。"所谓和平，是指全世界范围的和平，也就是没有发生世界大战。邓小平说，"因为我们讲的战争不是小打小闹，是世界战争"，而不包括某些局部战争和地区冲突。所以，一般理解的和平主要是指整个世界的和平，是指不打世界大战，特别是不发生核战争。而从实践中看，多数非洲国家也紧紧抓住难得的和平国际环境的机遇，力促发展。自 20 世纪 90 年代中期以来，非洲的经济增长明显提速。1999—2008 年，非洲经济年均增长率为 4.9%，是此前 10 年的两倍；2009 年增速降为 2.7%，但 2010 年很快恢复至 4.7%；2011 年，因北非政治动荡和世界经济低迷的叠加效应，经济增速陡降为 1.1%。尽管如此，非洲经济表现出良好的抗冲击弹性，支撑经济快速增长的因素并未丧失。2012 年，非洲经济增速达 5.0%，远超世界平均水平（2.2%），也高于发展中国家（4.7%），仅次于东亚地区（5.8%）；46 个非洲国家经济增长率超过世界平均水平，全球增长最快的 30 个经济体中有 16 个在非洲。[2]

与此同时，非洲国家所面临的国际环境特别是地区性的国际环境复杂多变，动荡频发，对非洲的和平与发展造成了非常不利的影响。以非洲面

---

① 王培文：《邓小平国际战略思想探讨》，《社科纵横》2011 年第 3 期。

② 迟建新：《非洲经济：真实的增长与转型的挑战》，http://www.qstheory.cn/zxdk/2014/201403/201401/t20140127_ 316768. htm.

积第二大的国家刚果（金）为例，该国战略地位十分重要，占据了非洲大陆"心脏"的地理位置，与多个非洲国家相邻接壤。但是，受资源争夺、殖民纠葛、部族矛盾与政治纷争等诸多因素的影响，刚果（金）局势不断出现动荡，仅1998年以来的冲突已致500万民众失去生命。① 例如，近年来刚果（金）的反政府武装"M23运动"不仅在该国制造了多次的人道主义灾难，而且流窜到其邻国乌干达，对包括卢旺达等国在内的边境安全局势形成很大的负面影响。同样处于非洲该地区的另一伙反政府"圣灵抵抗军"自1987年成立以来更是频繁袭击平民，造成数以百万的人无家可归，严重影响了乌干达、刚果（金）和苏丹等国经济社会发展的正常进程。

（二）非洲国家所处国际环境的变化

当下非洲国家纷纷将发展特别是经济发展作为国家的第一要务，是适应了和平与发展的这两大时代主题。但是，应该看到，非洲国家所处国际环境从来都不是一成不变的。

众所周知，非洲国家在历史上遭受了长达300年的殖民侵略。西方列强主导国际秩序，用强权和武力维持对非洲的殖民统治，这是非洲国家在民族解放运动之前面临的国际环境的最大特点。从16世纪开始，英国、法国、葡萄牙、西班牙、荷兰等欧洲传统航海大国不断将黑人奴隶源源不断地卖往世界各地特别是美洲殖民地。罪恶的奴隶贸易维持了300年之久，一直持续到19世纪后半叶，在给非洲人民带来深重灾难的同时，严重阻碍了非洲经济社会的发展。而也正是从16世纪开始，西方殖民大国开始不断侵略和掠夺非洲，将非洲国家变为其殖民地。特别是，随着18世纪英法等国工业革命的兴起，西方对非洲工业原材料和商品销售市场的需求与日俱增。在此情形下，帝国主义列强不断掀起瓜分非洲国家的侵略狂潮。至20世纪初叶的第一次世界大战爆发前夕，非洲大陆还能保持形式上独立的国家只有埃塞俄比亚和利比里亚。

第二次世界大战结束以后，随着非洲民族主义的觉醒，民族独立运动和解放运动风起云涌。但是，面对强大的西方帝国主义列强，非洲国家的独立运动不可能一蹴而就。以英法葡为代表的殖民强国在非洲和国际上为

---

① 焦兵、白云真：《欧盟参与刚果金冲突管理与建设和平评析》，《西亚非洲》2013年第4期。

此施加了包括武力、恫吓与拉拢等在内的各种手段。毫无疑问，抗击西方国家对独立运动的各种阻挠与破坏就成为非洲国家的主要任务和所处国际环境的主要内容。正是在这样不利的国际环境中，非洲国家从 20 世纪 50 年代开始纷纷取得独立。在论述非洲国家的反对帝国主义和殖民主义的历史时，列宁指出在反帝反殖时代只有马克思的哲学唯物主义，才给无产阶级指明了如何摆脱一切被压迫阶级至今深受其害的精神奴役的出路。只有马克思的经济理论，才阐明了无产阶级在整个资本主义制度中的真正地位。而在这一时代，从美洲到日本，从瑞典到南非，无产阶级的独立组织正在不断增加。无产阶级一面进行阶级斗争，一面受到启发和教育，他们逐渐摆脱资产阶级社会的偏见，日益紧密地团结起来并且学习怎样衡量自己的成绩，他们正在锻炼自己的力量并且在不可遏制地成长壮大。[1] 1990 年，纳米比亚宣布独立，这标志着帝国主义在非洲殖民体系的最终崩溃。非洲殖民统治时代和民族独立运动时代的终结，使得非洲进入了一个全新的发展阶段。如上所述，独立后的非洲国家纷纷将发展作为国家的最主要任务。但是，非洲国家的发展道路并不是一帆风顺的，国际环境的新变化随时会影响到非洲国家经济建设的进程。

在论述时代观时，胡锦涛总书记指出，"当今世界正在发生前所未有的历史性变革"，我们所处的时代"是一个充满机遇和挑战的时代"。[2] 而当前，非洲国家所处的国际环境也发生了一定程度的变化，特别是其所处的国际政治经济环境。从政治上来看，进入 21 世纪以来，一大批发展中国家的快速崛起以及由此带来的南南合作不断深化，使得包括非洲在内的发展中国家在国际体系中的地位和作用得到了显著提升。而在新兴大国积极开展对非合作的同时，西方大国也继续加大了对非洲事务全面介入的力度。[3] 这无疑为非洲的发展提供了重要的机遇。另外，国际环境中存在的许多因素对非洲的发展形成不利的干扰。自殖民时代就已形成的不平等的国际贸易体系仍然存在，非洲国家在其中处于边缘化和不利的国际分工地位。从总体上看，农产品和未经第二次深加工的矿产原

---

① 《列宁专题文集：论马克思主义》，人民出版社 2009 年版，第 71—72 页。

② 张晓彤：《试论胡锦涛的时代观》，人民网：http://theory.people.com.cn/GB/10306226.html。

③ 罗建波：《国际政治环境变化对中非关系的影响》，《非洲发展报告（2013—2014）》，社会科学文献出版社 2014 年版，第 157 页。

料是非洲国家的主要出口产品，而西方国家则利用技术和资金优势占据国际分工的顶端，这种长期以来国际分工的不同造成许多非洲国家经济结构不合理。例如，在尼日利亚、南苏丹等产油国，石油出口收入往往占其财政收入的90%以上，完备工业体系的建立受此影响还有很长的路要走。而地区环境、地区关系的复杂性也对非洲国家的发展时常形成不利的干扰，这方面的例子更是比比皆是。除了本章前面提到的刚果（金）的反政府武装"M23运动"和臭名昭著的"圣灵抵抗军"对地区稳定形成破坏性影响外，极端组织索马里青年党不仅造成该国长期以来的政治动荡，而且屡屡发动针对肯尼亚的包括西门商场袭击事件在内的重大报复性恐怖活动。而马里北部宗教极端武装发动的叛乱活动不仅严重冲击了该国政局与邻国的稳定，也给西方干涉提供了借口。此外，从20世纪80年代以来，非洲面对的一直是20多年保持上行阶段的世界经济增长长周期。但自2008年国际金融危机爆发后，长周期的下行阶段特征逐渐显露，世界经济尤其是全球技术和产业前沿的发达国家经济增速普遍降低。而非洲在这样的经济国际环境面前，发展的短板也相继显现。[1] 因此，面临复杂的国际政治经济环境，如何实现政治稳定、持续的经济增长与改变不平等的国际政治经济新秩序是多数非洲国家共同面临的艰巨任务。

三　非洲国家对时代的认知和判断

非洲国家对时代的认知和判断离不开20世纪至今非洲国家走过的历史进程，离不开对国家独立与发展任务的科学思考。而非洲大陆所经历的种种历史事件和变革，大体上可以归纳为这样两个大的方面。一是非殖民地化的完成以及由饱受西方黑奴贸易和殖民主义奴役压榨的黑暗大陆，转变成了一块自由独立充满生机活力并重新在世界历史舞台上自主发挥作用的阳光大陆；二是由传统部族社会向现代国家的历史性转换以及新型现代民族国家逐渐成长。[2] 因此，考察非洲国家对时代的认知和判断，可以以这两大历史阶段作为基本的划分依据。此外，进入21世纪以来，非洲在经济发展进程中又出现了"向东看"的趋势，它代表了不少非洲国家力图

---

[1] 郝睿:《世界经济形势变化对中非经贸关系的影响》，《非洲发展报告（2013—2014）》，社会科学文献出版社2014年版，第171页。

[2] 刘鸿武:《"非洲个性"或"黑人性"——20世纪非洲复兴统一的神话与现实》，《思想战线》2002年第4期。

充分利用国际环境的特点以加速自身发展的渴望，是非洲国家时代观的新
发展。

（一）民族独立解放运动时期非洲国家对时代的认知与判断

从总体上看，民族独立运动时期主要主张实行社会主义的非洲领导人
普遍认为，非洲所处的时代尚处于向社会主义过渡的历史阶段。非洲国家
在此过渡阶段的主要任务是，消灭一切形式的帝国主义统治，特别是经济
控制；铲除封建主义残余；建立和巩固人民民主机构，加强和巩固民族团
结；进行生产关系方面的革命的改革，发展生产，促进民族文化，不断提
高人民生活水平。[1] 总之，这一时期的革命家和领导人认为，只有完成独
立的任务，才能进入社会主义阶段。

马达加斯加民主共和国前总统迪迪埃·拉齐拉卡认为，马达加斯加今
天还不是一个社会主义国家，它还处于向社会主义社会过渡的阶段，即民
族民主革命的阶段。因此，马达加斯加面临的主要矛盾是帝国主义、新殖
民主义同马达加斯加人民之间的矛盾，因此必须打破旧的机构，特别是有
利于帝国主义、剥削阶级的旧秩序，同时必须废除帝国主义和新殖民主义
者控制的旧的社会经济制度。[2]

刚果科学社会主义的领导者、前领导人马里安·恩古鲁比认为，随着
独立而来的时代是"重新评估传统社会"的时代，也是"否定一切形式的
殖民主义"和"否定资本主义这一滋生殖民主义和帝国主义的社会制度"
的时代。因此，非洲国家"应当建设社会主义以代替资本主义"，只有社
会主义这一制度形式才能保证民族独立和社会进步。而在独立后的刚果还
不是社会主义阶段，因为刚果还将经过民族、民主和人民革命的阶段才能
进入社会主义。为此，在政治上必须同帝国主义彻底决裂，实行全面的革
命斗争以赢得与巩固彻底的独立；在经济上必须废除特权阶级的相关特
权，于所有制方面废除私人所有制、实行社会主义公有制，以此来重新构
建社会经济结构。[3]

莫桑比克解放阵线党的观点与上面两位非洲领导人的判断类似，提出
要实现社会主义就必须经过"民族民主革命"阶段和"人民民主革命"

---

[1]　唐大盾：《非洲社会主义：历史·理论·实践》，中国社会科学出版社 2007 年版，第 47
页。

[2]　同上书，第 241 页。

[3]　同上书，第 256—259 页。

阶段。① 其中，"民族民主革命"指的是打倒葡萄牙的殖民统治，实现民族解放和国家独立。而要实现社会主义，就还要进行"人民民主革命"，在此阶段，要通过阶级斗争打击殖民者资产阶级、民族小资产阶级和其他剥削阶层。而从总体上看，曾宣布走社会主义道路的其他非洲国家如马里、塞内加尔、肯尼亚、乌干达、坦桑尼亚、赞比亚等国尽管取得民族独立和选择社会主义发展道路的方式存在很大差异，但这些国家的领导人大多都是反帝反殖态度比较坚决的民族主义者，主张要实行社会主义必须先经过民族独立阶段。并且，在他们执掌国家政权之后，纷纷迫切要求迅速摆脱帝国主义的经济控制，通过经济独立将社会主义革命进行下去。

　　在这一时期，除了上述具有社会主义色彩的领导人和政党，在时代观方面具有代表性意义的人物是南非伟大的政治家曼德拉。众所周知，曼德拉具有全非乃至世界性的影响，他成功带领这个国家从种族隔离和平过渡到民主新南非时代。曼德拉虽然没有留下多少关于时代观的明确论述，但是，他的革命成长经历和政治主张透露出他对时代的准确把握。例如，曼德拉早期受甘地"非暴力不合作"思想的影响，曾经一度主张通过和平抗议来促使白人政权结束种族隔离统治，但是白人的暴力镇压和非洲其他国家民族独立解放运动的浪潮使之认识到在这一时代局势下暴力斗争的重要性。1960 年 3 月发生了震惊世界的沙佩维尔大屠杀后，面对白人种族主义政权对黑人正义事业的残酷镇压，曼德拉认为应该放弃非暴力的革命方式，力排众议组建了非国大党军事组织民族之矛，拿起枪杆子向反动政权发起武装进攻。② 20 世纪 90 年代，出狱后的曼德拉敏锐地注意到在国际社会的压力下南非有可能实现一场不流血的和平变革。为此，曼德拉主张放下武器而与南非政府当局谈判。可以说，如果没有对当时国际环境总体特征和南非时局的准确把握，曼德拉不可能做出如此英明的决定。

　　（二）民族国家建设时期非洲国家对时代的认知与判断

　　20 世纪 90 年代以来，完成非殖民化进程的非洲国家面临的最迫切任务已经变换为通过经济发展来进一步巩固民族国家建构，实现非洲的一体化，并在建立一个公正合理的国际政治经济新秩序中来实现非洲的崛起与复兴，即实现伟大的"非洲梦"。而从整个非洲大陆看，非洲国家领导人

---

① ［美］戴维·奥塔韦：《非洲共产主义》，东方出版社 1986 年版，第 121 页。
② 李新烽：《论曼德拉精神及其产生的原因》，《西亚非洲》2014 年第 4 期。

基于时代观提出的非洲复兴思想是影响最大的思潮之一，它最能从总体上反映非洲领导人对这块大陆所处发展阶段和国际环境的总体判断，最能体现非洲国家的时代观。

第一，非洲复兴思想反映了非洲领导人对非洲所处时代总体国际环境特征进行的科学判断。

一方面，非洲复兴思想反映了殖民主义和民族独立时代非洲领导人与精英分子对非洲与外部世界关系的思考。例如，20世纪非洲大陆兴起的各种民族主义理论都与反抗西方对非洲的压迫统治联系在一起，因而这些理论与思潮总是直接地涉及"非洲与欧洲""黑人与白人""殖民地与宗主国"的关系问题，从而表现为一种对于非洲在现代世界体系中的地位与权利的思考，是一种"非洲与世界之关系"的思想维度或话语结构。①

另一方面，非洲复兴思想反映了殖民主义和民族独立时期非洲领导人与精英分子的时代觉醒意识。在殖民时代，面对西方列强的统治和险恶的国际环境，作为非洲复兴思想最重要来源之一的"泛非主义"应运而生。"泛非主义"与非洲复兴思想有着前后相继的千丝万缕的联系。"泛非主义"也称为"非洲主义""非洲个性"，其核心内容是以捍卫非洲文明之独特价值和个性为基本形态，以争取非洲大陆之平等、独立、自由与统一为基本目标，它其实是一种形态庞杂、内容广泛的非洲本土形态的民族主义。② 以"泛非主义"为核心的民族主义诞生的时代背景则是殖民者对非洲的贬低，认为非洲黑人是劣等人种，非洲文化也是落后的文化。"泛非主义"或非洲复兴思想指出，在许多方面，非洲走在人类文明的前列，对人类文明的发展做出了巨大的贡献；非洲人并非劣等种族，是殖民主义统治埋葬了非洲文明。③ 因此，非洲人民必须有这样一种时代意识，即摆脱帝国主义在经济上对非洲进行的剥夺和在思想上对非洲进行的奴役，即必须实现民族独立，彻底终结殖民统治。

第二，非洲复兴思想反映了新时期非洲领导人对非洲大陆以及个体国家所处时代发展阶段的理性思考。

如前所述，进入21世纪以来，非洲经济发展的表现十分抢眼，已经

---

① 刘鸿武、肖玉华、梁益坚：《一个大陆的觉醒、抗争与自强——20世纪非洲国际关系理论之研究论纲》，《世界经济与政治》2007年第1期。

② 同上。

③ 钟伟云：《姆贝基的"非洲复兴思想"》，《当代世界》1998年第8期。

成为世界经济增长最快的地区之一。细究其重要的时代背景，一方面是 20 世纪 90 年代西方殖民统治时代的彻底结束，另一方面则是非洲领导人对新时代的思考以及制定的相应的发展战略。

在反对殖民主义的历史任务让位于全面的经济建设与和平发展的新的历史时期，非洲逐渐认识到自身在 21 世纪的国际地位正在不断上升，非洲成为一个崛起的大陆也日渐成为现实而非神话，因此非洲对自身和国际事务的理解也变得日益自信。[1] 根据和平与发展的时代总体特征和非洲在世界经济格局中地位提升的现实，非洲复兴思想的旗手、南非前总统姆贝基自信地指出，非洲有辉煌的历史，也必将有光明的未来。基于非洲正在走向总体复兴的时代判断，姆贝基不仅不断完善这一时代判断的基本内涵，还赋予这一理念以具体的形式。例如，姆贝基与其他一些非洲国家领导人，包括尼日利亚的奥巴桑乔、阿尔及利亚的布特佛利卡、埃及的穆巴拉克，还有塞内加尔的瓦德等共同推出"非洲发展新伙伴计划"，以集体方式做出承诺，保证促进民主准则、公众参与、良政和合理的经济管理。他们还推动建立"非洲互查机制"，作为"非洲发展新伙伴计划"的一项主要内容，希望利用这一制度推动各国政府实行良政，从而实现政治稳定、经济快速增长，使非洲走上持续发展的道路。[2]

第三，由非洲复兴思想所界定的时代观将继续引导未来非洲领导人对非洲发展所面临国际环境的判断，引领非洲一体化的历史进程和"非洲梦"的实现。

非洲复兴思想之所以得到热议并为许多非洲领导人所接受，说明和平与发展的时代主题已经成为当下大多数非洲领导人的共识，目前多数非洲国家将经济发展作为国家的优先任务就说明了这一点。而从总体上看，虽然未来非洲发展和实现一体化的任务还面临不少挑战，但近年来非洲大陆的经济吸引力持续攀升，不仅经济形势总体向好，政治形势也总体相对平稳，这为非洲在未来进一步融入全球化进程、实现伟大复兴的"非洲梦"奠定了良好的基础。非洲联盟委员会主席德拉米尼·祖马说，"非洲时代已经来临"[3]。

---

[1]　参见简军波《非洲的国际秩序观》，《复旦国际评论》第 14 辑，第 211 页。

[2]　张忠祥：《非洲复兴：理想与现实》，《探索与争鸣》2013 年第 6 期。

[3]　马红丽：《祖马：非洲时代已经来临》，《经济》2013 年第 6 期。

（三）21 世纪非洲国家"向东看"

所谓非洲国家"向东看"，是指进入 21 世纪以来，非洲国家在发展战略上特别注重加强与亚洲国家特别是中国和印度等国的关系、注重学习其发展经验的一种现象与趋势。

一方面，"向东看"反映了非洲国家对国际环境的科学判断。非洲国家"向东看"是在国际权势结构特别是国际经济格局发生重大变化的情况下出现的。众所周知，凭借其超强的政治经济实力，冷战结束以来美国作为唯一的超级大国长期在国际事务中发挥主导作用。以其为首的西方国家俱乐部利用不合理的政治经济旧秩序长期在世界经济中居支配地位，而包括非洲在内的广大发展中国家在这种"中心—外围"的分工中则处于不利的依附地位，导致发展中国家经济发展中的很大一部分成果为发达国家所盘剥。但是，进入 21 世纪以来，以中国为代表的发展中国家经济高速发展，国际经济格局发生了有利于发展中国家的变化。特别是，2010 年，中国成长为仅次于美国的世界第二大经济体，经济发展成就举世瞩目。而与此同时，西方世界自 2008 年以来持续酝酿的国际金融危机长期拖累其经济，复苏乏力。非洲经济因此遭受到了发达国家经济衰退的巨大冲击。相反，随着中非关系特别是经贸关系的快速发展，中国在 2009 年超越美国成为非洲最大的贸易伙伴，有力地拉动了非洲国家经济的增长。在此背景下，中国等亚洲国家的崛起导致津巴布韦、肯尼亚、坦桑尼亚、纳米比亚等国领导人开始奉行"向东看"理念，他们希望在保持和发展同西方国家传统经贸关系的同时，渴望走出非洲向东发展，加强与中国、印度等亚洲国家的经贸合作，从而进入高速增长的亚洲市场。[①] 津巴布韦总统穆加贝前不久明确指出："美国等西方国家其实并不真正关心非洲的发展，中国才是非洲国家的真正朋友，我们应当把目光投向东方。"[②]

另一方面，"向东看"反映了非洲国家在新的时代背景下对自身发展模式的理性思考。作为发展中国家最为集中和最不发达国家最多的大陆，经济发展无疑是政治形势总体稳定的非洲面临的最大任务。但是，西方发达国家自 20 世纪 80 年代以来大肆鼓吹发展的"华盛顿模式"，不断推行

----

① 姚桂梅：《非洲"向东看"的经济考量》，杨光主编《中东非洲发展报告（2010—2011）》，中国社会科学出版社 2011 年版，第 79 页。

② 津巴布韦总统穆加贝在第三届中非青年论坛上（2015 年 3 月 27 日—29 日，坦桑尼亚阿鲁沙）的讲话。

其对非洲的政治民主化和经济自由化改造，结果造成了许多"水土不服"的问题。在这样的时代背景中，许多 21 世纪的非洲国家领导人认识到，中国改革开放 30 多年以来发展模式的成功和发展经验值得非洲学习与借鉴。例如，坦桑尼亚总统基奎特在 2007 年达沃斯世界经济论坛年会上指出："中国从世界上最贫穷的国家之一，成为世界舞台上的经济强国。中国是这种转变的模范，这给了非洲以希望，让我们知道有这种可能把我们的国家从可怕的贫穷带到发展的道路上来。有了正确的政策和正确的行动，有一天我们也会成为那样。"①

四 非洲国家对时代认知的经验和教训

归结非洲国家在时代观方面取得的基本经验，一方面在于他们可以根据国际环境的主要特征和国家面临的主要任务来认识时代。例如，在脱离殖民统治走向独立的历史时期，非洲国家敏锐地认识到西方殖民统治正在全球范围内走向衰落，必须抓住这有利的一时代特征来实现民族的彻底解放。在民族国家建设特别是 21 世纪以来的非洲大陆经济开始获得良好发展的时期，大多数非洲国家都意识到自身相比世界其他国家所具有的独特的发展优势，强调充分利用大国对非纷纷加强工作力度的这一有利的历史时机来实现非洲的崛起。另一方面，非洲国家之所以在时代观方面取得宝贵经验，还在于其整体意识，即将非洲大陆看作一个整体而不是单纯从某一特定国家的角度来看待时代及非洲面临的任务，从而不会导致从割裂开来的角度来认识时代特征。从总体上看，非洲领导人通过他们之间的相互交流和探讨来认识时代，通过将自己国家融入非洲整个大陆来认识国际环境和其所处的时代，即具有很强的非洲意识。例如，不管是"泛非主义"还是非洲复兴思想都是从整个非洲大陆的角度来驳斥西方对非洲人种、文化乃至社会结构的贬低，强调非洲大陆的整体复兴。又如，为解决非洲大陆面临的贫困问题和发展问题，2001 年 7 月第 37 届非洲统一组织首脑会议通过了"非洲发展新伙伴计划"，该计划不仅反映了非洲国家在全球化时代的自觉意识，而且成为非洲国家自身全面规划非洲政治、经济和社会发展目标的纲领性文件。

当然，非洲国家对时代认知方面也存在一些教训。特别是，尽管大多

---

① http: //news. xinhuanet. com/world/2007 – 02/03/content_ 5689163_ 1. htm.

数非洲国家基于国际环境和自身定位对时代进行了大致正确的判断，但是长期以来非洲在发展的理论和实践方面均受着欧美国家的主导。① 例如，以美国为首的西方世界不仅不顾非洲千差万别的国情一味地推行民主化，还在经济上强迫非洲国家接受其结构化改造，接受西方发展的所谓"华盛顿模式"。在西方的压力面前，大多数非洲国家选择了屈服，结果造成了许多"水土不服"的政治、经济和社会问题。这种对西方的屈从导致非洲国家在国际体系中总体上未摆脱依附性状态，既反映了部分非洲国家在面临西方政治经济强权时的无奈，也在客观上表现了非洲对时代观的认识存在局限性，未能根据时代特征全力推动整个国际环境向有利于自己的方向发展。此外，非洲政坛一些领导人对国情的认识不足，要么全盘接受要么完全不顾国际环境对自身的制约，导致经济社会发展进程遭受重大挫折。以非洲政坛的常青树穆加贝为例，他在带领津巴布韦实现独立以及 20 世纪 80 年代的经济发展中顺应潮流、科学判断时代主题，做出了突出的贡献。但是，20 世纪 90 年代以来，穆加贝对津巴布韦自身发展阶段认识上存在一定的失误，不能从国情或实际出发，客观上违背了马克思主义科学的认识世界的方法。这表现在，90 年代先是被西方世界所利用，接受世界银行和国际货币基金组织的方案进行经济改革和结构调整，致使津巴布韦经济出现了严重滑坡。而 2000 年以来，在非洲政治经济形势总体向好的时代背景下，穆加贝在津巴布韦又强行实行没收白人农场的土地政策，极大地损害了具有丰富生产经验和国际联系的白人农场主的利益，遭到了英美等西方国家的强烈反对和制裁，使本已十分困难的经济雪上加霜。在非洲国家经济普遍持续增长的大好背景下，津巴布韦经济却连年呈负增长态势，昔日的"非洲经济新星"已经沦为非洲经济最不景气的国家之一。②

不过，近来我们注意到，随着西方模式所带来的问题逐步显现，非洲的自主意识在增强。已经有越来越多的非洲精英认识到，在全球化加速发展的时代，非洲国家发展的道路应当由自己而不是西方强国来确定。2002年 7 月，非洲联盟的成立则掀开了非洲自立自强的新篇章，自成立之日起，非洲联盟就期待由非洲人主导，用自身的力量来解决非洲地区的各种

① 李安山：《非洲梦：探索现代化之路》，江苏人民出版社 2013 年版，第 773 页。
② 曾强：《津巴布韦局势及其"向东看"政策》，《西亚非洲》2007 年第 5 期。

矛盾和冲突，为全面落实"非洲发展新伙伴计划"创造条件。①

因此，非洲要实现全面的复兴，不仅要在发展的实践中增强自觉意识和本土意识，避免成为西方国家的附庸和试验品，还要从马克思主义的立场出发对时代进行科学的判断，只有这样才能避免走更多的弯路。

综上所述，中东非洲地区正处于历史性巨变之中，处在由传统社会向现代社会过渡的历史性变迁之中，这种变迁是极其漫长和复杂的。与此同时，中东非洲地区因其地缘战略地位的重要性，长期遭受大国的干预，这种外部性特征构成了该地区特殊的国际关系环境。由此可见，处在这样一个复杂而动荡的地区的领导人，需要对时代的基本特征，对时局变化及其走向有一个清晰和准确的认知和判断。当今是和平与发展的时代。20世纪以来，中东非洲国家对于时代认知和国家发展定位方面出现过失误，有着沉痛的教训。因此，在21世纪的今天，中东非洲国家，既要高瞻远瞩，把握时代前进的方向和规律，又要脚踏实地，从具体国情、区情出发，选择符合本国实际的战略和策略，才能在激烈竞争的时代立于不败之地，才能为本国赢得广阔的发展前景。

（王林聪　刘中伟）

① 李安山：《非洲梦：探索现代化之路》，江苏人民出版社2013年版，第93页。

第二章　社会主义运动在西亚非洲的发展与变化[*]

在西亚非洲地区，社会主义起初是一种思潮，而后逐步成为该地区民众反抗压迫，寻求独立自主发展道路的政治主张，并由此出现了将这一政治主张付诸实践的社会主义运动。1952 年埃及独立并宣布选择社会主义道路，极大地促进了该地区社会主义运动的发展。到 20 世纪 70 年代，该地区出现了 24 个社会主义国家，以及大量宣称为实现社会主义而奋斗的政党。但进入 80 年代后，该地区的社会主义运动突然转入低潮并持续至今。当前该地区的社会主义国家仅存 2 个，一个是陷入内战的叙利亚，另一个为世界最不发达国家之一的坦桑尼亚。本章将以辩证唯物主义的内外因辩证关系原理为基本理论框架，在已有研究成果的基础上，探究其由盛而衰的发展趋势出现的根源。

第一节　西亚非洲地区社会主义运动的相关概念界定

社会主义运动本质上是一种与思潮和制度紧密联系的社会实践活动，由各种社会主义思潮或流派的社会实践活动共同构成。社会主义运动有广义和狭义之分，广义是指"为实现或建设社会主义而进行的社会实践活动"①，任何社会主义思潮或流派的社会实践活动皆包含其中；狭义是指某一种社会主义思潮或流派从自身角度出发对社会主义运动的阐述。例如，科学社会主义便对社会主义运动作出如下定义，"由无产阶级政党领导的，以马克思主义为指导的无产阶级解放运动，即为实现社会主义而进行的实

---

　　* 本研究成果受中国社会科学院马克思主义理论学科建设与理论研究项目资助。
　　① 刘佩弦主编：《马克思主义与当代辞典》，中国人民大学出版社 1998 年版，第 363 页。

践活动"①。因此，社会主义运动是一个涉及面极广，内容极其丰富的概念和术语。就本章而言，由于西亚非洲地区的社会主义运动在多种因素影响下，演进变异和分化组合的速度明显高于世界其他地区，并由此呈现出较为明显的差异性和多样性特征，本章使用"为实现或建设社会主义而进行的社会实践活动"，这一社会主义运动的广义含义较为适宜。

第二节　西亚非洲地区社会主义运动 发展的基本脉络

西亚非洲地区社会主义国家数量的变化，可以直观地展现该地区社会主义运动发展的基本脉络。如图所示：

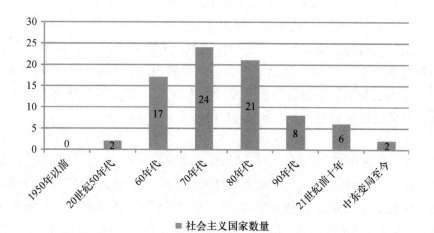

■ 社会主义国家数量

图 2 – 1　西亚非洲地区社会主义国家数量变化

数据来源：中国知网公开文章及我国驻西亚非洲地区各国的使馆网站。

根据上图，我们可以将该地区社会主义运动的宏观发展进程大致分为5 个阶段，即：萌芽阶段（1950 年之前）、出现阶段（20 世纪 50 年代）、扩展阶段（60 年代）、高潮阶段（70 年代）、低潮阶段（80 年代至今）。简述如下：

---

① 翟泰丰主编：《党的基本路线知识全书》，辽宁人民出版社 1994 年版，第 298 页。

一 萌芽阶段

该阶段的时间跨度约为 19 世纪 30 年代至 1950 年。这一阶段是各种社会主义思想传入该地区并进行早期传播的阶段，因此图 2 - 1 并没有社会主义国家出现。该阶段是"非洲社会主义"、阿拉伯社会主义理论、伊斯兰社会主义理论的形成时期，同时也是犹太复国主义理论形成，以及犹太人在该理论指引下兴建"基布兹"①，从事带有社会主义因素实践活动的阶段。到 1947 年以色列建国前，基布兹数量已达 143 个。②

二 出现阶段

在图中，20 世纪 50 年代出现的两个社会主义国家分别是非洲的埃及和几内亚③。这标志着社会主义运动在该地区首次以国家形态出现，并由此登上了历史舞台。与此同时，该地区也出现了数量众多的积极从事"社会主义"实践的政党或组织，如伊拉克共产党、安哥拉共产党等。其中，伊拉克共产党"到 50 年代后期已被公认为阿拉伯世界最强大的共产党组织"④。与此同时，基布兹的数量和参与人数迅速增加，到 1958 年初，基布兹总数已达到了 232 个，参与人数约为 7.97 万人。⑤

三 扩展阶段

图 2 - 1 中社会主义国家数量在 20 世纪 60 年代达到了 17 个，表明该地区的社会主义运动正快速扩展。这 17 个社会主义国家中，非洲占 14 个⑥，西亚地区有 3 个⑦。其中，奉行阿拉伯社会主义理论的国家有 7 个⑧

---

① 基布兹是希伯来语"集体定居点"的音译。

② 李光：《以色列基布兹研究》，上海社会科学院，2006 年 5 月。

③ 加纳此时虽获得形式上的独立，但直到君主制和英国总督在 1960 年被废除之后，社会主义制度才真正在该国得以确立。而突尼斯则是在 1963 年才正式确定了社会主义的发展道路，故，将加纳和突尼斯计算在 60 年代的社会主义国家中。参见唐大盾、张士智、赵慧杰等《非洲社会主义：历史·理论·实践》，世界知识出版社 1988 年版，第 177、232—234 页。

④ 胡雨：《伊拉克共产党兴衰历程及其经验教训》，《当代世界与社会主义》2012 年第 4 期。

⑤ 魏雪静：《浅析基布兹的形成与演变》，中共中央党校，2008 年 6 月。

⑥ 这 14 个国家分别是：利比亚、阿尔及利亚、苏丹、索马里、加纳、马里、坦桑尼亚、肯尼亚、突尼斯、乌干达、赞比亚、塞内加尔、毛里求斯、刚果（布）。

⑦ 西亚地区的 3 个社会主义国家是：南也门、伊拉克、叙利亚。

⑧ 这 7 个国家分别是：利比亚、阿尔及利亚、苏丹、伊拉克、叙利亚、南也门、索马里。

并形成了三大流派，即，以叙利亚和伊拉克为代表的阿拉伯复兴社会主义，以埃及、苏丹、利比亚、索马里为代表的纳赛尔社会主义，阿尔及利亚的"工人自管"社会主义。基布兹发展势头不减，居民生活水平逐步改善，但禁止雇佣原则开始瓦解。

四　高潮阶段

在此阶段，尽管社会主义运动在乌干达、阿富汗遭遇了挫折，但 8 个新生社会主义国家①的加入，使该地区社会主义国家的总数在 70 年代达到了 24 个。奉行"非洲社会主义"的撒哈拉以南地区各国，已形成了"非洲科学社会主义"、非洲民主社会主义、非洲村社社会主义三大流派，影响力和感召力日益增强。基布兹的粮食产量占以色列全国产量的 40% 以上②，对政治、经济、社会等方面有较大的影响力。上述情况表明该地区的社会主义运动达到了顶峰。

五　低潮阶段

在 20 世纪 80 年代，津巴布韦和佛得角作为新生力量加入了社会主义运动，但 5 个国家脱离了社会主义阵营③，因此，图中社会主义国家的数量出现了负增长。这种国家数量的负增长趋势由此出现并持续至今，表明整个地区的社会主义运动从 80 年代开始进入到了低潮阶段。具体而言，在 80年代私有化浪潮和 90 年代民主化浪潮的两次冲击下，除坦桑尼亚外，奉行"非洲社会主义"的撒哈拉以南地区各国全部走上了资本主义道路，社会主义国家的数量也由此分别下降了 12.5% 和 61.9%；2011 年的中东变局，除叙利亚外，西亚北非地区奉行阿拉伯社会主义理论的国家全部改旗易帜，社会主义国家的数量由此锐减 66.7%。而基布兹从 1980 年开始，无论是在数量、居民人口方面，还是对政治、经济、社会的影响力方面，也都呈现出持续衰落的发展趋势。总体来看，该地区的社会主义运动遭受了私有化

---

① 在 20 世纪 70 年代，除乌干达、阿富汗因政变放弃社会主义外，新增了 8 个社会主义国家，它们分别是：马达加斯加、塞舌尔、几内亚比绍和佛得角、圣多美和普林西比、贝宁、埃塞俄比亚、莫桑比克、安哥拉。

② 程恩富、孙业霞：《以色列基布兹集体所有制经济的发展示范》，《经济纵横》2015 年第 3期。

③ 80 年代脱离社会主义阵营的五个国家是：毛里求斯、几内亚、苏丹、莫桑比克和阿尔及利亚。

浪潮和民主化浪潮冲击后，又在中东变局的严重冲击下进一步向谷底滑落。

尽管遭受了三次冲击，但该地区的社会主义运动并未就此消亡，以南非共产党为代表的共产主义政党，通过自身理论和政策调整，以及建立新型国际联系的方式，力量已获得了新的发展，进而使该地区社会主义运动呈现出在低潮中奋进的局面。①

通过上述梳理，我们不仅佐证了事物波浪式前进和螺旋式发展这一辩证法则的科学性，而且对"该地区社会主义运动在 80 年代和 90 年代的两次冲击下走向低落"② 的结论进行了适当修正。更重要的是，我们发现该地区社会主义运动由盛而衰的发展态势，是由多种性质不一、复杂多样的社会主义实践活动共同织就的。因此，只有先了解该地区社会主义的主要流派，尤其是它们与马克思主义的科学社会主义的渊源、联系及本质区别，才能更好地探究该地区社会主义运动由盛而衰的根源。

第三节　西亚非洲地区的多种社会主义实践活动

国内学界已从不同角度对西亚非洲地区各种类型的社会主义进行了分类，本章以地域为标准，将它们划分为撒哈拉以南地区和西亚北非地区两类。

一　撒哈拉以南地区的社会主义

19 世纪 30 年代，以埃及的法阿赫·拉菲·塔赫塔维，西非利比里亚的爱德华·威尔莫特·布莱登，以及圣西门的弟子为代表的先进知识分子，将欧洲的空想社会主义和英国的费边社会主义介绍到了非洲地区。十月革命后，科学社会主义进入了南非地区并快速传播。此时，"社会主义思想还处于萌芽状态，是跟泛非主义和非洲民族解放运动结合在了一起的，并成为了泛非主义的三个基本原则之一"③。20 世纪 40 年代，塞内加

---

① 参见聂运麟《世界社会主义运动在低潮中奋进》，《求是杂志》2013 年第 21 期。

② 参见唐大盾、徐济明、陈公元主编《非洲社会主义新论》，教育科学出版社 1994 年版，第 63 页。

③ 唐大盾、徐济明、陈公元主编：《非洲社会主义新论》，教育科学出版社 1994 年版，第 46—47 页。转引自，乔治·帕德莫尔称泛非主义的三个基本原则是：民族主义，政治民主和社会主义。见其名：《泛非主义还是共产主义?》，伦敦，1956 年版，第 181 页。

尔领导人桑戈尔在非洲首次将"非洲社会主义"作为一个单独的概念提出。"非洲社会主义"的基本理论观点是社会主义源自本土，社会主义是非洲唯一的发展道路，而且非洲具备超越资本主义发展阶段而进入社会主义的条件和能力。此后，"非洲社会主义"形成了三大流派，分别是：非洲村社社会主义、非洲民主社会主义、非洲科学社会主义。

（一）非洲村社社会主义

非洲村社社会主义，是一种以非洲传统村社价值标准为基础的社会主义流派。该流派认为非洲传统的村社制度是社会主义性质的，只要恢复互助合作、共同劳动的"传统"，并与现代工业技术相结合，就能建设现代社会主义。其主要代表是坦桑尼亚、赞比亚、马达加斯加、塞舌尔、肯尼亚、马里、加纳等国。①

对于该流派的主张，马克思和恩格斯早有精辟论述予以否定并直指其空想性。首先，该流派认为非洲村社制度是社会主义性质的。恩格斯早就指出："发生在商品生产和私人交换出现以前的一切形式的氏族公社同未来的社会主义社会只有一个共同点，就是一定的东西即生产资料由一定的集团公共所有和共同使用。但是单单这一个共同特性并不会使较低的社会形态能够从自己本身产生出来未来的社会主义社会，后者是资本主义社会本身的最后产物"②。其次，对于该流派试图通过恢复"传统"来实现社会主义的主张，马克思早就予以了否定并直指其空想性，"企图恢复旧的生产资料和交换手段，从而恢复旧的所有制关系和旧的社会，或者是企图重新把现代的生产资料和交换手段硬塞到已被它们突破而且必须突破的旧的所有制关系的框子里去。它在这两种场合都是反动的，同时又是空想的"③。

（二）非洲民主社会主义

非洲民主社会主义，是该地区唯一具有泛非组织形式的社会主义流派，因其主要思想源于法国社会党的主张以及英国费边社会主义，因此其主张阶级融合，通过逐步发展实现不同于"欧洲社会主义"的"非洲社会主义"。其主要代表是国内资产阶级较为弱小的塞内加尔、突尼斯以及毛里求斯等。

---

① 唐大盾、徐济明、陈公元主编：《非洲社会主义新论》，教育科学出版社 1994 年版，第 151—158 页。

② 《马克思恩格斯全集》第 22 卷，人民出版社 1965 年版，第 502 页。

③ 《马克思恩格斯选集》第 1 卷，人民出版社 1972 年版，第 276 页。

该流派虽对该地区社会主义运动具有积极意义和作用，但却并不能改变其用"社会主义"的概念和口号掩盖其资产阶级的倾向。① 主要表现如下：在理论方面，该流派将各种实用主义观点揉捏在一起，以所谓多元化否认马克思主义的指导作用；在政治方面，主张多党制和议会制，实际上否定了阶级和阶级斗争，否定了无产阶级专政；在经济方面，主张有限制的自由经济，并通过改革税制和建立社会保障制度实现"平等"，其实质是反对消灭私有制。

（三）"非洲科学社会主义"

"非洲科学社会主义"，主要受马克思主义的科学社会主义影响，最初以政党形式出现，在社会主义国家的大力支持下，20 世纪 70 年代成为该地区重要的社会主义流派。其主要代表有刚果、莫桑比克、津巴布韦、埃塞俄比亚、贝宁和安哥拉 6 个国家。

该流派虽然认识到了"只有一个科学社会主义，其他形式的所谓社会主义都已证明是站不住脚的"②，并在实践中采取了一些较为彻底的反帝反封建的措施，但该流派对苏联马首是瞻，无视本国实情照搬苏联模式，这显然违背了马克思主义的普遍真理同各国革命具体实践相结合这一基本原则，实际上否定了这一原则的哲学基础，即，马克思主义关于矛盾普遍性与特殊性的辩证关系原理。因此，该流派并不是真正的马克思主义的科学社会主义，更像是苏联向非洲推行其理论的"试验田"。

二 西亚北非地区的社会主义

西亚地区，是三大宗教的发源地，因此，社会主义一经传入便被赋予了宗教色彩，并由此出现了两种带有伊斯兰教色彩的社会主义理论，以及犹太教色彩浓厚的带有社会主义因素的实践活动：基布兹。

1892—1897 年间，以萨拉姆·穆萨和贾马鲁丁·阿富汗尼为代表的知识分子，开始对伊斯兰教和社会主义进行调和。十月革命后，以穆罕默德·伊克巴尔为代表的伊斯兰知识分子，形成了改良伊斯兰教而复兴伊斯兰世界的思想。这一思想衍生出了两种带有伊斯兰教色彩的社会主义理

---

① 《苏联与东欧资料》1985 年第 5 期。

② 塔斯社罗安达 1977 年 12 月 4 日讯，转引自唐大盾、徐济明、陈公元主编《非洲社会主义新论》，教育科学出版社 1994 年版，第 315 页。

论，即阿拉伯社会主义理论和伊斯兰社会主义理论。

（一）阿拉伯社会主义

1944 年，米歇尔·阿弗拉克和萨拉赫丁·比塔尔在其《阿拉伯民族主义者对共产主义的态度》一书中，首次系统阐释了"阿拉伯社会主义"概念，进而形成了以阿拉伯民族主义和伊斯兰教为两大支柱的阿拉伯社会主义理论。1947 年，阿弗拉克创建阿拉伯复兴党，该理论随着该党势力的快速扩展而盛行并被付诸实践，最终形成该地区具有广泛影响力的阿拉伯社会主义流派。该流派有三种类型，即以叙利亚和伊拉克为代表的阿拉伯复兴社会主义，以埃及、苏丹、利比亚、索马里为代表的纳赛尔社会主义，阿尔及利亚的"工人自管"社会主义。

该流派的口号是"统一、自由、社会主义"，认为伊斯兰教是彻底的社会主义；社会主义既是实现阿拉伯统一和阿拉伯民族复兴与自由的手段，也是最终目标；伊斯兰教要为实现社会主义服务。很明显，该流派是一种与马克思主义的科学社会主义完全不符的，具有伊斯兰教色彩和阿拉伯民族特性的社会主义流派。

（二）伊斯兰社会主义

穆斯林兄弟会的格罕扎里，在其 1944 年的《伊斯兰教和社会主义制度》和 1950 年的《伊斯兰社会主义以及向资本主义和共产主义的挑衅》一书中，以伊斯兰教教义教法为理论基础，首次系统论述了伊斯兰社会主义理论，并逐渐衍生出多个理论分支。其代表人物有阿卜杜拉·辛格、阿卜杜勒·哈吉姆等人。

该理论的口号是"统一、解放、社会主义"，强调伊斯兰教的独立地位，认为只有领导穆斯林大众发动圣战，建立政教合一体制，将教义教法作为唯一评判标准并严加落实，伊斯兰世界才能统一，穆斯林才能获得解放，社会主义就能实现。很明显，该理论是一种打着社会主义的旗号，具有泛伊斯兰主义倾向的宗教理论，因此，该理论不可能登堂入室，而只能由穆兄会这类的民间组织奉为圭臬并以此实现其政治目的。

（三）基布兹

1862 年，犹太社会主义学者摩西·赫斯首次提出了犹太人建国的社会主义原则及相关理论。1882 年，利奥·平斯克发展了赫斯的理论并提出了具体实施原则和手段。1896 年，西奥多·赫茨尔通过将赫斯的理论系统化形成了犹太复国主义理论。1910 年 10 月 28 日，12 名欧洲犹太人为实现犹太复国理想，在巴勒斯坦建立了第一个基布兹——德甘尼亚①。1925 年 11 月基布兹确定了四项基本原则：生产资料和劳动产品公有制；权利平等，禁止雇佣；实行民主管理；实行各尽所能和按需分配制度。

基布兹虽明显具有一些社会主义因素，但却不是在马克思主义指导下的社会主义实践活动，而"是 19 世纪下半叶掀起的犹太复国主义运动和社会主义思潮在巴勒斯坦地区特定历史条件下的产物"②，是犹太人在犹太复国主义理论指导下，从事的带有社会主义因素的实践活动而已。

综上所述，我们不难发现，该地区不存在真正的马克思主义的科学社会主义，整个地区的社会主义运动主要是在"非洲社会主义"和阿拉伯社会主义理论指导下展开的。这说明该地区社会主义运动由盛而衰发展趋势的出现带有历史必然性。

第四节　西亚北非地区社会主义运动由盛而衰的内因

按照唯物辩证法内外因辩证关系原理，西亚非洲地区社会主义运动呈现由盛而衰的趋势是内外因共同作用的结果，内因是该地区社会主义运动发展变化的根据，对其发展变化起到了决定性作用，外因只是其发展变化的条件，且只能通过内因发挥作用。该地区社会主义运动由盛而衰的内因主要有两个，一个是理论错误；另一个则是社会主义运动由中小资产阶级领导。

一　理论错误

列宁曾经指出："如果一个人从他自觉运用的一定原理出发犯了错误，那么不找出他犯错误的理论根源，就无法完全弄清他的任何错误，包括政治错误。"③ 这一论述既适用于一个人，也同样适用于社会主义运动。因此，剖析西亚非洲地区社会主义运动由盛而衰的根源，就要首先从指导该地区社会主义运动的"非洲社会主义"和阿拉伯社会主义理论入手。具体

---

① 德甘尼亚意为盛产粮食之地。
② 魏雪静：《浅析基布兹的形成与演变》，中共中央党校，2008 年 6 月。
③ 《列宁选集》第 4 卷，人民出版社 1995 年版，第 449 页。

如下：

（一）"非洲社会主义"的错误源于其"超越阶段论"的思想根源

马克思和恩格斯从未忽略社会主义革命在经济文化不发达国家取得胜利的可能性，经过不断地探讨和论证，他们最终提出了"跨越资本主义卡夫丁峡谷"的著名论断。卡夫丁峡谷指公元前 321 年，萨姆尼特人在卡夫丁峡谷战役获胜后，强迫罗马军队从长矛架起的形似城门的牛轭下通过，以此来羞辱他们。资本主义卡夫丁峡谷，喻指在资本主义生产的可怕挫折中遭受侮辱。"跨越资本主义卡夫丁峡谷"是指经济文化落后国家在一切必要条件均具备的情况下，可以不经过资本主义卡夫丁峡谷，而直接向社会主义制度过渡。

"超越阶段论"是因错误理解"跨越资本主义卡夫丁峡谷"论断而形成的错误思想。以"超越阶段论"为主要思想基础的"非洲社会主义"，不可避免地"具有浓厚的空想社会主义色彩"①，并在一定的历史条件下转化为了一系列"左"的方针、政策和措施，进而导致了严重的后果。

第一，"超越阶段论"曲解了"跨越资本主义卡夫丁峡谷"论断的深刻内涵，致使"非洲社会主义"极具空想色彩而失去了理论指导意义，并衍生出名目繁多的社会主义发展模式。"跨越资本主义卡夫丁峡谷"论断的内涵是，经济文化落后的国家在特定条件下可以直接向社会主义制度过渡，从而避免资本主义社会经历的一切灾难与挫折，但由于生产社会化是任何条件下都不能跨越的，因此要"把资本主义制度的一切肯定的成就用到公社中来"②。由此可知，马克思认为跨越前资本主义和资本主义的政治制度和意识形态是可行的，但跨越社会生产力和商品经济充分发展的阶段则是不可能的。而"超越阶段论"因未能理解生产社会化的不可超越性，而将该论断曲解为"经济文化落后的国家或民族越过一些前资本主义阶段或资本主义阶段而进入社会主义"③。很明显，"超越阶段论"已严重违背了马克思所揭示的社会发展客观规律，否定了社会主义与资本主义间的继承关系，否定了社会主义是从这种继承关系中产生的这一现实，从而变为

---

① 唐大盾、张士智、赵慧杰等：《非洲社会主义：历史·理论·实践》，世界知识出版社 1988 年版，第 417 页。

② 《马克思恩格斯全集》第 19 卷，人民出版社 1965 年版，第 431 页。

③ 王金华：《社会主义国家"超越阶段"错误发生原因探讨》，《马克思主义研究》1989 年第 2 期．

了一种错误思想，进而使以其为思想基础的"非洲社会主义"也变为了一种没有现实依据和正确理论基础的主观愿望。

当世界社会主义运动和民族解放运动到来时，"非洲社会主义"不可避免地用孤立、静止、片面的观点将社会主义与资本主义看作是一种决然对立的两种制度，从而割裂了社会主义制度与其客观基础间的必然联系，进而无法为撒哈拉以南非洲国家建立社会主义制度给出任何理论答案和现实依据，并由此陷入了理论危机。为了缓解这种理论危机，该地区的领导人便随意将社会主义某些原则性的东西与各自的政策主张，自身传统和价值观念加以调和，以得出某种符合民众传统心理的结论。如"坦桑尼亚的尼雷尔指出：以公有制为基础的黑非洲传统的村社制度包含了社会主义的许多基本因素。加纳的恩克鲁玛强调：黑非洲传统村社制度的基本原则，如人道主义和平等主义，与社会主义的基本原则是一致的。塞内加尔的桑戈尔讲得更直截了当，认为黑非洲传统社会已经是社会主义社会"[1]。随后各国又将这些从主观主义出发得出的结论放入"非洲社会主义"的理论框架中，作为指导他们社会主义实践活动的发展模式，最终形成了多样性的"非洲社会主义"，如坦桑尼亚的"乌贾玛社会主义"、塞内加尔的"非洲民主社会主义"、莫桑比克标榜的"科学社会主义"等。

第二，"超越阶段论"否定了"跨越资本主义卡夫丁峡谷"论断所要求的主要条件，致使"非洲社会主义"沦为空想，并以一系列"左"的方针、政策和措施表现出来。经济文化落后国家"跨越资本主义卡夫丁峡谷"必须要具备国内条件和国际条件，具体条件则因国情不同而各异。但有三个国内条件是"保证向非资本主义发展道路过渡的主要条件"[2]，它们分别是：（1）相当的生产力发展水平；（2）人民民主专政的革命政权；（3）共产党的领导。其中，"人民民主专政的革命政权是过渡的阶梯，共产党的领导则是基干队伍"[3]，相当的生产力发展水平则是基干队伍和过渡阶梯产生的前提条件。而"超越阶段论"只看到中国和苏联社会主义革命的胜利与"跨越资本主义卡夫丁峡谷"间的表面差异，而未能认识到两国社会主义革命胜利与这三个国内条件间的必然联

---

① 转引自徐济明、谈世中主编《当代非洲政治变革》，经济科学出版社1998年版，第257页。

② 《列宁选集》第4卷，人民出版社1972年版，第336页。

③ 参见《列宁选集》第4卷，人民出版社1972年版，第336页。

系，进而认为只要采取"社会主义性质的措施"，就可"加快向社会主义前进的速度"①，这实际上否定了"跨越资本主义卡夫丁峡谷"论断所要求的三个国内条件，也否定了中国和苏联的社会主义革命的胜利与"跨越资本主义卡夫丁峡谷"之间的不谬性，以及两国革命胜利与三个国内条件间的必然联系。

苏联十月革命开创了一条东方社会"跨越资本主义卡夫丁峡谷"的新道路，是完全符合马克思"跨越资本主义卡夫丁峡谷"的道路。表面上看，苏联的十月革命与马克思"跨越资本主义卡夫丁峡谷"论断中分析的俄国式道路完全不同，但从国内的三个条件看，十月革命前，俄国的工业生产总值已仅次于美、德、英、法而居世界第五，虽然其在经济上、技术上还远远落后于主要的发达资本主义国家，但其垄断组织广泛发展，工业资本与银行资本迅速融合并形成了金融资本，这表明俄国的社会生产力已经发展到一定的水平，并为社会主义革命提供了物质准备。同时，俄国已拥有了强大的工人阶级及其先锋队共产党。

中国革命的胜利是在中国共产党领导下，走了一条不同于俄国十月革命的道路，从而进一步丰富和发展了"跨越资本主义卡夫丁峡谷"的论断。毛泽东把马克思主义基本原理与中国实际相结合，采用"农村包围城市"的道路，推翻了三座大山，建立了人民民主专政的革命政权，领导中国人民成功"跨越了资本主义卡夫丁峡谷"，中国的生产力水平快速发展，无产阶级力量迅速扩大。到 1952 年，中国工业产值仅占国民生产总值的比重，从 1949 年的 17% 上升至 41.5%，工人数量也从 1949 年的 300 万快速发展至 1600 万。② 当前中国特色社会主义的实践证明，中国不仅成功地跨越过资本主义社会形态，还开辟出一条崭新而成功的社会主义发展道路。

撒哈拉以南非洲国家初获民族独立后，从经济基础上看，经济二元化结构非常明显，除了宗主国的农场、矿山以及与之配套的运输业、服务业是"现代经济"以外，其他地区基本上保持着自给自足的自然经济。从阶级状况看，各国基本上还处于原始公社阶段或奴隶社会的阶段，只有少部

---

① 《本贝拉言论集》（1962 年 9 月至 1965 年 2 月），世界知识出版社 1965 年版，第 192 页。
② 徐崇温：《不发达国家建设社会主义的世纪性难题》，《中国社会科学院研究生院学报》1996 年第 3 期。

分地区出现了某些封建主义的萌芽，民族资产阶级和工人阶级还未成为一种政治力量出现在国家的政治生活中。从社会结构上看，社会的基本单位是缺乏国家认同观念的氏族—部落集团。因此，它们各方面情况根本不具备跨越所要求的三个国内条件。但该地区各国出于对资本主义的憎恨及对社会主义的向往，为"非洲社会主义"转变为"左"的方针、政策和措施提供了条件。

我们也由此看到各国将苏联在特殊时期采取的集权制，视为实现生产资料公有制，使生产关系向高级方向迅速变革的唯一途径，是社会主义限制"资产阶级法权"的本质性规定。因此，各国开始大规模强行推进用全民所有制代替私人资本的国有化运动，以使其国内的所有制结构转向中央计划经济体制。一方面，国有企业为代表的全民所有制迅速在国民经济中占据了统治地位，另一方面，以"土地公有"为基础的农业合作化形式，成了主要的农业生产方式。各国在很短的时间内就建立了各自的中央计划经济体制。

"计划经济体制本身就需要国家和政府的高度集权，否则经济计划就无法在复杂而又庞大的社会中顺利推行"①，因此中央集权管理体制的出现成了必然。这种体制一方面通过管理社会生活的方方面面，收集一切必要的信息，以保证中央计划决策的准确和迅速；另一方面，通过尽可能地将社会管理权力高度集中，以保证中央计划决策和指令的贯彻实施。这种忽视客观经济规律的管理体制，不但将政府变成了一个机制僵化，层级重叠、人浮于事、职能交叉、效率低下的庞大机构，使政府制定的计划指令与现实需求日益脱节，而且滋生了贪污受贿、任人唯亲、以权谋私等腐败现象，对社会主义运动产生了巨大的破坏作用。

中央计划经济体制及与之相适应的中央集权管理体制，一起所构成的苏联式的集权制，与社会化、商品化的客观要求越来越不适应，阻碍了生产力的发展和生产效率的提高，致使商品供应长期不足，物资短缺，影响了人民生活水平的提高，从而激化了国内矛盾，同时，部分人在资产阶级自由化思想和生活水平下降的共同影响下，将心中积压的不满情绪转变为行动，从而引发了社会动荡，这促使政府进一步强化中央集权制，国内矛

---

① 赵春丽：《计划经济体制的反思——试论社会主义国家改革的必要性》，《沙洋师范高等专科学校学报》2004 年第 6 期。

盾由此进一步激化。

坦桑尼亚的"乌贾玛运动"最具代表性。坦桑尼亚的尼雷尔希望用苏联的农业集体化手段，以乌贾玛村的形式对该国农业和农村进行"社会主义改造"，但民众并不认同平均主义的分配方式。因此，"从1967年到1973年3月，全国只建立了5628个乌贾玛村，拥有202万人，占全国农村人口的15.5%左右"①。尼雷尔随后以激进方式在1976年底前实现了国内农村的乌贾玛村化。乌贾玛村的数量激增至6944个，人口比1973年增加了4.5倍，达到了900万人，占全国农村人口的66.6%。②但该国的农业生产却遭受了严重打击，致使原本粮食可以自给自足的坦桑尼亚在1976年出现了全国性的饥荒，其农产品出口贸易迅速恶化，经济发展陷入停滞状态，社会发生动荡。

（二）阿拉伯社会主义理论的错误

阿拉伯社会主义理论是以阿拉伯民族主义和伊斯兰教作为两大支柱的民族社会主义理论，客观唯心主义既是其重要的理论基础，也是其理论缺陷：

第一，阿拉伯社会主义理论导致社会主义异化为推行民族主义政策的工具。

阿拉伯社会主义理论认为，阿拉伯民族近代以来遭受的苦难，皆源于阿拉伯民族的分裂，而造成这种分裂的原因则是帝国主义、封建主义和官僚统治者们的相互勾结。只有开展"社会主义"运动，才能将反动势力彻底清除，从而实现阿拉伯民族的统一和民族的复兴，进而将伊斯兰教提倡的"公正、平等、和谐、自由"的"社会主义"社会变为现实。"社会主义"既是为实现民族统一和复兴服务的工具和重要途径，也是民族统一和复兴所要实现的最终目标。很显然，该理论迎合了该地区民族主义领导人的心理，为"社会主义"穿上宗教和阿拉伯民族主义的外衣，既有利于其"治国理政"，也有利于他们将激进的民族主义思想变为现实。由此"社会主义"就异化成了推行民族主义政策的工具。于是，西亚北非地区各国在实现民族独立之后，不约而同地开始以阿拉伯社会主义理论为指导，对本

---

① 唐大盾、张士智、赵慧杰等：《非洲社会主义：历史·理论·实践》，世界知识出版社1988年版，第170页。

② 唐大盾、徐济明、陈公元主编：《非洲社会主义新论》，教育科学出版社1994年版，第172页。

国进行"社会主义"改造。在经济领域，表现为推行社会主义国有化政策和一定范围内的民族私营化政策，在对外政策方面，表现为进行阿拉伯民族团结和统一的实践。起初，各国通过这种"社会主义"改造掌握了本国的国民经济命脉，发展了阿拉伯民族经济。中东各国领导人通过坚定不移地支持阿拉伯各国民族的独立和解放运动，建立反帝和反犹太复国主义的统一战线等，向世界展现了阿拉伯民族维护民族尊严，团结统一的新形象。

虽然这种"社会主义"改造目的是推行民族主义政策，客观上却改变了束缚生产力的方式，在一定程度上暂时解放了社会生产力，西亚北非地区各国的国内经济也由此出现了明显的好转。但终究这种"社会主义"改造不是以改变生产资料所有制的方式，从根本上去解放和发展生产力，因此随着时间的推移，西亚北非各国就会不可避免地出现经济倒退的现象，而作为上层建筑的阿拉伯民族团结和统一的实践，自然就成了空中楼阁。中东第一个社会主义国家，也是对西亚北非地区社会主义运动影响最大的埃及，在这方面最具有代表性。鉴于篇幅所限，此处主要以埃及国有化为例进行剖析。

尽管纳赛尔总统是在1961年7月才正式宣布埃及实行"阿拉伯社会主义"，并于1962年5月，将"阿拉伯社会主义"写入了《全国行动宪章》，使其成为国家的指导思想，但埃及早在1956年收回苏伊士运河经营权和所有权时，就已开始进行大规模的国有化措施了。经过三次国有化运动，埃及将外国企业、国内大中型企业、部分合营企业和被监管财产的企业收归国有，同时也将本国的民族资产阶级限定在了纺织、服务等行业领域。通过国有化运动，埃及实现了经济资源的重新分配，沉重打击了本国的大资产阶级，夺回了在国外垄断资本手中的本国国民经济命脉控制权，摆脱了殖民主义经济的影响，使国民经济纳入到了国家的计划管理之中，并逐步建立起了以国有企业为主的国民经济体系。埃及的生产力获得了某种程度的解放，经济获得了发展，"1961—1965年是埃及历史上经济增长最快的时期，年均增长5.5%"[1]。但在多种因素影响下，到1967年"6·5"战争后，埃及严重依赖国有企业的国民经济陷入了崩溃的边缘，虽然放宽了对

---

[1]　王小强：《"文明冲突"的背后——解读伊斯兰教原教旨主义复兴》，香港大风出版社2004年版，第43页。

民族私营企业的限制，但也没能阻止埃及的经济在发展昙花一现之后，又倒退至"社会主义"改造之初的水平。而多个效仿埃及国有化措施的阿拉伯社会主义国家，也遭遇了相同的境遇。"据国际复兴与开发银行统计，1960—1973 年按人口平均的国民生产总值平均每年的增长率埃及为 1.5%，阿尔及利亚为 1.7%，巴基斯坦为 3.4%；1973 年按人口平均的国民生产总值埃及为 250 美元，阿尔及利亚为 570 美元，巴基斯坦为 120 美元。"[①] 而埃及提倡的阿拉伯民族统一，也在 60 年代末悄悄变为了各国应先在本国实行社会主义，待条件成熟后再实现阿拉伯民族的统一。

第二，阿拉伯社会主义理论导致社会主义宗教化，不但使社会主义理论面目全非，而且为泛伊斯兰主义的泛滥提供了滋生的"土壤"。

阿拉伯社会主义理论是将宗教糅合进社会主义的理论，马克思等革命导师对此有过许多精辟的论述。例如，马克思和恩格斯在批判基督教社会主义时就曾明确指出，这里克利盖是在共产主义的幌子下宣扬陈旧的德国的宗教哲学的幻想，而这种幻想是和共产主义截然相反的。这一论断虽是以基督教为批判对象，但历史事实却证明，这一论断同样适用于我们对阿拉伯社会主义理论的剖析。

这一论断之所以说宗教哲学的幻想是和共产主义截然相反的，是有着两层深刻的含义。第一层含义是如果在社会主义理论中掺入宗教因素，社会主义理论会受宗教唯心史观的影响而宗教化，进而变相承认并夸大意识不受客观规律制约的能动作用，最终使社会主义理论面目全非。在阿拉伯社会主义理论中，生产资料所有权的概念，因受到宗教哲学中"真主至上论"的影响发生了异化，结果是"公有制"异化为真主拥有一切财产的所有权，并委托整个社会对财产行使管理权的概念，"私有制"也相应地变为私人只是代管社会财产，生命结束后私人代管财产又重回社会的概念。在这种"宗教哲学的幻想"下，生产资料所有权不再是阶级产生的根源，"公有制"和"私有制"就异化为"所有权"和"委托管理权"的关系，而保护和鼓励私有制，无产阶级与资产阶级间进行充分的合作，就异化为"公有制财产"保值与增值的激励手段。由此我们不难看出，糅合进宗教因素的阿拉伯社会主义，已经与马克思主义截然相反，已经完全异化为一种否认社会发展客观规律，否认阶级斗争的理论。在社会主义宗教化的影

---

① ［美］阿兰·G. 格鲁奇：《比较经济制度》，中国社会科学出版社 1985 年版，第 777 页。

响下，纳赛尔提出了所谓的阿拉伯社会主义与马克思社会主义的五大区别论。卡扎菲更是直白地表示，"阿拉伯社会主义是伊斯兰教的社会主义，是真正宗教信仰的社会主义"①。

宗教哲学的幻想是和共产主义截然相反的论断，现在看来还具有第二层含义，那就是糅合进宗教因素的阿拉伯社会主义理论，为披着社会主义外衣的伊斯兰社会主义宗教理论提供了可乘之机。奉行该理论的民间组织在阿拉伯社会主义风靡时，获得了发展壮大，并在阿拉伯社会主义遭受挫折时迅速崛起。

阿拉伯各国领导人在借伊斯兰教的旗帜推行阿拉伯社会主义时，主要采取了三项措施，第一个措施是实行文化革命，消除殖民主义的影响。阿拉伯各国都开展了伊斯兰教教育，以期唤起民众已被淡化的宗教意识，强化民族特性，借此肃清殖民主义的影响。如利比亚实行的"文化大革命"等。第二个措施是阿拉伯各国执政者都从伊斯兰教中找寻执政的合法性，并有意将行政制度抹上浓厚的伊斯兰教色彩。例如，纳赛尔将总统制描绘为伊斯兰教的哈里发制度，将总统选举说成是哈里发的推选制度，将国民会议制等同于伊斯兰教中的舒拉会议制。第三个措施是推行政教分离和宗教世俗化政策，以防止宗教势力对政权的威胁。对宗教教职人员和清真寺严格管理，不许他们发表任何与政府不利的言论，对经文的解释只能与政府相一致，同时，对以穆兄会为代表的各类伊斯兰社会主义势力进行了严厉打击。

通过上述三项措施，我们不难看出，前两项措施无疑为以穆兄会为代表的伊斯兰社会主义组织进行宗教思想渗透提供了"顺风车"，这对于穆兄会等组织而言，是一个有利的发展期。虽然各国政府对该类组织进行了严厉打击，但却无法阻止该类组织用偷换概念的方式传播泛伊斯兰主义的现实。当1967年阿拉伯国家在第三次中东战争中惨败时，已经获得了广泛民众基础的各种该类组织立刻开始叫嚣，"纳赛尔的社会主义是贫穷的社会主义，它分配的是贫穷"②，风靡一时的阿拉伯社会主义也立刻失去了光环，随即便是泛伊斯兰主义的风潮席卷而来。

① 上海人民出版社编译室：《卡扎菲和利比亚》，上海人民出版社1974年版，第145页。

② 金宜久：《伊斯兰与国际政治》，中国社会科学出版社2013年版，第163页。

二　西亚非洲地区的社会主义运动由中小资产阶级领导

由于西亚非洲地区的工人阶级尚处于幼年时期，群众基础薄弱，战斗力不强，阶级意识淡漠，还无法肩负领导民族解放运动的重任，因此，该地区的中小资产阶级便承担了民族解放运动的历史使命，并领导了随后的社会主义运动。但中小资产阶级自身所固有的局限性和两面性，就注定了该地区的社会主义运动会出现由盛而衰的发展趋势。原因如下：

（一）中小资产阶级具有自身局限性，因此不可能正确理解社会主义

中小资产阶级作为生产资料的私有者，是不可能超越自身的阶级利益去客观公正地看待和理解社会主义的。虽然他们作为劳动者，思想上倾向于社会主义，但只是对社会主义某些原则性的东西，如按劳分配，人人平等，公平正义等表示认同，而对于进行彻底的无产阶级革命，消灭私有制，最终实现共产主义等主张却并不认同。他们认为资本主义具有不可替代性，社会主义只是他们的一种价值追求，绝不是通过暴力革命去实现的政治主张。代表本地区中小资产阶级利益的民族解放运动领导人的言论，清楚地表明了中小资产阶级对社会主义的认知和理解。本·贝拉说："我们不是共产主义者，我们不是马克思主义者。"[1] 卡扎菲表露得更为直白："我们反对共产主义对历史、宇宙、生存和民族、宗教、经济等问题的看法。"[2]

在西亚非洲地区，宣称搞社会主义的国家的执政党及其领导人，由于代表着中小资产阶级利益，是不可能认识到社会主义是在生产力发展的基础上，实现人民当家做主和共同富裕的一种社会制度，也就不可能对社会主义进行科学的解说和正确的阐释。因此，他们在从事社会主义运动时，要么不顾本国实际情况，教条式地套用马克思主义的论点，要么基于本地区的传统价值观念和传统，对马克思主义随意阐释，或利用社会主义的某些原则性东西，随意打造社会主义，由此而来的便是，该地区社会主义流派众多，名称各异。如：卡扎菲的"世界第三理论"，坦桑尼亚的乌贾玛社会主义，赞比亚的人道社会主义，几内亚的能动社会主义，马里的现实

---

① 本·贝拉：《本·贝拉言论集》（1962 年 9 月—1965 年 2 月），世界知识出版社 1965 年版，第 84—85 页。

② 陈公元、唐大盾主编：《非洲社会主义探索》，中国社会科学院西亚非洲研究所 1989 年，第 190 页。

主义的社会主义，等等。

（二）中小资产阶级只是将社会主义作为维护本阶级利益的包装纸

中小资产阶级在领导民族解放运动胜利后，首要任务便是维护本阶级的利益，他们"虽然内心害怕社会主义，希望发展资本主义，但在强大的时代潮流面前，在广大人民群众愤恨资本主义、向往社会主义的强烈愿望面前，不敢公开亮出走资本主义道路的旗帜，更不敢公开反对走社会主义道路"①，因此，他们只能将社会主义作为实现和维护本阶级利益的包装纸，这主要通过以下两个方面表现出来：

第一，西亚非洲地区各国的中小资产阶级，均在他们领导的社会主义运动中得到了实惠，维护了自身的阶级利益。以社会主义国有化为例，该地区绝大多数国家并没有废除土地私人占有制和资产私人所有制，而只是对本国的大企业实行国有化政策，且只对私人土地的面积进行限定。这与科学社会主义的国有化政策具有本质上的区别。这种社会主义国有化政策，显然不是为了维护和实现人民群众的根本利益，而更多地体现出了各国中小资产阶级的利益诉求，即通过打击和削弱外国资本对民族经济的控制和垄断，打击本国大地主和大资产阶级的利益，使中小资产阶级能够扩展自身的发展空间并积累资本。社会主义国有化政策只是他们维护自身阶级利益的幌子而已。

第二，否定阶级斗争和无产阶级专政。该地区的众多领导人都曾公开宣称，本国不存在阶级或阶级斗争，因此，也不存在无产阶级专政问题。这是因为，承认阶级或阶级斗争，就势必会触及中小资产阶级的根本利益，为此，他们会极力否认阶级或阶级斗争的存在，并对无产阶级专政嗤之以鼻。在这方面阿拉伯社会主义国家表现得最为明显，他们为了维护自身的阶级利益，在国际上，刻意地与社会主义阵营保持一定的距离。卡扎菲的表述最为直白："当我们谈到社会主义国家，我指的是实现社会主义的国家，不是指共产主义国家。因为这里有一个很大的错误，像社会主义阵营的说法，这个说法不正确。围着苏联转的国家不是社会主义国家，这是个共产主义阵营。"② 在国内，当他们感到国内无产阶级的壮大似乎威胁

---

① 高放主编：《当代世界社会主义新论》，云南人民出版社 1998 年版，第 472—473 页。

② 陈公元、唐大盾主编：《非洲社会主义探索》，中国社会科学西亚非洲研究所 1989 年，第 196—197 页。

到他们时，便会联合外部的反动势力对无产阶级进行联合绞杀。最明显的实例便是 1963 年，伊拉克复兴党政变上台后，与美国 CIA 合作大肆屠杀伊拉克共产党人。①

综上所述，无论是以"超越阶段论"为基础的"社会主义"理论，还是以客观唯心主义为基础的"社会主义"理论，都因自身的理论缺陷而无法指导社会主义运动走向成功，只会导致政策的严重失误，并对国家发展造成严重的危害，降低社会主义的威信；中小资产阶级因其自身的局限性和两面性，只会将社会主义作为维护自身阶级利益的幌子，并逐步将社会主义运动引入歧途。可以说，指导社会主义运动的理论存在缺陷，该地区的社会主义运动由中小资产阶级领导，是该地区社会主义运动由盛而衰的两大内因和决定性因素。

第五节　外因是社会主义运动在西亚非洲地区由盛而衰的最重要因素

按照唯物辩证法内外因辩证关系原理，当上述内因在发挥决定性作用的同时，也为以下苏联干涉与西方国家干涉两个外因发挥作用提供了依据，并使之成了该地区社会主义运动由盛而衰的最重要因素。

一　苏联的干涉

"戈尔巴乔夫执政以前，非洲在苏联的对外战略中并不居于非常重要的地位。"② 二战后，苏联不但经受了战火的考验，变得更加强大，而且整个社会主义阵营在战后经济建设和政局稳定方面，都取得了骄人的成就。随着世界殖民体系的瓦解，亚非拉地区的民族解放运动日益高涨，并同世界社会主义运动相互配合，掀起了强大的反帝反殖民主义浪潮。在这股浪潮下，苏联以支持民族解放运动的名义进入了该地区。随着冷战的爆发，苏联为争夺世界霸权，通过经济和军事援助，外交支持等多种方式在该地区扩张自己的势力范围，并大力和埃及、阿尔及利亚、加纳、马里等国发展关系，以遏制西方在该地区的战略。勃列日涅夫上台

---

① 胡雨：《伊拉克共产党兴衰历程及其经验教训》，《当代世界与社会主义》2012 年第 4 期。

② 阎学通：《苏联对非洲政策的变化》，《世界知识》1986 年第 16 期。

后，借美国深陷战争泥潭之机，苏联开始利用该地区中小资产阶级执政党的软弱性，凭借其强大的军事实力，与该地区所有新独立的国家建立外交关系，签订友好关系条约，发展党际关系，提供大量的经济军事援助。与此同时，利用该地区各国社会主义理论的缺陷，诱导他们照搬苏联模式。苏联不但用上述方法将该地区国家"绑架"到社会主义阵营之中，以便于其在社会主义阵营中推行其大党大国主义，满足其称霸该地区的战略野心，而且苏联还人为地制造了西亚非洲社会主义运动内部的分裂。其主要表现在以下三方面：第一，苏联采取"以苏划线"的方式确立自己在该地区的势力范围，导致该地区的社会主义运动被人为地割裂为从属于东方的科学社会主义运动和从属于西方的民主社会主义运动，造成社会主义阵营内部分裂为东西两个阵营的局面。例如贝宁、南也门等国倒向苏联，埃及、突尼斯等国向西方靠拢。第二，苏联不惜以牺牲社会主义阵营力量为代价，满足其一己之私。例如，当社会主义阵营中的埃塞俄比亚与索马里之间爆发欧加登战争时，苏联为防范美国渗透而在埃索两国间执行"脚踩两条船"的政策。又如，苏联对萨达姆1968年与美国 CIA 联手血腥镇压伊拉克共产党采取漠视态度，用伊拉克共产党为筹码换取了萨达姆政府转向苏联，以实现其排挤美国势力扩张自己的势力范围的目的。第三，苏联为实现其霸权目的，以经济军事援助为饵，对该地区的社会主义国家进行疯狂掠夺，最终致使部分社会主义国家开始疏远与社会主义大家庭的联系，主动恢复与其宗主国的经贸往来。例如，几内亚刚刚独立时，面临着诸多困难并渴望获得苏联的帮助，苏联向其提供了经济援助，但却要求几内亚将本国矿产资源铝矾土，以国际价格的一半卖给苏联，同时以不可兑换的卢布结算。这使得几内亚不但原有经济问题未能解决，反而被苏联层层盘剥。时任几内亚总统的杜尔公开表示："苏联比资本家还资本家。"① 苏联戈尔巴乔夫实行"新思维"战略时，苏联的注意力转向了亚洲和苏联周边地区，这为西方国家对该地区进行干涉提供了机会。

二　西方国家的干涉

对于西方国家而言，社会主义运动在该地区的出现与发展，不但褫夺

---

① 吴期扬：《苏联在非洲遭受的挫折及其根源》，《苏联东欧问题》1983 年第 5 期。

了它们数百年来享有的政治经济特权，而且使它们丧失了众多的既得利益，更重要的是，社会主义运动的发展必然会对资本主义的生存构成极大的挑战。为此，资本主义国家，尤其西方大国，在该地区掀起了"私有化"和"民主化"两股风潮，从经济基础和意识形态两方面消灭社会主义国家，在中东变局中则以直接干涉和煽动革命的方式，阻碍该地区社会主义运动的发展。

首先是"私有化浪潮"。在 20 世纪 70 年代，上文所述的两大内因对该地区社会主义运动所产生的危害开始显现出来。再加之受到美苏争霸、世界经济危机、连年不断的自然灾害等多种内外因素的影响，该地区许多社会主义国家在进入 80 年代后，国内经济出现了严重的衰退并引发了社会动荡，其中以 1983 年底，突尼斯爆发的反对面包涨价的"面包风潮"最具代表性。该地区各国为摆脱困境，普遍实施了政策调整和经济改革，并向苏联寻求援助。而美国一方面通过 IMF 主动向这些急需外援纾解困境的国家兜售"经济结构调整"计划，利用国际舆论大肆吹嘘私有化和自由市场经济的益处，让西方学者不遗余力地描绘经济结构调整后的"美好蓝图"；另一方面，美国对唱反调的利比亚实施了代号为"草原烈火"和"黄金峡谷"的军事行动；直接策划政变推翻了拒绝与美合作的几内亚和苏丹社会主义政权，支持突尼斯的本·阿里废黜了布尔吉巴。就在这关键时刻，1985 年上台的戈尔巴乔夫，实施了全面战略收缩，减少或停止了对它们原有的经济和军事援助，并要求它们向西方国家求援。这成了压垮这些社会主义国家的最后一根稻草。在美国的威逼利诱之下，该地区已陷入绝境的社会主义国家纷纷接受了 IMF 的援助资金，并同意在 IMF 监督下实施以"自由化"和"私有化"为内容，以将本国经济融入世界资本主义经济体系为导向的改革。最终，美国成功地在该地区掀起了一场改变社会主义国家经济基础的"私有化浪潮"。这股浪潮为美国资本以技术优势摧毁和控制这些国家的民族工业，为将这些国家经济体系融入西方经济体系打开了大门，并成功摧毁了莫桑比克和毛里求斯两个社会主义国家的上层建筑，最为重要的是，这股浪潮让该地区的社会主义运动未来的发展已成为了无源之水，无本之木。从本质上讲，美国掀起的"私有化浪潮"是改变该地区社会主义国家经济基础的浪潮，是削弱社会主义国家执政党执政能力的浪潮，是遏制该地区社会主义运动的釜底抽薪之计。

其次是民主化浪潮。90 年代伊始，美国掀起的"私有化浪潮"在经济全球化和区域经济集团化的迅猛发展中显示了其巨大的威力。凡是那些在 80 年代接受了 IMF"结构调整方案"援助资金的社会主义国家，本国经济体系无一例外地被美国牢牢地掌控住。美国在通过不断地转嫁危机，故意恶化它们经济的同时，让曾经送钱上门的 IMF 以不具备还款能力为由，催讨"经济结构调整"援助资金及其巨额利息。这些国家在经济和债务双重危机的重压下已濒于崩溃。"非洲国家外债急剧增加，1981 年为 864 亿美元，1990 年狂增到 2720 亿美元，1995 年达到 3170 亿美元。债务总额相当于非洲国民生产总值的 80%。非洲每年用 50% 以上的收入支付到期债务和利息。"[1] 两极格局的突然终结，又使这些国家进一步陷入了政治信仰危机当中。在这种经济、债务和政治信仰的多重危机下，该地区社会主义国家执政党的执政基础受到严重威胁，尤其在西亚北非地区阿拉伯社会主义国家，伊斯兰复兴运动民众基础变得愈发雄厚，其执政党的执政基础也变得异常脆弱。

此时，西方的援助又成了这些国家当政者摆脱危机巩固政权的救命稻草。美国等西方国家则抓住这一"有利时机"，故技重施在该地区掀起了"民主化浪潮"。一方面，美国等西方国家在 1990 年 7 月举行的 G7 首脑会议上一致同意：该地区凡不接受"民主化"和"多党制"的社会主义国家，均不能获得世界银行和 IMF 的援助贷款，从而借势抛出了以"民主化"和"多党制"为附加条件的援助资金方案；另一方面，以美国为首的西方国家通过扶持反对派颠覆了索马里和埃塞俄比亚的社会主义政权；严厉制裁了拒绝向美妥协的伊拉克和利比亚；利用国际舆论不断抹黑维护本国利益的叙利亚领导人，继续用杀鸡儆猴的方式对其他国家进行心理和军事恫吓。不止于此，美国还于 1991 年斥巨资成立了旨在帮助非洲社会主义国家反对派参与竞选或实施政变的"非洲民主基金"。

处于内忧外患，文攻武吓之中的社会主义国家，除叙利亚、伊拉克和利比亚三个产油国以外，纷纷接受了西方援助资金，从而踏上了以"多党制"和"言论自由"为特征的"西方民主化"的不归路。西方国家自然不会放过苦等四十年才得来的机会，开始针对它们各自的实际情况"对症下药"，从事颠覆活动。其方法主要有以下两种：第一种是以解

---

① 李爱华、卢少军：《非洲的社会主义为什么不成功?》，《当代世界与社会主义》2003 年第 1 期。

除制裁，提供援助资金为诱饵，逼迫国内经济因西方制裁而已经崩溃的 4 个国家①"自动放弃"社会主义制度。第二种是以美国 1991 年成立的"非洲民主基金"为依托，以"言论自由"为先导，以多党制为载体，以"普选"为手段，颠覆了国内矛盾较为突出的 7 个社会主义政权。② 美国通过第二种方法颠覆的社会主义政权占同时期该地区社会主义国家减少总数的 54%。科学社会主义在该地区已荡然无存。通过对比图 2 – 1 中 80 年代和 90 年代社会主义国家数量，可以明显地看出此次民主化浪潮对该地区社会主义运动的巨大破坏作用，其本质是一股摧毁该地区社会主义国家上层建筑的浪潮，是通过多党制消灭社会主义政权的浪潮，更是将西方的政治制度和价值观念强加给了这些国家的浪潮。

最后，煽动革命和直接干涉。西方国家并没有放过该地区剩余的 8 个社会主义国家。③ 刚刚进入 21 世纪，西方资助的众多 NGO 就通过资助反对党竞选的方式，使执政长达 40 年的塞内加尔社会党和执政 39 年的肯尼亚非洲民族联盟在大选中败北，丧失了执政地位。

2003 年，美国谎称伊拉克萨达姆政权拥有大规模杀伤性武器，公然违反国际法，直接使用武力推翻了已饱受制裁但拒绝向其屈服的伊拉克社会主义政权。2008 年爆发了世界金融危机，以美国为首的西方国家将危机转嫁给了该地区国家，并利用它们经济再一次陷入困境，失业率高涨的时机，在 2011 年通过现代移动通信技术和互联网社交媒体大搞煽动和串联，竭力推动以街头示威为主要方式的中东变局。受美国资助的反对派迅速夺取了突尼斯、埃及的社会主义政权。随后，这股浪潮又迅速传播至利比亚，利比亚国内的不同教派和部落为抗议卡扎菲专制统治而爆发了内乱，以法国为首的北约军队随即赤膊上阵对利比亚发动了侵略战争，并最终推翻了利比亚社会主义政权。此时，非洲的社会主义国家只剩下了坦桑尼亚，而西亚地区仅存的一个社会主义国家叙利亚，因受中东变局影响社会发生动荡，美国等西方国家立刻进行干涉，使叙利亚陷入内战状态。

---

① 这四个国家分别是：安哥拉、塞舌尔、津巴布韦和贝宁。

② 这七个社会主义政权分别是：赞比亚、马达加斯加、圣多美和普林西比、刚果（布）、几内亚比绍、佛得角和南也门。

③ 剩余的八个国家分别是：叙利亚、利比亚、突尼斯、埃及、伊拉克、塞内加尔、肯尼亚和坦桑尼亚。

第六节 结语

马克思和恩格斯运用辩证唯物主义和历史唯物主义，论证了社会主义取代资本主义的必然性，并从人类社会发展多样性、民族差异性等多个角度阐述了社会主义发展道路和模式多样性思想。西亚非洲地区的社会主义运动和其他地区的社会主义运动一样，都是对社会主义发展道路和模式多样性的尝试，虽然该地区的社会主义运动在内外因共同作用下，呈现了由盛而衰的发展趋势，并在当前处于低潮阶段，但这并不能抹杀该地区的社会主义运动在推动国际共产主义运动不断发展的历史意义，以及在探索和实践社会主义发展道路多样性方面的伟大意义。通过分析西亚非洲地区社会主义运动由盛而衰的根源，让我们认识到，中国从一个积贫积弱的落后国家一举成为世界第二大经济体，这种令世人瞩目的成就的取得，完全有赖于中国共产党人不囿于前人，敢于道路创新、理论创新的高贵品质，以及对现实实践的科学评估。中国共产党人开创的中国特色社会主义制度正是科学社会主义原则的体现，既顺应了时代潮流，又符合中国社会主义初级阶段的基本国情。中国取得的成就和西亚非洲国家遭受的挫折表明，只有坚持正确的理论方向，依靠代表全国人民根本利益的政党领导，走符合国情的发展道路，排除外部的干扰破坏，社会主义的发展道路才有成功的希望。

（马文玲）

第三章　中东伊斯兰经济的发展与实践

伊斯兰教既是一门宗教，也是一套社会、经济和文化体系。它的伦理和道德体系反映了这门宗教及其所据的社会经济基础。[1] 伊斯兰国家无论是政治体制、经济结构，还是生活方式、风俗习惯都受到伊斯兰教的直接影响。在动荡不安的中东地区，大多数国家信奉伊斯兰教，伊斯兰教在这些国家的政治生活中有着深远的影响，也成为这些国家经济发展的内在性因素。[2] 然而，伊斯兰教在促进经济发展的同时，也带来一些消极影响。为解决伊斯兰教中的不利因素与经济发展之间的矛盾，19 世纪末到 20 世纪初，中东国家在寻求政治、经济改革和现代化道路的同时，也出现了要求宗教适应时代潮流和民族复兴的宗教改革运动。第二次世界大战后，中东国家在发展民族经济过程中，出现了形形色色的伊斯兰经济思潮和实践。伊斯兰经济思想是中东民族国家制定发展战略的思想源泉之一，有时又与社会主义学说、资本主义学说相互交融，并被付诸实践，但至今鲜有成功范例。本章尝试从生产力理论的视角，解析中东伊斯兰国家经济发展落后的原因。

第一节　伊斯兰经济思想的主要内容

伊斯兰教规有两大法源，一是《古兰经》（*Quran*，安拉的启示），二是《圣训》（*Sunnah*，先知穆罕默德的神圣言行，由其弟子整理汇编）。这两部经典并没有制定出系统的经济发展主张，相关经文散见于不同章节中，后来产生的伊斯兰教法中的经济法与穆斯林的经济思想，均是从这两

---

[1] ［美］凯马尔·H. 卡尔帕特编:《当代中东的政治和社会思想》，陈和丰等译，中国社会科学出版社 1992 年版，第 136 页。

[2] 冯璐璐:《中东经济现代化的现实与理论探讨——全球化的视角》，人民出版社 2009 年版，第 86 页。

部经典的命诫、教义的旨义出发来确立与阐述的，"公正、平等、互助"是伊斯兰经济思想倡导的主要原则。伊斯兰经济思想发展的历程可以分为四个阶段：第一个阶段是公元 7 世纪伊斯兰教创立初期，即伊斯兰古典经济思想产生的阶段。第二个阶段是公元 7 世纪中期到 18 世纪初期的中世纪发展阶段。第三个阶段是从 18 世纪中期到 20 世纪初期的近代时期。第四个阶段 20 世纪初至今的现代伊斯兰经济思想形成阶段。[1] 伊斯兰经济思想涉及利息理论、所有制理论、生产消费和分配理论、伊斯兰现代企业制度、天课和税收理论以及政府职能等一系列内容。

一 伊斯兰教禁止利息（RIBA）和高利贷

Riba（利息）禁令是伊斯兰经济思想的核心内容，字面含义是"剩余额"。《古兰经》中也将高利贷视为 Riba 而禁止："真主准许买卖，而禁止利息。"（2：275 – 278）[2]

伊斯兰教法明确禁止利息和高利贷，然而对禁止 Riba 的诠释分歧较大。最初伊斯兰教只是禁止放债取利，截取不义之财，后经麦地那和库法等教法学家的进一步拓宽，利息"泛指一切不劳而获和投机取巧之所得"[3]。20 世纪 70 年代以来，通货膨胀率上扬，伊斯兰教法学家提出：利息禁令只适用于"净利息"，即实际利息，而不适用于因通货膨胀而产生的"虚利息"（浮动利息、名义利息）。伊斯兰国家的通货膨胀不仅导致社会紧张，还引起道德危机。中东地区通货膨胀一直是经济发展的主要问题，所以，控制物价是伊斯兰国家的优先考虑。同时，禁收利息也只限于穆斯林社会，对非穆斯林是可以收取利息的。这种制度发展到如今，也成为阿拉伯国家资金外流的一个重要原因。[4]

二 所有制问题

所有制问题即财产权问题是伊斯兰经济思想的核心。伊斯兰教承认三种所有制：个人所有制、公社所有制和国家所有制。个人拥有的生产资料

---

① 参见刘天明《伊斯兰经济思想》，宁夏人民出版社 2001 年版，第 1—2 页。

② 马坚译：《古兰经》，中国社会科学出版社，1981 年 4 月，（2：275）表示为第 2 章第 275 节。以后凡引用的内容均依据马坚译本，不再注明版本，只在文中注明章节。

③ 李艳枝：《浅析伊斯兰银行和金融机构》，《阿拉伯世界》2003 年第 4 期。

④ 参见刘磊《浅析伊斯兰金融制度的无息现象》，《科技信息》2007 年第 24 期。

属于个人财产，但森林、河流、矿山和大地等物质则属于国家或公社集体所有。根据《古兰经》确定的经济所有权思想，"大地确是真主的"（7：128），经济最终的所有权属于真主。而个人是真主的代理，任何人都必须依照真主的旨意管理经济和财务，个人只有占有权和使用权。伊斯兰教主张合理、合法地获得财产权，反对财产集中于少数人手中，不允许囤积财富，通过天课、继承法、禁止高利贷、提倡施舍等一系列教法、教规限制财富过于集中。但伊斯兰教法保护个人财产权，强调个人财产权不得侵犯。"信道的人们啊！你们不要借诈术而侵蚀别人的财产，惟借双方同意的交易而获得的除外"（4：29）。伊斯兰教中有关财产的债务和继承问题的主张也体现出这一点。伊斯兰经济思想中维护私人产权的主张，实际上无形中肯定了贫富差异的合理性，与此同时伊斯兰教又坚决主张人人享有真主所赐予财产的权利，个人有义务为众人服务，不得将财产藏匿、闲置和浪费，这体现了伊斯兰教相对平均的思想。

三 生产消费和分配理论

伊斯兰教提倡大力发展经济，在早期体现在充分利用生产资料，不可使土地荒芜，对开荒者给予奖励。在现代，这种精神对工业资源、人才和科技资源等稀缺资源的充分利用，也是同样道理。利用权力或控制生产资料对无权无财的人进行压迫和盘剥，这是伊斯兰社会所不允许的罪恶行为。伊斯兰的生产和发展都是自觉自愿的劳动，没有剥削、压迫和强迫，将"天下穆斯林皆兄弟"作为生产的协调机制。伊斯兰社会的生产要以社会效益或公共利益最大化为目标，社会福利优先于个人福利，这与资本主义社会的利润最大化有着天壤之别。合作与相互责任而不是竞争构成企业生产过程的主要推动力。伊斯兰教允许任何人寻求自己的经济利益，但禁止道义上和社会上不允许的各类形式的经济活动；允许享受幸福，但禁止奢靡浪费，强调适中消费。为避免社会财富集中到少数人手中，加大贫富差距，伊斯兰社会还通过扶贫和慈善等财富的再分配，帮助贫穷无助的人。但是，伊斯兰教寻求社会公正，并不意味着损害个人和集体利益。

四 天课和税收理论

"则卡提"（天课）是穆斯林的"五功"之一。这是建立在信仰基础上的自愿课税制度，但是对于富裕的穆斯林，最低数额的课税是强制性质的。这笔经费必须用在社会扶贫和帮助提高弱势群体的生活水平，也是强制性质的，不允许用来建造公用设施或投资工业建设。学者们认为，天课制度具有诸多优越性，它完全可以成为当代伊斯兰国家财税制度的重要内容。首先，它有助于削富济贫，缩小贫富差距；其次，由于天课用于扶贫和社会的公益事业，因此它具有类似保险制度的功能；再次，由于财产是征税的主要对象，促使人们把闲置资金投放到生产性经营中，有利于社会生产的发展；最后，由于天课是宗教课税，信仰促使人们一般不会出现逃税、漏税现象，有利于国家税收的征收和管理。① 因此，伊斯兰国家仍以天课和济贫税为税收理论的基础，尤其是天课被看作是"国家的规范之一，它确立了税收基础"，"是对人类的统治者服从的证明"。②

五 政府职能

伊斯兰教认为，政府是国民经济的执法机构和权威机构，保护一切合法财产、生产和商业活动，对违法行为进行制裁。但伊斯兰学者也认为政府或国家强行参与市场运作，容易导致集权和专制，不利于个人利益的实现和民主化的发展，因此反对国家直接控制经济活动。政府的职能只是经济规划和管理，不是财富的主人或工商业经营者。属于政府管理的土地、矿山、金融银行，由私人或集团经营，政府只起到立法、监督和保护民众利益的作用。因此伊斯兰教法重视社会对经济伦理和社会公正的保障作用，淡化国家在经济中的地位。

六 现代企业组织形式

按照伊斯兰教法规定，伊斯兰企业一般采取两种组织形式，即支薪企业和利润分成制企业③。关于支薪企业，可以以单一所有权或合伙的形式建立。两个或多个投资人可以通过一项契约共同投资一个企业。联合股份公司或联合企业也是伊斯兰教普遍接受的一种企业组织形式。利润分成已

---

① 王正伟：《伊斯兰经济制度论纲》，民族出版社 2004 年版，第 211 页。

② Bannerman, P. *Islam in perspective: A Guide to Islamic Society, Politics and Law*, London: Routledge London and New York for the Royal Institute International Affairs, 1988. p. 100.

③ 支薪企业：投资人在市场上雇用劳动者、为其支付固定工资、让他们用机器、工具进行劳动的企业。利润分成制企业：商业资本家提供资本或地主提供土地，而劳工也参股的伊斯兰企业，报酬的分配形式不是工资，而是按股份分配利润。

经作为一种伊斯兰契约的形式得到了普遍的接受。传统来说，利润分成契约在农业、园艺业和商业中分别被称为穆扎拉、穆萨卡和穆扎拉巴。绝大多数伊斯兰教法学家，不论是逊尼派还是什叶派，都认为古代的利润分成制原则可以在现代大工业生产中应用。按照这些经济学家的说法，制造业中的利润分成也可以叫作穆扎拉巴。伊斯兰教法学家对这两种企业组织形式的适用范围和具体应用，有着不同的观点，因此，不能笼统地说伊斯兰企业的组织形式是有利于还是不利于现代经济的发展。①

历经时代变迁，伊斯兰经济思想逐渐演变，体现出较强的灵活性和鲜明地时代特征，然而，万变不离其宗，经济与宗教信仰密不可分，强调"伊斯兰人"的伦理特征，"公正、平等、互助"是伊斯兰经济倡导的主要原则，反对西方追逐利润的"经济人"。他们认为伊斯兰经济伦理能更有效地维持社会的良好秩序，填补贫富分化的鸿沟，从而使社会经济能够在和谐的秩序中有序进行。

表 3 - 1 伊斯兰教经济原则

伊斯兰教禁止	伊斯兰教鼓励	影响
利息（Riba）	贸易、商品交易	实体经济增长，财富公平分配
不确定（Gharar）	透明性	公开权利和义务
投机/赌博（Maysir）	公平	无剥削
无风险回报	经济参与，共担盈亏	共同承担风险与回报
酒、军火、色情或烟草等	符合伊斯兰教法的业务	以社会为基础

第二节 中东国家的伊斯兰经济实践

伊斯兰经济思想既是中东国家制定经济政策的思想源泉之一，也是社会经济文化背景的能动反映。在伊斯兰教创立初期，它基本适应和推动了阿拉伯帝国社会经济的发展，并促进了阿拉伯半岛的统一。中世纪阿拉伯帝国经济政策、制度的创新和穆斯林的经济思想丰富了伊斯兰经典经济思想，并创造了辉煌的阿拔斯王朝和灿烂的阿拉伯伊斯兰文化。中世纪后期，伊斯兰经济思想主要是在阐述和解释上下功夫。近代以来，伴随西方

---

① 王正伟：《伊斯兰经济制度论纲》，民族出版社 2004 年版，第 198—205 页。

国家的殖民入侵，传统伊斯兰经济思想受到现代西方经济理论的冲击。这一段时期（19世纪）被称为伊斯兰教的黑暗时期。从而出现了类似宗教改革运动的伊斯兰复兴思潮。二战后独立的伊斯兰国家，大都奉行某种程度上的政教分离政策。这些国家都公开宣布以阿拉伯民族主义为基本国策，在经济上实行社会主义计划经济模式，以埃及为首的泛阿拉伯民族主义在与以沙特为首的泛伊斯兰主义抗衡的过程中占据上风。第四次中东战争后，泛阿拉伯主义声势渐衰，但大多数民族国家仍延续社会主义经济发展模式。20世纪70年代末爆发的伊朗伊斯兰革命，促使伊斯兰世界兴起一场带有广泛群众性的宗教与社会运动，称为政治伊斯兰运动，主张在政治、经济、文化和社会等领域恢复伊斯兰教法，带有鲜明伊斯兰教烙印的金融业与各种经济实体在现代穆斯林社会应运而生，[1] 走一条既不同于资本主义也不同于共产主义的第三条道路。政治伊斯兰运动在90年代蔓延到北非国家才逐渐衰退下去。冷战结束后，由于国内外环境的改变，以埃及为代表的阿拉伯社会主义国家开始在西方新自由主义理论指导下进行经济调整，开始新一轮发展道路选择。然而，改革成果并不尽如人意，在2008年国际金融危机的影响下，中东经济停滞不前。2010年"阿拉伯之春"如排山倒海之势席卷中东阿拉伯国家，统治中东几十年的世俗主义政府被民众赶下台，伊斯兰主义再度甚嚣尘上，一度成为民选合法政府。然而，再度执政的伊斯兰政府依旧未能为积重难返的中东经济开出良方。

一 中东阿拉伯社会主义经济思想和实践

中东阿拉伯社会主义是伊斯兰主义、阿拉伯民族主义和社会主义相互协调融合的政治社会思潮，经济上普遍实行国有化和土地改革政策，以经济思想和经济改革为核心内容。[2] 第二次世界大战到20世纪80年代，阿拉伯社会主义思潮和运动主导中东政治格局。

从19世纪末期到20世纪40年代是伊斯兰社会主义经济思想萌芽时期。泛伊斯兰主义奠基人哲马鲁丁·阿富汗尼最早将伊斯兰教与社会主义联系起来，认为伊斯兰教义所具有的公正、平等、义利统一和相对平均的观念就包含社会主义的精神和因素。此后的宗教理论家乌巴德拉·辛迪、

---

[1] 刘天明：《伊斯兰经济思想》，宁夏人民出版社2001年版，第2页。
[2] 刘天明：《伊斯兰社会主义的经济思想与实践》，《西亚非洲》1998年第2期。

希赫兹·拉赫曼·西赫瓦维都论述了伊斯兰社会主义经济思想的理论框架和结构。第二次世界大战到 60 年代，伊斯兰社会主义经济思想更为丰富，渐成体系，并席卷伊斯兰世界。"社会主义成为时髦而又响亮的字眼，不同政治倾向的人竞相使用。"[①] 如埃及、叙利亚穆斯林兄弟会就曾提出建立伊斯兰社会主义；巴基斯坦之父真纳提出以伊斯兰社会主义为立国根基。伊斯兰经济思想家们纷纷著书立说，系统论述伊斯兰社会主义，首推叙利亚穆斯林兄弟会领袖穆斯塔法·西巴伊的《伊斯兰社会主义》。他提出社会主义源自伊斯兰教义，某些主张与埃及纳赛尔政府的经济政策相符，因而颇受埃及官方欢迎，成为纳赛尔主义在国内推行"土改"和企业国有化政策的理论依据。该书于 60 年代在埃及出版发行，成为畅销于伊斯兰世界的权威之作。在政府鼓励和压力下，爱兹哈尔大学的一些宗教学者纷纷阐述伊斯兰社会主义，为国家政策作注解。与此同时，一些民族国家如埃及、利比亚、阿尔及利亚、苏丹等国在民族主义的大旗下宣布自己是某种类型的社会主义国家，从而形成了"社会主义发展道路"的实践。由于各国国情不同，领导人和领导集团的思想路线差异，各国推行的社会主义发展模式也不尽相同。埃及纳赛尔实行的阿拉伯社会主义更具有民族主义特点，利比亚卡扎菲的伊斯兰社会主义"民众革命"更具宗教色彩和反西方色彩，阿尔及利亚实行的是科学社会主义发展道路。但总体上看，它们的经济主张大同小异：都以伊斯兰教义为其理论根源，鲜明地打出社会主义旗帜；都强调国家干预经济生活和有计划的经济政策，反对资本主义经济的无计划性，也反对社会主义计划经济模式；都在一定程度上推行土地改革和国有化，但又维护有限私有产权，反对绝对平均主义；反对剥削和贫富差异悬殊，主张劳资合作，通过互助友爱解决贫富分化和阶级矛盾，使社会各阶级都能发挥有效的职能；实行政教分离政策，改革是在世俗权威政府或领导人的强力推行下执行。

20 世纪 80 年代以后，如日中天的泛阿拉伯主义思潮和运动声势渐退，阿拉伯社会主义发展道路也遭受不同程度的挫折。冷战结束后，由于全球化浪潮的影响和国内政治经济发展环境的改变，以埃及为代表的国家逐步放弃阿拉伯社会主义发展道路，转而在国际货币基金组织和世界银行等国际组织指导下，进行经济改革和结构调整，走上以西方新自由主义为理论

———————

① 金宜久主编：《当代伊斯兰教》，东方出版社 1995 年版，第 182 页。

基础的发展道路。阿拉伯社会主义运动出现挫折和失败的原因很多，主要
有以下几个方面：第一，经济发展目标未能实现，经济结构畸形发展，经
济机制效益低，并未实现国家现代化，广大人民群众依然非常贫困。第
二，计划经济限制了广大人民群众的生产积极性，不利于经济发展。第
三，官僚体制引发腐败盛行、贫富分化严重，人民怨声载道。第四，主观
上追求"民族主义发展"而导致偏离市场经济的正常运行轨道，也给一些
国家的现代化建设带来负面影响。第五，阿拉伯社会主义一直受到以沙特
为首的传统伊斯兰主义和以穆斯林兄弟会为代表的宗教激进主义的批驳与
抗争。

二 复兴社会主义的经济思想和实践

复兴社会主义萌发于 20 世纪初，以阿拉伯民族统一和复兴为历史使
命，以先进阿拉伯知识分子为中心形成的中东民族主义政治思潮。复兴社
会主义在伊拉克和叙利亚的政治、经济、社会、外交和文化等方面发挥了
重要作用。2003 年伊拉克战争萨达姆的垮台标志伊拉克复兴社会主义的失
败。2010 年底席卷中东的"阿拉伯之春"运动蔓延到叙利亚，巴沙尔复
兴社会主义政权岌岌可危。

复兴社会主义以西方社会主义、阿拉伯民族主义和泛伊斯兰主义为理
论来源。它认为，复兴社会主义是西方社会主义在阿拉伯世界的本土化，
它继承了阿拉伯民族主义的思想，即民族独立、阿拉伯统一、社会政治民
主化、经济文化发展和世俗化。[①] 但最主要的是阿拉伯世界统一和阿拉伯
民族独立，具有强烈的反帝反殖和反西方色彩。1969 年伊拉克复兴党宪法
规定伊斯兰教为国教和"宪法源泉"，以《古兰经》中的反对剥削以及穆
斯林皆兄弟的思想为公正和平等原则来解释社会主义。阿拉伯复兴社会主
义的奠基人阿弗拉克认为社会主义是公正合理的经济制度模式，可以防止
剥削和内部冲突，实现工业化和阿拉伯民族进步的唯一途径就是社会主
义。复兴社会主义通过复兴党建立民族国家的方式，为国家现代化提供政
治保障，在经济方面实行社会主义为核心的经济模式，其中包括石油国有
化、农业改革、土地改革、工业化战略和福利政策，取得了明显的效果。
例如，伊拉克石油国有化后，石油收入大增，土地改革也使农民受益，提

---

① 王京烈主编：《当代中东政治思潮》，当代世界出版社 2003 年版，第 60 页。

高妇女地位，福利政策为伊拉克人民带来免费医疗和教育，并立法保障最低工资和养老金政策。此举有利于缩小贫富差距并扩大民众支持。然而，任何事物都有两面。在复兴党领导下的伊拉克和叙利亚并未实现预期的社会主义目标，尚未实现工业化和现代化，只有经济增长而无经济发展，经济结构呈现传统与现代混合的二元性特征，官僚队伍膨胀及腐败严重。中东民族主义的功能主要表现为政治动员、国家整合和文化认为三个方面，而民族主义的经济功能则比较薄弱。① 复兴社会主义的国家主导型经济模式表现得尤为突出，它经常受到民族主义政治指向的影响，从而对经济发展产生负面影响。例如，伊拉克萨达姆政权就曾高举民族主义大旗打响了8 年两伊战争以及海湾战争，对伊拉克经济造成严重影响，尤其是联合国的经济制裁令依赖石油的单一经济雪上加霜。萨达姆以"阿拉伯统一"为借口，谋求和推行地区霸权，在阿拉伯世界失去号召力，加上其反美反西方的行为，从而招致杀身之祸。复兴社会主义者掌权后都选择了集权、专制的铁腕统治手段。他们既希望通过变革和现代化发展来实现强国之梦，又无限眷恋和崇拜凌驾于万民之上的个人权威。这成为社会变革和现代化运动中的种种失误与弊端的渊薮。② 例如，叙利亚从20 世纪90 年代以来经济就一直处于衰退之中，失业率高达20%。出于政治需要，叙利亚经济仍在国营与私有、计划与市场的两难中徘徊。经济发展要服从政治需要，尤其是服从于复兴党巴沙尔政权的利益阻碍了叙利亚经济发展。"阿拉伯之春"运动及西方国家的强力干预对叙利亚复兴党政权带来严峻挑战，内有"伊斯兰国"崛起，外有西方经济和外交制裁，叙利亚经济发展更是举步维艰。

三　泛伊斯兰主义的经济思想和实践

泛伊斯兰主义是指"二战"后形成的以民族国家为基础、旨在加强伊斯兰国家间团结、互助、合作的泛伊斯兰思潮和运动。泛伊斯兰主义兴起的第一个标志是伊斯兰世界大会的常态化。1962 年同样是由沙特牵头成立的伊斯兰世界联盟是泛伊斯兰主义兴起的另一个标志，其初衷是沙特等君主国家抗衡以埃及为首的阿拉伯民族主义国家。泛伊斯兰主义的侧重点是

① 田文林：《中东民族主义与中东国家现代化》，《世界民族》2001 年第4 期。
② 王铁铮：《战后中东社会思潮的演变与特征》，《西亚非洲》2005 年第3 期。

加强伊斯兰国家在对外关系各个领域中的广泛合作，其中尤以经济领域的互助合作更为明显，意图形成集团化、区域化的经济发展态势，希望建立类似欧共体那样的伊斯兰国家市场、劳务市场、金融市场和原材料市场。推进经济合作的国家是海湾伊斯兰富国以及土耳其、伊朗、埃及等地区经济大国。由于沙特在伊斯兰国家经济合作中财大气粗的主导作用，其成为泛伊斯兰主义的旗手。巨额石油收入是沙特泛伊斯兰主义对外政策的物质基础，石油美元是启动泛伊斯兰主义外交的杠杆。通过向发展中国家提供援助，发展双边关系，实现预期的外交效应，是沙特泛伊斯兰主义对外政策的基本特征。这种做法通常被称作沙特"里亚尔外交"（里亚尔是沙特阿拉伯的货币）。为了在经济上和财力上向这些国家提供援助，沙特政府于1974年倡议成立专门的伊斯兰开发银行，并承担90%左右的份额。沙特还以政府名义和发展基金形式向其他国家和组织提供援助或建立伊斯兰银行。

泛伊斯兰主义促进了阿拉伯国家的一体化。例如，1945年成立的阿拉伯国家联盟一直致力于推动地区经济一体化，成员国之间先后签署多个协议促进贸易和投资，包括1998年正式启动的大阿拉伯自由贸易区。但由于阿拉伯各国在本国利益上难以妥协，政治议题占据了大部分，阿拉伯国家经济一体化进程起色并不大，阿拉伯国家至今仍未建立关税同盟。海合会国家的一体化建设相对成功，但前景也不甚明朗。海湾货币联盟计划在运行伊始就不被看好。此外，阿拉伯国家在银行和证券市场领域的整合步伐也非常缓慢。国际金融危机和当前世界经济一体化趋势给阿拉伯国家经济一体化带来机遇，2009年举行的首届阿拉伯经济峰会强调继续推行经济一体化，促进阿拉伯国家间的贸易和投资，并在2020年成立共同市场。目前，阿拉伯国家经济一体化仍面临诸多其他挑战，包括国家利益博弈、地区局势不稳定、经济发展不均衡和政府管理体制僵化等。

四　伊斯兰现代主义的经济思想和实践

20世纪70年代末80年代初，伴随伊朗伊斯兰革命胜利，政治伊斯兰运动如火如荼，遍布西亚北非地区，称为伊斯兰现代主义运动，西方称之为"宗教激进主义运动"。伊斯兰现代主义思潮出现于20世纪20年代，其标志是1928年埃及穆斯林兄弟会的成立。埃及穆斯林兄弟会宗教理论家赛义德·库特布《路标》是系统阐述其宗教思想的著作。毛杜迪创建并领导的巴基斯坦"伊斯兰促进会"是另一支伊斯兰现代主义力量。他们认为只有遵循伊斯兰的原则与方法，才能有效解决现实的经济问题。70 年代末伊斯兰现代主义乘势而上。1978—1979 年，伊朗爆发由宗教领袖霍梅尼领导的伊斯兰革命，将伊斯兰现代主义运动推向高潮，并迅速蔓延到中东地区，形成声势浩大的政治伊斯兰运动，直到 90 年代中期以后才逐渐消退下去。

"唯有伊斯兰能解决"是现代伊斯兰主义的响亮口号，也是其政治总纲领。它从宗教理论上指出只有伊斯兰才能解决当代伊斯兰国家、社会及个人所遇到的问题。伊斯兰现代主义反对资本主义、犹太复国主义、民族主义和社会主义、反对西方殖民主义、反对世俗政治体制。因此，必须在实践上通过"输出伊斯兰革命"，在本国、伊斯兰世界甚至全世界建立神权政治，以伊斯兰教法治理国家，实现安拉的绝对统治。霍梅尼进一步发展了这个思想，提出了"不要东方、也不要西方，只要伊斯兰"。为此，霍梅尼在伊朗政治、经济和社会文化生活等领域全面推行伊斯兰化。凭借强大的宗教力量，伊朗在革命后保持了政治稳定，但伊朗社会积累的矛盾越来越多，尤其集中在经济领域：通货膨胀和失业率居高不下、政府官僚体制腐败盛行、工业生产不足和低效、农业发展滞后以及不断涌入城市的移民潮。由于单一石油经济结构，油价持续下跌严重影响伊朗经济，财政入不敷出，长达 8 年的两伊战争令伊朗经济雪上加霜。对外输出伊斯兰革命使伊朗成为阿拉伯民族主义、社会主义和传统伊斯兰主义的死对头。霍梅尼死后，拉夫桑贾尼就任总统，奉行经济发展优先的务实路线，重视国际合作而非输出革命，积极开展多边外交，摆脱国际孤立。然而由于伊朗自身经济制度和政策的问题，拉夫桑贾尼执政期间经济发展并未取得多大成就。此后的继任者们也未能解决伊朗经济发展问题，在保守派总统内贾德任职末期，经济陷入崩溃边缘。2013 年改革派人物鲁哈尼上台，调整国内外政策，优先解决经济问题，并利用美伊核谈判，为国内经济发展创造有利空间。2015 年伊核全面协议达成，2016 年初美国、欧盟、联合国取消对伊朗制裁，伊朗经济发展潜力巨大。然而，在"法基赫的统治"的神权政治体制下，伊朗经济发展仍具有不确定性。伊朗伊斯兰革命推翻了巴列维王朝，说明"白色革命"资本主义发展道路的不可持续性，从而探索伊斯兰现代主义发展道路。但是由于缺少正常的发展环境，探索并未取得成功，伊朗经济停滞不前。2010 年的"阿拉伯之春"运动导致伊斯兰势力上升，甚至一度执掌政权。然而，再度执政的伊斯兰政权依然无法提出解决经济发展问题和治理国家的良方，无法获得大多数民众的支持，从而难逃下台的命运。

为什么中东国家的伊斯兰复兴道路一次次遭受挫折？为什么中东国家的现代化道路依然坎坷？为什么中东国家经济依然落后，沦落为全球化的边缘地带？马克思主义的辩证唯物主义和历史唯物主义观点揭示了人类社会发展的一般规律，即生产力和生产关系的矛盾运动规律，经济基础和上层建筑的矛盾运动规律。这两大矛盾运动是社会发展的根本动力。下面本章尝试从马克思主义的视角来分析中东国家的伊斯兰经济实践为什么没能取得预期目标，反而被全球化远远抛在了后面。

第三节 马克思主义人类社会发展规律理论

马克思主义诞生于 19 世纪 40 年代，它的产生和发展也是社会矛盾和时代发展的产物，它在实践中产生，并在实践中不断丰富和发展。马克思、恩格斯从社会存在与社会意识的辩证关系出发，深刻揭示了生产力与生产关系、经济基础与上层建筑矛盾运动等一系列规律，为人们正确认识人类社会历史及其发展规律、发展趋势提供了科学的指导原则。

一 人类社会发展的物质基础和本质特征

人类社会要生存和发展下去，必须依赖一定的社会物质生活条件，主要包括地理环境、人口因素和物质生活资料的生产方式。其中前两者属于物质前提，后者则是社会存在和发展的决定力量和根本基础。地理环境是人类社会存在和发展的必要条件，也是人类社会的自然物质基础，对社会发展具有重要作用。但是地理环境对社会发展不起决定性作用，因为地理环境不能决定社会制度的性质，也不能决定社会制度的变化，而且地理环境发挥作用还受到社会的制约，与社会生产力和科学技术发展水平密切相关。人口因素不仅指人口的数量，还包括人口质量、人口结构、分布、迁徙、自然变动和社会变动等。人口因素也是社会发展的必要条件，对社会发展具有重要作用。但是人口因素同样对社会发展不起决定性作用，因为人口因素不能决定社会制度的性质和更替，而且人口因素发挥作用还要受到物质生产的制约。生产方式是人类借以向自然界谋取物质生活资料的方式，它是生产力和生产关系的统一。恩格斯指出："在历史上出现的一切社会关系和国家关系，一切宗教制度和法律制度，一切理论观点，只有理解了每一个时代与之相适应的物质生活条件，并且从这些物质中被引申出来的时候，才能理解。——这个事实不仅对于理论，而且对于事件都是最革命的结论。"① 恩格斯这里所讲的"物质条件"就是指物质生活资料的生产方式。生产方式决定社会存在和社会发展。这是因为：物质资料的生产方式是人类和人类社会产生和存在的基础；生产方式是社会其他一切社会关系和社会活动的基础，又对其他社会活动起制约作用；生产方式决定社会制度的性质和更替；生产方式对地理环境和人口因素起制约作用。

实践是人类社会的本质特征，是人类存在的方式。马克思主义认为认识和实践的过程是一个螺旋式上升的过程，也是一个辩证发展的过程。在生产实践和社会实践中产生的生产力与生产关系的矛盾运动推动了社会的发展，是社会发展的根本动力。科学技术则是推动社会文明进步的巨大杠杆。实践是检验真理的唯一标准，这是马克思主义唯物观的表现。任何真理都具有绝对性和相对性，两者是对立统一的关系，这源于人类认识能力的无限性和有限性。

二　人类社会的一般发展规律

同自然界运动发展一样，人类社会活动也有其自然规律。生产力和生产关系、经济基础和上层建筑之间的矛盾构成社会的基本矛盾。

（一）生产力和生产关系的矛盾运动及规律

生产力是指人们利用和改造自然，并从自然界获得物质生活资料的能力，它体现为人们解决社会和自然矛盾的实际能力。生产力的要素包括以生产工具为主的劳动资料，引入生产过程的劳动对象，以及从事物质资料生产的劳动者，三者的结合才构成生产力，称为生产力的"硬件"。科学技术和科学管理也是潜在的生产力，被称为生产力的"软件"。生产力不断发展，社会生活水平逐渐提高。生产力发展的原动力则是人的社会实践的需要，马克思说："没有需要，就没有生产。而消费则把需要再生产出来。"② 农业、工业、交通运输业、建筑业以及商业服务业的不断出现，其

---

① 《马克思恩格斯选集》第 2 卷，人民出版社 1995 年版，第 38 页。

② 同上书，第 9 页。

前提条件就是人的需要和社会的需要。生产关系是人们在社会生产中发生的、必然的、不以人的意志为转移的物质关系，生产关系的总和就是社会关系。人们的生产关系主要包括三个方面：生产资料的所有制形式，即生产资料归谁占有；人们在生产中的地位和相互关系，即剥削与被剥削的关系还是平等互助的合作关系；产品的分配关系，即总产品的分配、收入的分配和个人消费品的分配。这三个关系相互制约、相互影响，其中生产资料所有制形式起着决定性作用，是整个生产关系的基础。正如马克思所说："分配的结构完全决定于生产的结构。"①

生产力决定生产关系。生产力的状况决定生产关系的性质和形式，即有什么样的生产力，就有什么样的生产关系。在生产力和生产关系的矛盾中，生产力作为矛盾的主要一面，既是决定因素，又是最活跃最革命的因素，它总是处于不断变化的过程之中。历史上不同生产关系的交替都是由生产力的发展决定的。马克思说："各个人借以进行生产的社会关系，即社会生产关系，随着物质资料生产、生产力的变化和发展而变化和改变的。"②

生产关系对生产力具有能动的反作用。生产关系是生产力赖以存在和发展的社会形式，当生产关系适应生产力的状况时，它对生产力的发展起促进作用，能够将生产力诸要素更好地结合起来，将潜在的、可能的生产力变为现实的生产力。然而，当生产关系不适合生产力状况时，就会阻碍甚至破坏生产力的发展，从而压抑劳动者的积极性和创造性，不能合理利用生产工具和劳动对象，因而阻碍和束缚生产力的发展。此时，人们对生产关系的调节和改良虽能缓和矛盾，甚至在某一段时期带动生产力较快发展，但却不能消除矛盾，最终生产关系还将成为生产力发展的绊脚石。

因此，生产关系一定要适合生产力的发展，这是由生产力的要求所决定的。生产关系何时变革、如何变革都不能由人们的主观愿望决定，归根结底要由生产力的状况来决定。不顾生产力的实际状况，人为维护一种旧的生产关系，或者企图超越生产力的客观要求去建立一种先进的生产关系，都违背了生产关系一定要适应生产力的客观规律，最终将受到历史的

---

① 《马克思恩格斯选集》第1卷，人民出版社1995年版，第13页。
② 同上书，第345页。

惩罚。①

（二）经济基础和上层建筑的矛盾运动规律

经济基础是指与生产力发展的一定阶段相适应的生产力的总和。上层建筑是指建筑在一定经济基础之上的政治制度、各类组织及社会思想观点的复杂体系。上层建筑包括政治上层建筑和思想上层建筑。经济基础与上层建筑也是对立统一的关系，相互联系，相互作用。经济基础决定上层建筑，谁在生产关系领域中居于统治地位，就必然要在政治和思想领域中居于统治地位。经济基础决定上层建筑的变化发展，一旦社会经济基础发生变化，上层建筑也要随之发生变化。思想观念上层建筑往往早于国家政权、政治法律制度而发生变化，但变化的彻底完成却远远落后于政治制度的变革。马克思指出："随着经济基础的变更，全部庞大的上层建筑也或慢或快地发生变革。"② 上层建筑对经济基础又具有反作用。经济基础建立上层建筑就是为自身服务的，上层建筑对经济的反作用就体现在对经济基础的服务上。上层建筑运用政治、法律、思想等手段去巩固和发展自身的经济基础，在服务方式上采取控制社会生活的强制或非强制性手段来实现。从服务效果来看，上层建筑对经济基础有可能起促进作用，也有可能起阻碍作用。这取决于上层建筑是否适合经济基础及其相对应的生产力状况，适合则起促进作用，不适合则起阻碍作用。与生产力和生产关系的矛盾运动规律一样，上层建筑一定要适合经济基础状况，人为维护旧的上层建筑或超前变革上层建筑而不顾经济基础和生产力的客观要求，同样要受到客观规律的惩罚。

三　人类社会发展的动力

马克思唯物史观认为人类社会发展的根本动力就是生产力和生产关系的矛盾、经济基础和上层建筑的矛盾这两大社会基本矛盾。两大矛盾贯穿于人类社会发展过程的始终，并决定了社会发展过程中各种社会形态、社会制度的基本性质；制约着其他社会矛盾的存在和发展，推动社会向前发展。两种基本矛盾的地位和作用并不完全相同。一方面，生产力和生产关系制约着经济基础和上层建筑，具有更为根本的性质。另一方面，生产力

---

① 梅宪宾主编：《马克思主义基本问题研究》，吉林大学出版社 2010 年版，第 85—86 页。

② 《马克思恩格斯选集》第 2 卷，人民出版社 1995 年版，第 33 页。

和生产关系矛盾的解决，也有赖于经济基础和上层建筑矛盾的解决。两种社会矛盾共同推动社会发展，矛盾不断产生不断解决，循环往复，推动社会形态更替，促进社会从低级走向高级。

阶级斗争、社会变革和社会改革都根源于这两大矛盾运动，从而在人类社会发展中发挥重要作用。阶级斗争是阶级社会发展的直接动力，是解决阶级矛盾的唯一途径。阶级斗争的最高表现形式就是社会革命，实现新制度代替旧制度，解放和发展生产力。社会改革则是在保持社会根本制度的前提下，对社会体制的某些方面和环节进行局部调整或改良，是社会发展中的量变或部分质变。科学技术是社会实践的产物，反过来又会极大地推动社会生产力的发展，成为社会发展的强大动力。马克思在《哲学的贫困》中说："手推磨产生的是封建主的社会，蒸汽磨产生的是工业资本家的社会。"[1] 这生动反映了科学技术与生产关系的密切联系。邓小平曾经指出科学技术是第一生产力。生产力是社会发展的最终决定力量，劳动者则是生产力要素中首要的生产力。马克思主义认为，人民群众是创造社会历史的决定力量。当代社会正在走向信息时代和全球化时代，人力资源成为推动生产力发展的第一资源，尤其创新人才成为推动经济社会发展的最重要的资源。

第四节　解析中东伊斯兰经济实践的失败

马克思主义认为，要认识人类社会发展的内在规律，就必须坚持辩证唯物主义和历史唯物主义。生产力与生产关系、经济基础与上层建筑的矛盾运动是人类社会发展的根本动力。马克思主义认为人类社会的本质特征是实践。在生产实践和社会实践中产生的生产力和生产关系的矛盾运动推动了社会的发展。阶级斗争是阶级社会发展的直接动力，以暴力革命为手段。社会改革则是在不改变根本制度的前提下实现某种程度的改良。纵观人类发展史，科学技术在生产发展中发挥举足轻重的作用，在知识经济和信息经济时代，科学技术是第一生产力，人力资源尤其是创新人才是推动经济发展的重要资源。

进入近代以来，面临内忧外患，中东国家出现过各种各样的伊斯兰复

---

① 《马克思恩格斯选集》第 1 卷，人民出版社 1995 年版，第 142 页。

兴思潮，也实施了内容各异的现代化道路实践。民族主义政权的建立构成中东现代化的政治动力；石油和巨额石油美元成为现代化的经济动力；赶超西方的自强意识成为推动中东现代化的精神动力。① 然而，这些复兴思潮和道路探索——无论是世俗化的还是伊斯兰化的，无论是温和的还是激进的——均未能成功，贫穷与失业、矛盾与冲突、动乱与转型构成中东政治社会的主旋律。究其原因，伊斯兰实践者们（伊斯兰教法学家和政治精英）未能深刻认识到中东社会发展的内在规律；各种各样的现代化实践均未能真正促进生产力的发展，地区内诸多因素还阻碍了生产力的发展；政治、法律制度及社会文化习俗作为上层建筑，对生产力的反作用也有消极的一面。

一　实践是检验真理的唯一标准

唯心主义者否认真理的客观性，也就否认了真理标准的客观性。作为伊斯兰文化传统根深蒂固的中东地区，社会变革和改革的执行者们无一例外地从伊斯兰教原则中寻找改革良方，他们从主观意识、绝对观念出发来寻找真理的标准，很难对时代与发展有全面的认识。例如，伊斯兰现代主义者提出了"唯有伊斯兰能解决"的政治总纲领，否定世界上一切现行社会制度，用7世纪产生的伊斯兰教法来治理现代国家，然而又不能遵从教法变通原则来阐释经典和教法，从而缺少灵活性和时代性，因此在发展过程中仍难以解决很多现实问题。伊斯兰现代主义以广大中下层民众代表的姿态出现，所以中下层民众尤其是大量失业青年成为它的广泛社会基础，但它依旧未能解决贫富悬殊和发展滞后的问题。因此，以政治伊斯兰为主要内容的伊斯兰现代主义运动之所以没有在中东地区生根发芽，就与它们在政治、经济和社会领域的诸多问题和矛盾上迟迟找不到答案有很大关系。2010年的"阿拉伯之春"运动导致伊斯兰势力上升，甚至一度执掌政权。这一方面说明伊斯兰现代主义运动并未真正偃旗息鼓，促使它兴起的原因和社会基础依然存在，总会在恰当时机发挥政治影响力，另一方面说明伊斯兰世界在世俗化和现代化面临挫折和失败之际，总会回归文化的本源来寻找解决问题的方法。然而，再度执政的伊斯兰政权依然无法提出解决经济发展问题和治理国家的良方，无法获得大多数民众的支持，从而

① 田文林：《抗拒与变迁：中东经济现代化的多维透视》，《阿拉伯世界》2001年第3期。

难逃下台的命运。

二 地区内阻碍生产力发展的因素还很多

根据马克思主义的生产力理论，生产力要素包括劳动资料、劳动对象和劳动者等"硬件"，也包括科学技术和科学管理等"软件"。就中东地区而言，无论是从硬件还是软件来看，都未能真正促进生产力的发展。马克思主义认为人民群众是社会历史的创造者，人是生产力中最革命、最活跃的因素，传统人的低素质显然不能满足加速发展生产力的要求。纵观人类发展史，科学技术在生产发展中发挥举足轻重的作用，在知识经济和信息经济时代，科学技术是第一生产力，人力资源尤其是创新人才是推动经济发展的重要资源。从总体上来看，中东国家仍是发展中国家，社会生产力还比较落后，机械化率不高，半机械化半手工的生产方式对劳动者的要求仅停留在手工劳动技术上，广大农村的劳动力基本上还停留在传统耕作方式水平上。[1] 这说明中东国家还没有实现人的现代化，这与人口膨胀、人口结构失衡、大学教育专业不合理（社科、宗教、文化居多，理工科则不足）、工业发展落后以及中小企业发展不力有关。海湾富裕国家的高新技术则是用巨额石油美元换回来的。现代化普遍建立在对外部人力资源、资金和技术的依赖之上。外部人力资源尤其是西方国家科技人员，成为中东国家现代化的关键点，他们占据着高层管理职位。[2] 缺乏先进的科学技术、先进的管理经验以及富有创新精神的人才，就无法有效发挥人民群众在生产力发展中的主观能动性。此外，中东地区上层建筑和生产关系更多地表现为负面影响。从政治制度、传统社会结构、地缘政治、商业文化环境、利益集团、政府治理能力来看，其对生产力的影响更多地表现为负面的、消极的，阻碍了生产力的发展。

三 伊斯兰教作为一种上层建筑对生产力具有反作用

伊斯兰教作为上层建筑和一种社会关系对经济发挥着作用。伊斯兰教的产生和发展取决于社会物质生活条件，即经济基础，但作为一种重要的

---

① 詹家峰、张金荣、张金升：《伊斯兰教与中东国家经济现代化》，《宁夏社会科学》2002年第2期。

② 张燕军：《试探中东现代化的动力、特征及影响因素》，《四川师范大学学报》（社会科学版）2009年第6期。

社会力量，它又在一定程度上制约和影响社会生产力的发展，因而具有两重性，既有正面作用又有负面影响。[①]

伊斯兰教对经济的正面作用主要表现为：伊斯兰教鼓励人们自食其力、诚实劳动，反对好逸恶劳、投机倒把和垄断；伊斯兰教重商崇尚的价值观有利于开拓商贸市场；伊斯兰伦理中的适度消费观有利于推动经济合理发展，反对奢靡浪费；伊斯兰教法作为法律法规的补充，要求企业必须与伊斯兰教法保持一致，与道德良心保持一致，有利于构建公正合理的社会秩序和培养企业家社会责任。

但是，伊斯兰经济思想和实践建筑在穆斯林的社会基础之上，许多经济原则和措施对创造财富的正面激励不足。伊斯兰经济的禁息原则和消费文化不利于积累资金和扩大生产规模，不利于金融市场和信贷文化的发展，这是许多中东国家金融市场发展滞后的原因之一。财产的再分配措施，分散了经济法人的再投资能力，以牺牲效率换取公平，不利于提高生产效率和扩大生产规模，导致企业竞争力不足。伊斯兰教倡导的有限私有制并不能消除贫富差距。伊斯兰教限制妇女参与经济和社会活动的权利，不利于发挥女性的生产积极性和创造性。此外，伊斯兰经济思想还具有保守的一面，教法学家和政治精英不能遵从教法变通原则阐释经典，解决现实问题，难免落后于时代。伊斯兰经济思想更多关注经济伦理，鲜见发展生产力的内容。伊斯兰经济思想所提倡的经商规范，如诚实经营、遵守契约、买卖公平等，虽然有助于商品交换，但这种规范大多适于商业贸易活动，而对现代企业的产权制度、组织形式、领导体制、经营管理制度和运行规则等则从未也不可能给出答案。如果仅仅囿于伊斯兰教的有关经营规范是不可能解决现代企业经营过程中所遇到的各种问题的。[②] 有人曾对埃及世俗公司和伊斯兰公司进行比较，发现世俗公司都有有息借贷，伊斯兰公司都是伊斯兰银行的无息借贷；世俗公司的资产和利润率明显大于伊斯兰公司；世俗公司更倾向于产品出口，更愿意发展信息化技术；伊斯兰公司的薪水较高，且差别较少。除此之外，两类公司都受到市场竞争的驱动，都担心自由化带来的外部冲击，都希望获得更多的利益。这说明在中

---

① 范国华：《宗教在经济发展中的作用——以伊斯兰教为例》，《中国宗教》2013 年第 1 期。

② 詹家峰、张金荣、张金升：《伊斯兰教与中东国家经济现代化》，《宁夏社会科学》2002 年第 2 期。

东地区，市场并不单独起作用，围绕经济行为的社会道德和风俗也就有重要作用。① 中东现代社会进程中，伊斯兰传统主义或原教旨主义作为世俗主义的对立方展开激烈斗争，致使国内政局陷入动荡不安，并对经济造成负面冲击，这在伊拉克、埃及、土耳其、阿尔及利亚等国都表现得非常突出。在贫穷和动乱土壤上产生的伊斯兰宗教极端组织采取暴力手段制造一系列破坏性事件，殃及经济发展，例如，埃及旅游业不时受到暴恐事件的沉重打击。根植于传统文化的中东伊斯兰国家经济体系相对封闭，不利于与世界经济接轨。

第五节 结论

自公元 7 世纪伊斯兰教创立以来，阿拉伯伊斯兰文明曾辉煌一时，建立了横跨亚非欧三洲的大帝国。进入近代以来，西方国家通过文艺复兴和工业革命成为世界列强，东方文明，包括伊斯兰文明和儒家文明却因循守旧、夜郎自大，从而成为西方列强殖民欺辱的对象。"二战"以后中东民族国家以经济发展为首要任务，大致经历了战后初期的经济恢复阶段、国民经济计划建设阶段（伊斯兰社会主义和阿拉伯社会主义的混合经济阶段）、结构调整阶段、经济多元化阶段。按照世界银行的分类标准，当代中东经济总体上已经达到中低收入国家水平，海湾地区的产油国也步入富裕国家行列。然而，中东国家不发达的社会经济发展状况依然没有得到根本性改变。除了海湾产油国和两个非阿拉伯国家——以色列和土耳其之外，大多数中东国家的经济发展还很落后，人民生活水平还很低。贫穷、失业成为中东大多数国家的通病，尤其是年轻人失业问题，不论在富裕的产油国还是非产油国，都成为政府亟须解决的大问题。海湾富裕国家的财富积累建立在资源出口的基础上，而不是依靠科学技术发展和创新，因此它们也不属于发达国家之列。因为决定社会发达程度和时代风貌的不是物质生活，而是社会生产方式，这也是马克思主义关于宗教、社会历史变迁的基本思想。中东国家距离实现现代化还有很长的路要走。②

---

① 沙里赫：《伊斯兰经济与非伊斯兰经济制度的对比》，《现代营销》2013 年第 4 期。
② 王京烈：《伊斯兰宗教改革与中东社会变革——世界史视角下的中东社会发展剖析》，《阿拉伯世界》2007 年第 1 期。

目前，中东社会面临的最大冲击莫过于"阿拉伯之春"带来的大动乱。与以往由宗教和世俗精英领导的自上而下的各类复兴运动不同，这场席卷地区的政治运动是中东民众重新选择本国和本地区政治经济发展道路的一次新抗争，以自下而上的方式进行。由于未曾根本改变各国政治和社会制度，因此仍属于社会改良式运动。伴随政权更迭，各派政治力量激烈博弈，地区政局动荡不安，利比亚、叙利亚已经陷入内战。目前中东变局仍不断演化，军队在国家构建中的作用以及伊斯兰政治力量的两极分化是影响中东政局走向的重要因素。上层建筑的不稳定、经济基础的解构以及生产关系的落后势必阻碍生产力的发展和社会的进步。与此同时，由于缺乏现代大工业和工业文明的洗礼，中东尚处于传统农牧业社会向现代社会的转型期，还没有产生能够真正代表先进生产力的社会群体和阶层，新政权及新崛起的反对派在政治上还不成熟，能否顺应历史潮流，把握社会发展内在规律，发挥广大人民群众创造历史的作用，还尚难断定。基于以上原因，处于大变局的中东国家也将相应地出现新的社会思潮和道路探索。这种变化无疑将会以探寻与阿拉伯国家互为适应的政治、经济和社会发展新模式为基调，并致力于阿拉伯国家的复兴、繁荣、民主、独立和强盛。[①]然而，在阿拉伯伊斯兰传统文化根深蒂固的中东地区，任何探寻都不能逾越这一传统。传统是每个民族赖以存在和发展的基础，中世纪阿拉伯民族曾创造经济繁荣和灿烂文化，这说明伊斯兰教与生产力相适应的一面。近现代，伊斯兰银行与伊斯兰金融的蓬勃发展就是伊斯兰经济思想适应现代金融体系从而将其本土化的产物。此外，伊斯兰教倡导的"公正、平等、互助"的经济思想对解决贫富分化，促进财富收入的合理分配具有积极意义。伴随时代变迁，人类社会已进入市场经济时代，未经现代化洗礼的传统文化应适时调整以消除其不符合时代特征的消极因素。西方国家的现代化也是建立在文艺复兴和工业革命对传统文化进行改造的基础上的，从而走出中世纪的黑暗时期。中国的改革开放正是吸收了人类一切文明的优秀成果，兼收并蓄，从而探索出符合自身的发展道路——中国特色社会主义道路，具有高度的包容性。因此，越早成功地改造传统文化，就越早进入现代化，片面强调自己的特殊性只能耽误现代化进程，要放弃自己的伦理思想优于西方思想的观念，摆正同西方的关系，树立理性原则，后进学习

---

① 王铁铮：《战后中东社会思潮的浸变与特征》，《西亚非洲》2005 年第 3 期。

先进。① 这是因为传统文化作为人与人之间结成的一种社会关系，以及传统思想作为一种上层建筑，分别对生产力和经济基础产生反作用。认识和掌握人类社会发展规律并不断地探索实践，对于中东国家实现从农牧文明向工业文明和现代文明的变迁，走向繁荣富强，促进生产力和社会发展具有重要的理论意义和现实意义。在具体实践和操作上，中东国家的经济现代化要解决几个问题：第一，树立正确的时代观和发展观，世界已进入全球化时代，顺应全球化潮流，以经济发展为己任，并从中获益。第二，提高国民素质，实现人的现代化，从而满足"科学技术是第一生产力"的发展要求；第三，正确处理伊斯兰传统文化与现代化建设的关系，依据教法变通原则来阐释经典，解决好伊斯兰教内向型的目标诉求与外向型经济发展模式之间的问题，从而避免政治和政策导向的失误。第四，解决好伊斯兰传统文化与外来文化之间的关系，取长补短，兼收并蓄，不可夜郎自大、盲目排外，也不可全盘否定、妄自菲薄。第五，解决好稳定、改革与发展之间的关系问题，稳定是发展的前提条件，发展才是硬道理，改革是发展的必由之路。总之，全球化的时代，伊斯兰文明如何融入全球化的大潮，如何在现代主义与传统文化之间找到契合点，促进社会生产力和社会文明的发展进步，成为 21 世纪中东伊斯兰国家最核心的议题之一。

（姜英梅）

---

① 吴昊雁：《伊斯兰经济伦理思想与阿拉伯国家的现代化》，《中国穆斯林》2012 年第 2 期。

第四章　新自由主义与非洲国家的发展

对"新自由主义"的认识，国际国内都已有成熟的论述。最早产生于20世纪30年代的新自由主义学说发展到现在，经过了伦敦学派、现代货币学派、弗莱堡学派和公共选择学派等诸多学派，直至90年代形成所谓"华盛顿共识"。根据"华盛顿共识"，发展中国家应该在10个方面做出努力，包括加强财政约束、压缩赤字；政府开支重点倾向高效益的经济领域；改革税制、扩大税基；利率市场化；实行有竞争力的汇率制度；开放市场，实行贸易自由化；放松对外资的限制；国有企业私有化；放松政府管制；保护私人财产。美国学者诺姆·乔姆斯基明确界定了华盛顿共识的实质："新自由主义的华盛顿共识指的是以市场经济为导向的一系列理论，它们由美国政府及其控制的国际经济组织所制定，并由它们通过各种方式进行实施"，并指出"新自由主义华盛顿共识的'主要建筑师'，是私有经济的大师们"，其目的是利用"二战"后美国的强国地位，"建立一个符合自身利益的全球体系"。[①] 乔姆斯基的定义至少揭示了四方面含义：其一，华盛顿共识是新自由主义的理论表现形式；其二，新自由主义或华盛顿共识的理论导向是垄断资本主义市场经济；其三，美国是新自由主义的主要推手；其四，推行新自由主义的目的是为维护美国的全球利益。

自20世纪80年代以来，非洲国家在很大程度上受到世界银行和国际货币组织相关政策和战略的影响，而这两个机构正是华盛顿共识的代表，也是华盛顿共识在包括非洲在内的发展中国家的积极实践者。以马克思主义理论为基础，从政治、经济和发展的角度看，新自由主义在非洲实施的结构调整计划对非洲国家各方面发展造成了负面影响，特别对非洲国家的经济结构、贸易和基础设施发展造成了深远的负面影响。新自由主义理论

---

① ［美］诺姆·乔姆斯基：《新自由主义与全球秩序》，徐海铭、季海宏译，江苏人民出版社2000年版，第4页。

和实践主导了 20 世纪 80、90 年代非洲经济和政治发展的方向，为 21 世纪西方垄断资本主义持续控制和影响非洲奠定了相应的基础。

考虑到新自由主义在非洲实践的历史特点，即集中表现在 20 世纪 80、90 年代的特点，本章重在以马克思主义观点总结和分析新自由主义在这一时期对非洲经济和发展的影响，同时兼顾进入 21 世纪以来新自由主义对非洲经济的后续影响。

第一节　"结构调整计划"——新自由主义对 非洲经济的全面干预

20 世纪 70 年代，由两次石油危机和发达国家经济"滞胀"引发的危机迅速导致世界性的经济危机，本来脆弱的非洲经济受到严重波及，多数非洲国家贸易条件恶化、通货膨胀、财政赤字、外汇储备等方面问题不断出现，非洲经济陷入困境。为解决非洲经济问题，世界银行和国际货币基金组织先后推出一系列文件，具有代表性的包括：美国学者艾伯特·伯格起草的报告《撒哈拉以南非洲的加速发展：行动议程》（1981 年 10 月，简称《伯格报告》）、《撒哈拉以南非洲：关于发展前景和计划进展报告》（1983 年）、《为撒哈拉以南非洲的发展而努力》（1984 年）、《80 年代非洲的调整和增长》（1989 年）、《撒哈拉以南非洲：从危机到持续增长》（1989 年）。这些文件总结了非洲国家经济增长存在的问题，提出了诸多解决问题的建议或"药方"，其中《伯格报告》最具代表性。该报告将非洲发展的困难归咎于三个因素：一是地理、生态环境恶化和人口增长过快以及人口素质低所导致的结构性问题；二是国家干预经济过多，政府对价格、汇率、信贷和贸易等市场因素管控过严，对外资持保守态度；三是国际经济形势不利的外部环境。随后，世界银行和国际货币基金组织实行了一系列措施，帮助非洲国家扭转经济颓势，这些措施主要是：优先发展出口农作物生产，实行出口导向战略；积极发展出口工业，为农业发展服务；实施国有企业私有化；以市场调节为基础，减少国家干预，包括实行利率自由化、贸易自由化、放松价格管控；实行政治改革及消除腐败等。由世界银行和国际货币基金组织在非洲实施的上述一系列措施被称为"结构调整计划"。

结构调整的实施固然也带来一些短期效果，世界银行和国际货币基金组织所提供的贷款一定程度上刺激了一些非洲国家的经济增长，博茨瓦纳和毛里求斯等国的经济有积极表现。然而，从长远看，结构调整计划更多是消极的结果，表现在两个方面：一是国际社会及学术界对结构调整计划的反思和批评；二是非洲国家对结构调整计划的实践和对其结果的批评。联合国社会发展研究所（UNRISD）的相关报告认为，结构调整计划本身存在矛盾性，也没有考虑到具体国家的结构特点。有关方面在未对结构调整政策的内在矛盾进行认真思考和排查的情况下，便将之付诸实践，一味推行自由化和私有化，结果导致稳定与增长难以协调，出现矛盾，更谈不到发展。同时，相关调整计划在不顾及具体对象国国情的情况下，一味紧跟世界银行制定的时间表，并刻意与有关援助方所提供的财政援助安排相一致。① 这就出现政策、现实和落实方式三者间的相互脱节，其结果是结构调整计划沦为纸上空谈。事实上，世界银行自己也看到结构调整导致的实际问题，并就此有过反思。世行 1991 年《世界发展报告》承认，一方面是世界银行一味推动结构调整计划，另一方面是相关非洲国家缺少自主性，结果导致结构调整计划及其效果大打折扣；一些国家、特别是一些非洲国家缺少训练有素的专业人员及相应的机构，法律和金融机构缺位等，导致调整计划难以付诸实践；有关国际机构在对非洲国家提供资金支持时没有考虑现实性，未能从改革的实际效果出发。② 这些问题并不能证明非洲本身的问题，只能说明"结构调整计划"这只"鞋子"在一开始就不合非洲的"脚"。

从非洲国家看，进入 80 年代后，为克服经济困难、真正促进自身发展，非洲国家提出了自己的发展战略，包括：《拉各斯行动计划》（1980年 4 月提出，涵盖 1980—2000 年发展目标）、《1986—1990 年非洲经济复兴优先计划》（1985 年 7 月）和《替代结构调整计划的非洲方案》（1989年初提出，简称"替代方案"）。非洲国家的方案认为，非洲经济的特点是极度贫穷和极低的劳动生产力之间的矛盾，认为非洲政治、经济和社会有着自身特点，应从长远角度思考解决非洲的问题。非洲国家的替代方案在吸收结构调整计划中合理成分的同时，提出自己的政策措施，包括：主张

---

① Machiko Nissanke, The Neo-Liberal Doctrine and the African Crisis, Draft paper prepared for the discussion at the UNRISD meeting on the Need to Rethink Development Economics, 7 – 8 September 2001, Cape Town, South Africa, PDF, p. 8.

② World Development Report 1991: The Challenge of Development, Oxford University Press, p. 152.

更有效地动员国内资源、加强技术能力培养和建设、平衡公有和私营部门、创造可持续发展环境等，强调非洲集体自力更生，逐步推进非洲一体化。① 可以说，非洲方案的提出是对世界银行和国际货币基金组织结构调整方案的否定，表明结构调整方案与非洲实际相脱离，不利于从整体上促进非洲的经济增长和社会发展。特别是非洲替代方案提出实现可持续发展问题，点中了结构调整计划只有部分短期效果的要害，等同于宣告结构调整计划的失败。有国外学者认为：结构调整计划"并没有解决非洲的危机，而是加剧了危机，增加了非洲的贫困，消极地影响非洲地区的人文发展和最贫穷的阶层的生活方式。事实证明，这些专家们的主张是完全错误的。非洲发展的失败并不是经济国有化的结果，而是财产私人世袭的结果，是所谓'民族—国家'的神话和所谓'工业化'的结果"②。

从总体结果看，新自由主义结构调整对非洲的消极影响是全面的、明显的。例如，结构调整计划的目的是通过调整非洲国家的经济结构，减少非洲债务负担，从而增加非洲国家的出口并吸引外国投资。然而，调整计划并未实现其目标。计划实施期间，非洲国家的债务在 1980 年至 1996 年期间增加了 400%。1996 年撒哈拉以南非洲的债务率达到 73% 的峰值，同期中东北非地区的债务率为 36%，东亚及太平洋国家债务率 36%，拉美及加勒比地区债务率 34%，南亚地区为 30%。③ 非洲国家的高负债率产生于结构调整期间，与其他发展中地区国家形成鲜明对比，与世界银行和国际货币基金组织在非洲实施的结构调整计划有直接关联。

贸易方面，结构调整期间非洲国家在世界贸易中的份额下降。从 20 世纪 90 年代到 2000 年，世界贸易出口额由 1990 年的 3.5 万亿美元增加到 2000 年的 6.5 万亿美元，增长约 85%。然而，同期非洲国家出口额占世界贸易出口额的比例则从 1990 年的 2.35% 下降到 2000 年的 1.78%。④

从外国直接投资情况看，尽管流入非洲的投资由 1990 年的人均 4 美元

---

① 参见谈世中主编《反思与发展：非洲经济调整与可持续性》，社会科学文献出版社 1998 年版，第 127—130 页。

② ［西班牙］卡朋达·巴迪：《西方推行新自由主义害苦了非洲国家人民》，魏文编译（摘译自 2004 年 10 月 26 日和 27 日西班牙《起义报》），http：//www. globalview. cn/ReadNews. asp? NewsID = 2367，2014 年 5 月 21 日。

③ African Agenda 2000. Africa：The Facts. *African Agenda*，Vol. 3，No. 4.

④ United Nations Conference on Trade and Development（UNCTAD）2002. *Trade andDevelopment Report* 2002. Geneva：United Nations Press. UNCTAD-on-line 2002：Table 1. 1. http：//stats. unctad. org.

增加到 2000 年人均 11 美元，但这并不能说明非洲的情况有根本性变化，而主要是因为这十年是国际投资迅猛增加的十年，同期流入发达国家的外国直接投资从人均 196 美元增加到人均 1126 美元，全球外国直接投资流入量从 1990 年的人均 41 美元增加到 210 美元。1990 年到 2000 年流入发达国家的外国直接投资增加了 5 倍，而流入非洲的外国直接投资仅增加了不到 3 倍，且流入非洲的外国直接投资绝对量远远小于发达国家。[①]

结构调整导致非洲国家出现更大的经济社会问题——失业问题。尽管非洲国家的高失业率原因复杂，不同国家的情况可能会有所不同，但其中一个主要因素是自 20 世纪 90 年代以来的经济政策和自由市场的重组。在 80 年代和 90 年代，结构调整计划在向外国竞争打开非洲市场的同时，也关上了无数非洲当地中小企业发展的大门。同时，以前国有企业的私有化导致了大规模裁员，这些人失去社会保障，生活陷入窘境，带来诸多社会问题。此外，在营造良好的外国投资环境名义下，通过推行放松管制市场的经济政策、推行贸易自由化和私有化的政策，导致越来越多的人失去工作，社会财富集中在少数特权阶层手中，这一趋势在 2008 年全球金融危机以来仍在继续。即使进入 21 世纪，撒哈拉以南非洲地区日益增长的失业率仍然大多源于自由市场制度下的国民经济架构。

近三十年国民经济的自由市场化对许多非洲国家的农业部门造成重大影响。在将多种不同的地方经济转化为出口贸易型经济体系中，数以百万计的自给农业人口失去了进入当地市场的机会，或者丧失了必要的生产资料。由于难以同高度工业化的生产商竞争，无数的小生产者被迫迁移到城市中心，导致许多非洲城市的劳动力过剩。在这种情况下，非洲不发达的制造业意味着，在传统农业部门之外，新兴的工业部门不能创造适当的就业机会，导致失业率增加。从 2004 年至 2013 年 15 岁以上人口年均失业率看，一些经济状况较好的非洲国家或非洲大国失业率居高不下：博茨瓦纳 17.6%，加蓬 20.4%，南非 25%，纳米比亚 16.7%，斯威士兰 28.2%，尼日利亚 23.9%，莫桑比克 22.5%。[②] 其实，一些非洲国家由于未能有效发展工商业，或者由于种种原因难以有效收集统计数据，其实

① United Nations Conference on Trade and Development (UNCTAD) 2002. *Trade andDevelopment Report* 2002. Geneva: United Nations Press. UNCTAD-on-line 2002: Table 4. 4. http://stats. unctad. org

② UNDP, Table 2: Human Development Index trends, 1980 - 2013: http://hdr. undp. org/en/content/table - 2 - human-development-index-trends - 1980 - 2013, 2015 - 06 - 17.

际失业率可能远不止上述国家的水平，估计非洲的整体失业率远远超过世界其他地区。[①]

基于相似的国情和基本经济结构，导致非洲城市人口失业的原因有很多相似之处，在包含短期性失业风险的同时，由发展模式决定的长期的结构性失业风险更大。在重塑国民经济、优先发展国际贸易和吸引外国直接投资的同时，一些非洲国家国民经济的收益多数落入大型跨国公司和少数国内精英囊中，而实际工作机会和就业的稳定则受到损害。当短期的公司盈利额大于绝大多数人口的基本权利和福利时，经济增长的价值就会大打折扣。在世界银行和国际货币基金组织开具的自由市场处方下，多数非洲国家曾经设法不断地刺激经济增长，而不是将重新分配财富作为解决贫困、不平等和失业等问题的手段，结果导致社会问题和矛盾不断积累，经济难以真正实现发展，底层人民难以从经济社会变革中受益，最终影响到政府形象和政治稳定。

从人类发展综合指数看，1980 年到 2013 年非洲的情况虽然有所改善，但总体明显落后于其他发展中地区。

表 4 – 1　1980—2013 年撒哈拉以南非洲与世界其他地区人类发展综合指数比较

	1980	1990	2000	2010	2013	1980—1990	1990—2000	2000—2013
	1980—2013 年人类发展指数人类发展指数年变化							
东亚及太平洋	0.457	0.517	0.595	0.688	0.703	1.23	1.42	1.29
拉美及加勒比	0.579	0.627	0.683	0.734	0.740	0.79	0.87	0.62
南亚	0.382	0.438	0.491	0.573	0.588	1.37	1.16	1.39
撒哈拉以南非洲	0.382	0.399	0.421	0.488	0.502	0.44	0.52	1.37
世界	0.559	0.597	0.639	0.693	0.702			

资料来源：UNDP, Table 2：Human Development Index trends, 1980 – 2013：http：//hdr. undp. org/en/content/table – 2 – human-development-index-trends – 1980 – 2013, 2015 – 06 – 17。

从"表 4 – 1"看，1980 年到 1990 年拉美及加勒比地区的人类发展综合指数基数较高，同期年平均增长指数最高的是南亚地区（1.37），其次

---

① 在世界银行对阿拉伯国家、东亚及太平洋、拉美及加勒比、欧洲及中亚、南亚等各地区就业和失业情况的统计中，撒哈拉以南非洲没有统计数据。

是东亚及太平洋地区（1.23），再次是拉美及加勒比地区（0.79），最后
是非洲（0.44）。1990年至2000年东亚地区的人类发展综合指数（1.42）
超过南亚地区（1.16），非洲虽然略有改善，但也仅为0.52，十年间未见
明显进步，而这段时间正是结构调整计划深刻影响非洲的重要时期。进入
21世纪以来，由于新自由主义及结构调整对非洲的影响尚未从根本上消
除，非洲国家的人类发展指数也能从一定程度上反映出来。从2000年到
2013年，非洲人类发展综合年均指数虽然达到1.37，但2013年绝对基数
仍然只有0.502，比东亚及太平洋地区（0.703）、拉美及加勒比地区
（0.740）尚有较大差距。从具体情况看，1980年至2013年仅有利比亚、
毛里求斯、塞舌尔、突尼斯和阿尔及利亚等少数非洲国家居于人类发展指
数高水平行列，2012年四国发展指数分别位居第50、63、70、90、93位，
其余非洲国家多居于低水平行列。其间，塞内加尔、几内亚比绍、冈比亚
等约一半左右的非洲国家人类发展指数排名分别下降1位至6位不等。[①]

　　就具体案例看，世界银行曾经对20世纪80年代中期至90年代初期结
构调整计划有关贸易自由化的实施效果进行过案例评估，案例国家包括非
洲的津巴布韦、加纳和乌干达。[②] 根据评估报告，世行调整政策的目标包
括：一是改革关税结构，以改善贸易效率，增加贸易收入，增加国内生
产。二是促进原材料进口，协调资金投入，促进国内工业生产。三是增强
非传统出口产品的增长和多元性，改善出口财政，推动产业的横向联系。
四是加强汇率管理，强化收支平衡。五是放开和简化投资程序，鼓励和吸
引外国直接投资。根据世行和国际货币基金组织的要求，加纳于1983年
制定了《经济复兴计划》（ERP），政策措施包括：进行关税调整、放开进
口管制、放开汇率管制、放开国内市场价格、改革海关和消费税管理等。
津巴布韦则实施了更多的计划和措施。具体计划包括：其一，按照世行和
国际货币基金组织"经济结构调整计划"（ESAP），从1991年起分三个阶
段推动贸易自由化。其二，在世界贸易组织、地区组织和双边协定的基础
上，进一步推进贸易自由化。其三，在1998年至2000年间实施《津巴布

---

① UNDP, Table 2: Human Development Index trends, 1980 – 2013: http://hdr.undp.org/en/
content/table – 2 – human-development-index-trends – 1980 – 2013, 2015 – 06 – 17.

② *The Policy Roots of Economic Crisis and Poverty*, A Multi-Country Participatory Assessment of Struc-
tural Adjustment, Prepared by the Structural Adjustment Participatory Review International Network (SA-
PRIN), First Edition, April 2002.

韦经济社会转型计划》（ZIMPREST），成功实现结构调整计划。相应的政策措施有：取消出口奖励措施；逐步取消进口许可证制度；取消外汇管制；降低关税至 0～30%；取消附加税，最低税率限定到 10%。

津巴布韦的调整改革从 1991 年至 1993 年为第一阶段，主要是对津巴布韦元贬值。第二阶段从 1993 年至 1995 年，开始对除战略性物资以外的多数产品实施进口总括许可证（OGIL），取消出口奖励。第三阶段始于 1995 年，津巴布韦在实施调整计划的同时，亦兑现其在世界贸易组织框架内做出的承诺，即大幅减少关税和非关税壁垒；进一步放开外汇管制，增强货币可兑换性。

在加纳，早在 20 世纪 70 年代末 80 年代初，改革贸易政策便成为结构调整的核心。加纳的结构调整包括关税调整、进口和外汇自由化、放开市场价格、放开或取消对海关等收入管理机构的控制等。加纳的贸易自由化分为两个阶段。第一个阶段是落实"第一个经济复兴计划"（ERP Ⅰ，1983 年至 1986 年），旨在实现经济稳定。第二个阶段是实施"第二个经济复兴计划"（ERP Ⅱ，1986 年至 1991 年），旨在巩固和扩大调整改革的成果。

改革和调整在不同的领域有不同的结果和表现。在促进出口增长及出口占国内生产总值的比重方面，津巴布韦企业普遍认为，在开放进口实施后，自己难以与国外企业竞争。结果是津巴布韦难以获得预计的外汇收入，经济缺少资金。从 1992 年至 1997 年，津巴布韦实际的国内生产总值仅增长 3.2%，远低于结构调整计划实施前 1985 年至 1991 年的 5.3%。在实现产业多样化方面，津巴布韦有三个不同表现：一是农产品加工等相关产业的市场竞争潜力有所提高。1990 年至 1995 年乳制品、肉类、食品及饮料等产量均有较大幅度增长。二是传统产业和高科技产业呈低增长态势。例如，传统的铁、钢铁等产量下降 21%，纺织及服装仅分别增长 6.7%和 7.3%。机械、电器、运输设备等高科技产品出口增长缓慢。三是金属、皮革、木材等资源性产品情况较好。从加纳的情况看，实施结构调整计划期间，从 1986 年至 1991 年加纳的制成品出口有所增长。然而，有关增长主要来源于之前已有国内市场份额和国际出口业绩的资源型企业，非传统型企业产品出口增长额极其有限。实践效果表明，结构调整对津巴布韦和加纳出口及产业多元化的消极影响大于积极影响。

金融改革是结构调整计划的重要组成部分。按照世界银行和国际货币基金组织的调整计划，津巴布韦从 1991 年起制定了一系列有关建立货币或金融机构的法律，取消了信贷监管机制，放开了存贷款利率，向外资开放资本市场等措施。然而，世行评估报告直接承认了金融改革的缺陷和问题。首先是对有关国家政府造成负面影响。诸如使政府难以监管私营金融机构，总体上削弱了政府管理金融业的能力；削弱政府作为国家管理者的能力；取消金融监管使得一些个人精英得以将金融资产据为己有，而银行系统则对推动国家产业多元化发展失去兴趣，一些中小企业难以得到金融支持。由于失去必要的资源，政府也难以对有关企业和产业进行关注。从津巴布韦情况看，该国按照结构调整计划在整个 90 年代都实行了高利率政策。这一政策增加了金融部门的制度风险，给中小企业带来很大困难，即使大企业也难以承受高利率的负担。根据 1993 年的一项调查，当年津巴布韦制造业中小企业数量比 1991 年减少了 70%，只有 0.7% 的企业从正常的金融机构获得贷款，农村及边远地区小企业受到的影响更大。私有化使一些外国公司得以并购有关国家的电力、水、电信通讯等设施和部门，导致这些国家一些重要的战略部门置于外国公司控制之下。私有化还导致外国公司对非洲国家的主导性强化，当外国公司带给非洲国家先进的技术和知识时，这些公司就对当地产业的发展造成阻碍。

农业方面，津巴布韦曾实施了一系列调整政策，包括：减少政府对生产、分配、营销和投入的直接干预；取消对农业投资和信贷的补贴；农产品出口和营销自由化。乌干达实施汇率自由化，取消农产品出口税，取消政府对农业补贴等政策。结果是，在津巴布韦，农业生产被少数商业农场主所控制，在农业生产总体提高时，一些农作物产量却在下降。实施调整政策期间，尽管津巴布韦的农业产量从 1997—1998 年度的 142 万吨增加到 1998—1999 年度的 154 万吨，但仍不及之前年份的 250 万吨。同时，随着对化肥等生产要素补贴的取消，农业生产成本大幅提高。此外，农民抱怨政府对道路和运输体系资金支持的削减削弱了农民的竞争能力，并且难以及时从政府获得必要信息和技术支持。①

结构调整计划在本质上是"华盛顿共识"新自由主义的方案，其表现

①　本部分数据均来自世界银行报告。参见：*The Policy Roots of Economic Crisis and Poverty*，A Multi-Country Participatory Assessment of Structural Adjustment，Prepared by the Structural Adjustment Participatory Review International Network（SAPRIN），First Edition，April 2002。

是以市场主导，其实质是一切依靠市场调节，否认政府调控的积极作用，否认国有经济的主体作用，代表的是发达的资本主义私有制，不适合于非洲的发展阶段。新自由主义经济的本质就是通过推动市场开放，使财富和生产资料集中掌握在垄断资产阶级手中，掌握在资本主义发达国家的跨国公司手中。结构调整计划无非是垄断资本主义私人经济攫取非洲财富的另一种形式，即通过提供治疗非洲经济的"药方"，为自己顺利获得利润提供便利。作为分工高低有别的发展中的非洲与西方发达国家而言，前者与后者有着固有的矛盾。马克思说："分工从最初起就包含着劳动条件、劳动工具和材料的分配，因而也包含着积累起来的资本在各个私有者之间的劈分，从而也包含着资本和劳动之间的分裂以及所有制本身的各种不同形式。分工愈发达，积累愈增加，这种分裂也就愈激烈。"① 可以说，由于非洲国家的劳动条件、工具和材料处于边缘地位，非洲国家事实上成为劳动方，而发达国家则成为资本方。在与非洲的关系中，发达国家已在客观上居于主导地位，"资本与劳动之间的分裂"充分体现在发达国家与非洲国家的经济关系中。马克思在《哥达纲领批判》中说："一个除了自己劳动力外没有任何其他财产的人，在任何社会的和文化的状态中，都不得不为占有劳动的物质条件的他人做奴隶。"② 如果说非洲在与发达国家的互动中长期被边缘化，最终沦为仅有劳动力的劳动者，而西方发达国家能够长期作为"占有劳动的物质条件"的一方，那就意味着非洲国家有可能重复被殖民的历史，再次沦为发达资本主义国家的奴隶。

第二节　私有化和自由化使非洲经济结构长期失调③

私有化、自由化改革使非洲国家国有资产长期流失，国民经济结构难以调整，基础设施建设由于缺少资金而难以为继。受结构调整计划影响，20 世纪 80 年代被认为是非洲经济失去的十年。经过 90 年代的政策调整，到 21 世纪第一个十年的前半期，非洲开始步入较快发展阶段。然而，新自由主义的长期影响还是给非洲经济留下结构性隐患，自由化所削弱的政

---

① 《马克思恩格斯选集》第 1 卷，人民出版社 1972 年版，第 73 页。
② 《马克思恩格斯选集》第 3 卷，人民出版社 1972 年版，第 5 页。
③ 此部分根据笔者相关研究成果修改补充而成。

府调控给非洲国家经济造成消极影响。

新自由主义对非洲经济的后续影响不容忽视。进入 21 世纪第一个十年，非洲经济发展有新的起色，全非洲国内生产总值总量从 2001 年的8867.88 亿美元增加到 2008 年的 15178.34 亿美元，增幅达 41.6%；同期，非洲人均国内生产总值从 2003 年的 578 美元增加到 2010 年的 692 美元。[①] 然而，撒哈拉以南非洲人均国内生产总值的增长率却呈明显起伏发展，这种情况与经济发展环境有直接关系，主要表现为易受外部因素的影响。例如，尽管非洲金融机构数量欠缺、金融业并不发达，非洲与世界其他地区国家金融机构的联系并不紧密，但 2008 年的全球金融危机还是对非洲造成冲击，这种冲击在 2009 年看到较为明显的结果，当年非洲的人均国内生产总值下降，2008 年非洲人均国内生产总值为 685 美元，2009年下降为 679 美元。[②] 这意味着非洲经济有其脆弱的一面，在一定条件下很容易受到发达资本主义经济的影响。

经过数十年的新自由主义影响，非洲经济总体落后，经济结构不够合理。从 2008 年撒哈拉以南非洲的产业结构看，农业、工业和服务业分别占到 14%、32% 和 54%。与其他发展中地区相比，非洲的第二产业所占比重较少，仅比南亚地区的 29% 略高。发展状况较好的东亚及太平洋地区工业产值在国内生产总值中的比重达到 48%，中东北非地区也有 41%。这基本说明非洲的工业和制造业发展程度尚有不足。仅从产业结构角度看，一些统计数据具有假象特性。例如，服务业所占比重的高低是衡量经济结构和发展水平的重要标志，但如果不了解其他产业的实际情况，服务业比重并不能说明问题。截至 21 世纪的第一个十年末，多数非洲国家服务业在其国内生产总值中的比重都达到 50% 以上，个别非洲国家服务业的比重甚至高于一些发达国家。然而，这些非洲国家的经济结构并不合理，各产业发展都很落后，有的国家工业制造业几乎为零；农业虽然所占比重较大，但绝对生产值很低。一般而言，产业结构只是基本的直观现象，产业结构的价值只有在特定时间段内对其发展趋势进行判断才有意义。比如，产业结构的发展一般要经过第一产业比重逐步下降，第二产业比重先

---

① African Statistical Yearbook, 2010；OECD：http：//stats. oecd. org/Index. aspx? DataSetCode = AEO_ BASIC_ INDICATORS.

② IMF, *Regional Economic Outlook：Sub-Saharan Africa-Back to High Growth?* April 2010.

上升后下降，第三产业迅速上升等阶段。例如，1978年改革开放以来，中国的产业结构经历了第一产业持续下降，第二、三产业持续上升的不同阶段，这种变化反映了中国经济的良性发展，表明其格局和质量正处于快速良性发展中。非洲的问题是，三次产业结构的变化过程并不能体现发展。以2000年至2007年部分中部非洲国家产业结构变化为例：2000年至2007年，虽然加蓬的工业比重有所增加，但服务业呈下降趋势，说明经济部门没有配套协调发展，工业的发展缺少必要的支撑体系。乍得和喀麦隆的第三产业及经济也有类似情况。再以赤道几内亚的产业结构为例，2000年赤道几内亚工业比重高达88.6%，2007年进一步上升至95.6%，但服务业仅占2.7%，且从2000年到2007年一直处于下降态势。① 这与该国长期依赖石油单一产业、国家经济部门发展失衡、部门分工失调或缺失有直接关系。

经常账户是标志政府财政状况的晴雨表，也是政府管理宏观经济的基础。从2002年到2011年非洲与其他发展中国家的比较情况看，除2006年和2007年外，2002年至2011年撒哈拉以南非洲的经常账户余额占国内生产总值（GDP）比重大多处于赤字状态。相比之下，发展中亚洲一直处于盈余状态，起伏缓慢。中东北非地区虽然起伏明显，但财政盈余明显高于其他地区。另外拉美的情况比非洲稍好些，但仍多处赤字。2002年和2003年非洲的经常账户余额占国内生产总值比重分别为-3.7%和-2.8%，2006年和2007年分别上升至4.3%和1.2%，2010年又下降到-1.9%。而中东北非地区2005年至2008年四年分别达到16.8%、18.6%、15.2%和15.3%。综合各地区情况，2008年金融危机影响较为明显，危机后各地区经常账户余额占国内生产总值比例都呈逐年减少趋势。②

中国学者对新自由主义的实质有着透彻的分析，认为"新自由主义者对私有制的鼓吹和倡导却比以往的资本主义者更加立场鲜明，态度坚决，从而力图为整个新自由主义埋下一块逻辑基石"。新自由主义者认为"私有制经济也是具有内在稳定性的，在市场的调节下，私有经济能够自动调

---

① 中国国家统计局官方网站：http：//www.stats.gov.cn/tjsj/ndsj/2009/indexch.htm，2011 - 03 - 29. 2010年数据来自美国中央情报局官方网站，为估计数。见 CIA，World FactBook，https：//www.cia.gov/library/publications/the-world-factbook/geos/ch.html，2011 - 03 - 29。

② IMF，*World Economic Outlook*：*Recovery*，*Risk and Rebalancing*，October 2010.

节而实现稀缺资源的优化配置"①。然而，非洲的现实证明，私有经济的自动调节能力是有条件的，应当在完善的政府和社会治理机制下才能发挥作用。在资本主义制度不完善、市场经济形态处于初始状态的非洲，失去政府管控的经济在结构上容易陷入危机。

　　比较而言，马克思主义理论下的社会主义市场经济更具合理性，在各国自身条件基础上的马克思主义实践则更可能取得独特的效果。以中国特色社会主义市场经济为例。中国坚持"以公有制为主体、多种经济成分共同发展的方针"，其内涵是："在积极促进国有经济和集体经济发展的同时，鼓励个体、私营、外资经济发展，并依法加强管理。随着产权的流动和重组，财产混合所有的经济单位越来越多，将会形成新的财产所有结构。"② 在中国特色社会主义市场经济中，"公有制的主体地位主要体现在国家和集体所有的资产在社会总资产中占优势，国有经济控制国民经济命脉及其对经济发展的主导作用等方面"③。中国国有经济在国民经济中比重的演变是逐步的、由主导向引导方向发展的过程，中国私营经济的发展是建立在国有经济发展基础上的。根据学者研究，中国国有经济比重变化大体经历了三个阶段：一是从 1949 年到 1958 年。期间国有工业产值比重最高达到 90%（1958 年），实现了对农业、手工业和资本主义工商业的社会主义改造，生产资料的社会主义所有制是基本经济基础；二是从 1958 年至 1978 年的 20 年，中国尝试性地实施多种经济改革措施，期间国有工业产值保持在 75% 以上；三是 1978 年改革开放，实施社会主义市场经济以来。中国经济中国有工业产值的比重持续下降，民营工业产值比重持续上升。④ 据统计，从 1998 年至 2011 年，国有企业在所有工业企业中所占的份额逐步下降。期间，国有企业（含国有控股企业）的比重从 1998 年的39.2% 下降到了 2011 年的 5.2%；国有企业占工业总产值的比重从49.6% 下降到了 26.2%；国有企业占工业资产总值的比重从 68.8% 下降到了 41.7%；国有企业就业人数占总就业人数的比例从 60.5% 下降到了

---

① 叶进、李兴柏：《马克思主义理论体系中的新自由主义批判》，《先驱论坛》2010 年第 24 期。

② 《中共中央关于建立社会主义市场经济体制若干问题的决定》（中国共产党第十四届中央委员会第三次全体会议 1993 年 11 月 14 日通过）。

③ 同上。

④ 杨正东、甘德安：《中国国有企业与民营企业的数量演进——基于种群生态学的仿真实验》，《经济评论》2011 年第 4 期。

19.8%。正是由于坚持以国有经济为主体，逐步引导发展私营经济，使私营经济的发展建立在可控、坚实的基础上，中国经济才得以持续健康发展，国内生产总值持续保持高速增长。2010年国内生产总值增长10.6%，尽管近年面临经济下行压力，但2012年至2014年仍保持了7%以上的增长速度，其中2012年和2013年均增长7.7%，2014年增长7.4%。2014年外汇储备仍保持在3.84万亿美元的高位。①

中国特色社会主义市场经济还体现在：坚持"国内市场与国际市场相互衔接，促进资源的优化配置；转变政府管理经济的职能，建立以间接手段为主的完善的宏观调控体系，保证国民经济的健康运行；建立以按劳分配为主体，效率优先、兼顾公平的收入分配制度"，"建立多层次的社会保障制度"② 等多层面保障政策和措施。从1978年开始实施改革开放，到提出利用"两个市场、两种资源"，再到近年来以习近平总书记为核心的新一届领导集体提出并实施"一带一路"和"中国梦"的宏伟构想，中国特色社会主义市场经济的发展道路将国内和国外两个市场统筹考虑，在政府强有力的组织指导和国有经济的基础性支持作用下，中国得以顺利转变政府职能，得以逐步完善宏观调控体系，为经济持续保持增长和实现社会发展创造了条件。

比较而言，实行资本主义经济制度、经济体系单一薄弱的非洲国家缺少公有经济的主体支撑作用，私人经营的农业部门势单力薄，难以起到基础性作用；工业品长期依赖进口，在缺少国家力量的条件下，很难建立强大的以工业体系支撑的国民经济体系；更重要的是，非洲国家由于缺少资金，需要西方发达国家的支持，因而不得不屈从于世界银行和国际货币基金组织各种苛刻的援助条件，包括经济发展战略的制定权，从而失去发展的自主性和独立性，致使非洲国家的发展政策与实际相脱节，难以看到发展效果。在非洲国有体系薄弱、国家治理权分散甚至受到西方国家控制的条件下，新自由主义主张私有化并在非洲一味地推动，削弱国有经济、取消政府监管或指导的政策，不利于非洲经济基础的建立，更不利于非洲经

① 《中华人民共和国2014年国民经济和社会发展统计公报》，中华人民共和国国家统计局，2015年2月26日：http://www.stats.gov.cn/tjsj/zxfb/201502/t20150226_685799.html, 2015-07-01.

② 《中共中央关于建立社会主义市场经济体制若干问题的决定》（中国共产党第十四届中央委员会第三次全体会议1993年11月14日通过）。

济的长远发展。

此外，从个别意义上看，新自由主义私有化也不适合一些非洲国家的现实。举一个简单的例子：新自由主义主张"保护私人财产"，但津巴布韦的情况就有特殊性。1999 年津巴布韦土地问题爆发（津巴布韦黑人占领白人农场主土地）前，占津巴布韦人口 3% 的白人（英国殖民者后裔）拥有津巴布韦 80% 的可耕地。在面临 2000 年总统大选及长期以来广大黑人民众对土地诉求的巨大压力下，津巴布韦总统穆加贝最终决定强制收回白人占有的 1500 家农场土地。[1] 此举引发英美等西方国家对津巴布韦国家和穆加贝总统的一系列抗议和制裁措施，致使津巴布韦经济陷入极度困难，一度濒临崩溃边缘。很显然，白人占有大多数土地是殖民主义占领和掠夺广大黑人土地的结果，是不平等的产物。土地问题早在津巴布韦独立之初（1980 年）便已提出，只是当时津巴布韦领导人从独立大局出发屈从于英国压力，致使土地问题一直未能解决。至 90 年代末，津巴布韦土地问题已发展到临界点，如果穆加贝总统一味屈从于"保护私人财产"，则土地问题必将导致新的危机，极有可能引发重大社会或政局动荡。可以说，正是穆加贝总统的土地改革顶住了新自由主义私有制压力，才换得了今天津巴布韦政局的持续稳定和经济社会的恢复发展。

第三节　贸易自由化与非洲经济[2]

根据新自由主义理论，伴随着紧缩公共开支，取消国家对大众必需的商品补贴，实行货币贬值，农产品价格的自由化和贸易自由化，非洲的贸易环境和条件不断恶化："公共信贷的取消不是因为收入的增加，而是减少或取消了社会支出，取消了公共投资，货币经常贬值后增加了国内农产品的交流，增加出口作物的种植，使本地的消费者受到损害"。"农产品价格的下跌，消极地影响到非洲国家单一产品和单一出口的经济。"[3] 由于成熟的制

---

① Guest Contributor, Britain's Colonial Obligations and Land Reform in Zimbabwe, 16 April, 2013, http：//www. thinkir. co. uk/of-britains-colonial-obligations-and-land-reform-in-zimbabwe/, 2014/1/31, 2016 - 04 - 25.

② 本部分根据笔者相关研究成果修改补充而成。

③ ［西班牙］卡朋达·巴迪：《西方推行新自由主义害苦了非洲国家人民》，魏文编译（摘译自 2004 年 10 月 26 日和 27 日西班牙《起义报》），http：//www. globalview. cn/ReadNews. asp? NewsID = 2367，2014 年 5 月 21 日。

度体系，发达国家的"私有化肥了本国的资产阶级，从公共的垄断转到私人的垄断，官方为私人部门提供很多便利，但并没有使生产增加。这就加重了非洲国家的经济危机，这是放弃公共部门的直接后果。贸易的自由化有利于进口消费的产品而不是进口设备，这样就加大了对外贸易的赤字和财政的不平衡"①。这正是新自由主义条件下非洲国家贸易带来的伤害。

从世界贸易组织的统计看，1948 年至 2009 年非洲与南美及中美洲、中东和亚洲等发展中地区在世界贸易中的份额总体不足。四个发展中地区中，只有亚洲所占份额较高，且呈上升趋势。其他三个地区中，中东地区份额不高，但处于上升趋势。南美及中美洲和非洲所占比重既少，又都呈下降趋势。1948 年亚洲占世界贸易份额为 14%，1983 年达到 19.1%，2009 年达到 29.4%。中东地区 1948 年所占世界贸易份额 1.9%，1983 年增加到 6.8%，2009 年为 5.7%。中东地区贸易份额上升的主要原因显然是石油出口。南美及中美洲 1948 年对外贸易占世界贸易份额 11.3%，1983 年减少到 4.4%，2009 年进一步减少到 3.8%。相比之下，非洲的份额最少，且份额下降趋势最明显。1948 年非洲所占世界贸易份额为 7.2%，1983 年下降到 4.5%，2009 年进一步下降到 3.2%，最低的 2004年仅占 2.4%。②

从贸易结构看，与其他地区相比，2009 年燃料与矿产品在非洲出口额中占到 64%，2000 年至 2009 年平均增长 12%。而 2009 年制成品出口份额只占 19.2%，2000 年至 2009 年年均增长仅 8%。比较而言，2009 年世界制成品出口平均份额为 68.6%，南美及中美洲、中东和亚洲分别占 27.4%、27.3% 和 79.7%，均高于非洲。③ 贸易结构从另一个侧面反映了非洲经济和产业结构的情况，产业与产品单一是主要问题，反映的是经济体系不够多样化、经济结构尚不完善的现状。

新自由主义倡导贸易自由化的一个重要目的，是通过企业私有化尽可能削弱非洲国家政府对资源生产、出口以及收入的监管能力，从而使非洲不得不长期依赖矿产品出口，资源收入更多流入资产阶级跨国公司囊中。

---

① ［西班牙］卡朋达·巴迪：《西方推行新自由主义害苦了非洲国家人民》，魏文编译（摘译自 2004 年 10 月 26 日和 27 日西班牙《起义报》），http://www.globalview.cn/ReadNews.asp?NewsID=2367，2014 年 5 月 21 日。

② World Bank, World Development Indicators 2004.

③ World Trade Organization, *International Trade Statistics* 2010.

根据世界贸易组织数据，2003 年、2004 年和 2005 年三年间，非洲国家能源和矿产品的出口额呈逐年增加趋势，2003 年的出口额占当年出口总值的54.3%，2004 年占 59.0%，2005 年占到 65.2%，[1] 多数非洲国家能源及矿产品的出口比例明显大于农产品和制成品，这是非洲能矿生产国出口收入的主要来源。20 世纪 90 年代以来，随着非洲石油的加速开发和国际市场对石油需求的不断增加，石油收入在非洲石油生产国政府收入中所占的比重越来越大。尼日利亚、安哥拉和几内亚等国经济均以石油生产为主体。然而，在一些非洲国家，石油收入的增加并没有转化为国民经济发展的动力。例如，2000 年至 2004 年间安哥拉的石油产业发展迅速，石油业产值明显增加，2004 年的石油产值比 2002 年和 2003 年分别增加 71% 和 47%。一般而言，产值的增加应当意味着政府收入的增加。然而，期间安哥拉政府的石油总收入却远低于石油产值增长幅度。2001 年至 2003 年，安哥拉政府的石油收入总体上低于 2000 年的水平。其中比较突出的问题是，一方面是五年间石油产值及出口额的不断攀升，另一方面却是政府所占收入份额的不断下降，2004 年比 2000 年减少 26.2%。[2] 几内亚也是非洲矿藏储量较大的国家之一，其铝矾土储量占世界铝矾土储量的 30%，是世界最大的铝矾土出口国。此外，该国铁矿储量也很可观，其矿产出口长期占到外汇收入的 80% 以上。[3] 从 2000 年至 2007 年，几内亚矿产品出口收入总体呈增长趋势，从 2000 年的 1464 亿几内亚法郎增加到 2007 年的 2236 亿几内亚法郎。然而，矿产品出口在几内亚政府收入中的比重呈下降趋势，从2000 年的 24.63% 下降到 2007 年的 14.81%。其原因尽管也有几内亚政府收入额的绝对增加以及来自其他产业收入的增加，但从矿业在其国民经济中的比重看，矿产品出口在政府收入中的比重还是有明显的下降。[4] 此外，有关对马里、加纳和布基纳法索等国矿产品出口及收入的研究表明，这些国家在出口与收入的平衡方面都存在与安哥拉和几内亚相类似的问题。其中，加纳的例子似乎更为突出。从 1998 年至 2000 年，加纳矿业公司留存

---

① World Trade Organization, *International Trade Statistics* 2010.

② IMF, *Country Report* 2005：*Angola*, p. 9.

③ UK Foreign and Commonwealth Office, *Country Profiles：The Republic of Guinea*, http：//www.fco.gov.uk/servlet/Front?, 2007.

④ IMF Country Report, *Guinea：Selected Issues and Statistical Appendix*, January 2006, p. 55; IMF, *Guinea：2004 Article IV Consultation-Staff Report；Staff Statement；and Public Information Notice on the Executive Board Discussion；IMF Country Report No 04/392*, December 2004, p. 29.

的出口收入平均为 70.9%，而上缴政府的份额却只占 25.3%，大量出口外汇收入留存于公司海外账户，即留存于发达国家跨国公司账户中。[①] 从这个意义上看，非洲的资源及其收入是被资本主义发达国家垄断资本所剥削，是一种国际性剥削行为，也是"新殖民主义"的表现。

新自由主义者总是向非洲推销自由贸易理念，欧美国家也通过《科托努协定》和《非洲增长与机遇法案》等，在不断强调对非洲的好处时，推进其对非洲的贸易便利。马克思在论述自由贸易问题时说："即使自由贸易在世界各国之间建立起友爱关系，这种友爱关系也未必更具有友爱的特色。把世界范围的剥削美其名曰普遍的友爱，这种观念只有资产阶级才想得出来。在任何个别国家内的自由竞争所引起的一切破坏现象，都会在世界市场上以更大的规模再现出来。我们不需要更多地停留在自由贸易的信徒对这个问题所散布的诡辩上，这些诡辩同我们的三位获奖者霍普、莫尔斯和格雷格先生的论证完全一样。"[②] 马克思当年对资产阶级自由贸易的揭露同样适用于今天的新自由主义者。例如，由于非洲国家认为欧盟与非洲新的贸易协定可能对非洲国家农产品出口和相关产业造成压制和冲击，欧非"经济伙伴关系协定"谈判长期难以达成协议；美国的《非洲增长与机遇法案》对非洲国家的好处也非常有限，一是真正达到或符合法案标准的国家数量少，二是非洲对口的产业和产品数量小，难以让多数非洲国家受惠，倒是美国的相关产品和产业借机获得了拓展非洲市场的机遇。欧美与非洲不对等的竞争实力将使任何自由贸易协定大打折扣。这恰如马克思所说，自由贸易的"友爱关系"未必"具有友爱的特色"。从中国特色社会主义的实践看，自由贸易是建立在以社会主义经济为主体的基础上，且以国家主权和自主能力保护国内相关落后产业为条件。只有在这个前提下，自由贸易才可能对自身国民经济发展起到正面推动作用。而非洲的情况正相反，在与发达国家的贸易中，非洲国家难以有效保护自身产业，其国家主权及经济自主权受到发达国家制约，经济基础及发展水平有限，发达国家对非洲国家的自由贸易多使非洲国家处于不利地位。从可见的将来看，

---

① Bonnie Campbell, "Better resource governance in Africa - On what development agenda?", Presentation to the SessionAssessing the development impact of TNC activities in extractive industries, UNCTAD Expert Meeting onFDI IN NATURAL RESOURCES, 20 – 22 November 2006, Geneva.

② 马克思：《关于自由贸易的演说——1848 年 1 月 9 日在布鲁塞尔民主协会的公众大会上》，《马克思恩格斯选集》第 1 卷，人民出版社 1995 年版，第 215—229 页。

欧美新自由主义经济不可能放弃其对非洲的优势地位，不可能真正对非洲平等相待。

第四节　自由化与私有化导致非洲基础设施的缺乏[①]

基础设施建设一般需要政府动员及其强大的经济实力才能实施，发展中国家的私人企业，特别是非洲国家的私人企业在技术、资金和监管等方面都难以承担基础设施建设的重任。然而，在西方新自由主义推动下，非洲的私有化损害了非洲国家政府进行基础设施建设动员的能力和基础。新自由主义对当今非洲基础设施的落后负有不可推卸的责任。

从世界银行统计看，非洲在道路、电讯、电力、生活用水以及相关成本费用等方面都分别低于或超过其他发展中国家，发电能力和道路发展问题尤其突出。这确实是严峻的现实问题。就电力问题而言，有些非洲国家电力覆盖率非常低。据世界银行统计，2004 年至 2007 年非洲电力短缺年均 50 天以上的有 19 个国家，100 天以上的有 8 个国家，缺电天数最多的冈比亚年均达到 240 天左右。[②] 由于基础设施缺乏，相关费用也就自然上升。基础设施的瓶颈不仅影响到基本国民经济的发展，其横向影响可能更大。比如，道路的缺少和费用较高直接影响货物的流动，影响到出口，特别对于非洲地区间贸易形成严重制约。

表 4 - 2　　　　　　　截至 2007 年底非洲基础设施情况

覆盖缺口			高成本		
项目	撒哈拉以南非洲	其他发展中国家	项目	撒哈拉以南非洲	其他发展中国家
铺面道路密度（每千平方公里）	31	134	电价（美分/千瓦时）	0.05—0.30	0.05—0.10
道路总密度（每千平方公里）	137	211			

---

①　本部分数据来自笔者相关研究成果，并修改充实而成。

②　World Bank Enterprise Surveys (2004 – 2007); *Africa's Development: Promises and Prospects*, Report of the Africa Progress Panel 2008, p. 12.

续表

覆盖缺口			高成本		
项目	撒哈拉以南非洲	其他发展中国家	项目	撒哈拉以南非洲	其他发展中国家
主线密度（电讯）（每千人线路）	10	78	道路运输费用（美分/吨公里）	0.05—0.25	0.01—0.04
移动线路密度（每千人线路）	55	86			
发电能力（每百万人百万瓦）	37	326	国际电话呼叫（美元/3分钟呼叫美国）	0.80	0.20
电力覆盖率（人口百分比）	16	41			
安全生活用水（人口百分比）	60	72	联网拨叫服务（美元/月）	50	15—25
安全卫生设施（人口百分比）	34	51			

资料来源：World Bank Global Monitoring Report（2008）；*Africa's Development：Promises and Prospects*，Report of the Africa Progress Panel 2008，p. 12.

从马克思主义观点看，非洲基础设施落后与新自由主义在非洲的影响有着深刻关联，表现为：新自由主义同时从经济基础和上层建筑两方面搞乱了非洲的经济秩序，打乱了特定非洲国家经济基础和上层建筑应有的匹配关系。一方面，通过不合理的贸易和国际分工，西方国家及新自由主义者长期将非洲国家产业置于单一化、边缘化状态，使其难以自成体系，难以通过内生动力实现发展；另一方面，西方新自由主义者又通过削弱非洲国家政府损害后者治理经济的能力，使得非洲经济长期处于放任西方剥削的状态。结果是，非洲国家的经济基础不能决定上层建筑，而上层建筑也不能反映经济基础，二者关系处于脱节状态。在经济基础和上层建筑都受到人为因素新自由主义的干扰下，作为反映二者强大实力和能力互动过程的结果，基础设施建设不具备相应的条件，自然不会顺利实施。

第五节 结语

可见，经济自由化和私有化不符合非洲的实际，导致非洲经济结构、贸易、社会及基础设施等多领域问题。自由化与私有化从根本上削弱了非洲国家政府的能力，而具有讽刺意义的是，西方国家常常指责非洲国家政府的脆弱，将这些国家称为"脆弱国家"或"失败国家"，在通过私有化削弱政府的同时，又以道义的名义强调促进非洲国家的"良政"和"能力建设"。在非洲国家政府弱势的情况下，私人企业并没有因为私有化而发展起来，后者同样受到西方压制或因资金和技术基础缺乏而难以成长。倒是大量的非政府组织发展起来，这些组织通常受到西方垄断资产阶级及其政府资助，为西方国家的价值观和政策做宣传，或与非洲国家政府相对立，或仅仅为了经济利益游走各方，而不能对非洲发展带来实际好处，成为新自由主义在非洲的"布道"者和代言人。

总之，尽管不能完全否定新自由主义对非洲的积极意义，但其影响总体上表现为消极，其自由化、私有化，以及在经济领域各种政策和措施很大程度上阻碍了非洲的发展。新自由主义在非洲的实践与马克思主义经济理论存在根本性对立，目前非洲私有化的普及不利于非洲发展，马克思主义有关私有化、社会发展、自由贸易以及历史唯物主义和辩证唯物主义、有关生产力和生产关系及经济基础和上层建筑关系的理论仍然对非洲发展具有重要指导意义。

从前景和出路看，邓小平理论中的发展观和改革观对非洲具有重要参考价值。从本质上讲，新自由主义或华盛顿共识在非洲的推行也是以推动实现非洲发展为说辞的。然而，作为私有制最高形式的发达的垄断资本主义，其对非洲的消极要害有两点：一是其发展阶段大大超前于非洲现实，强行生搬硬套必然会损害非洲的发展；二是私有制的本性就是掠夺和剥削，就是不平等。西方国家将新自由主义的一系列理论主张强行推向非洲，其目的首先是为发达的垄断资本主义国家自身利益服务的，旨在通过自身经济实力和理论优势实现对非洲的经济强权。依附理论早已证明，位于经济中心的发达国家与被边缘化的欠发达国家之间存在剥削与被剥削的关系。而剥削与被剥削的关系本质上是不平等的关系，也难以通过资本主义国家的"仁慈"实现真正的平等相待。面对发达资本主义国家的综合实力及其理论实践，非洲明显处于落后、弱势地位，接受或实施前者的理论和发展建议难免受伤。

根据邓小平理论，发展是中国的核心问题，是"硬道理"，中国及广大发展中国家的历史证明，落后必然挨打。发展的途径要靠科学技术，因为"科学技术是第一生产力"。发展要物质文明和精神文明两手抓,两手都要硬。改革是推动发展的重要动力。1985 年 8 月,邓小平在会见津巴布韦总统穆加贝时指出:"要发展生产力,经济体制改革是必由之路。"同时还认为,"改革也是解放生产力"。改革是涉及政治体制改革及科学技术、教育、文化等多领域的变革,"是一场革命"[1]。稳定与改革和发展紧密联系,"没有安定的政治环境,什么事情都干不成",稳定是改革与发展的前提条件,改革与发展又反过来促进稳定的政治局面。[2]

仅从参考借鉴的意义上看,非洲国家也在不同程度上存在发展、改革与稳定的问题。截至 21 世纪第二个 10 年,非洲国家面临的两大问题仍然是稳定和发展的问题。尽管非洲形势大体稳定,但一些国家总统或议会选举仍常引发动乱,部族间的利益冲突和矛盾仍然深刻影响着一些非洲国家的内部稳定。2011 年美国等西方国家利用"茉莉花革命"和"阿拉伯之春",通过武力推翻利比亚卡扎菲政权后,尼日利亚等非洲国家更是面临前所未有的恐怖主义威胁,这些新的不稳定因素严重恶化了非洲的发展环境。从发展的角度看,由于缺少资金和必要的技术,非洲国家往往不得不屈从于西方的各种援助或合作条件,国际货币基金组织等西方主导的国际金融组织及西方国家常常不顾非洲的现实,主导或干预非洲的发展战略,致使非洲失去发展的主导权,这是非洲发展的最大障碍,实现独立自主发展仍是非洲的首要任务。从改革的角度看,南非、尼日利亚、肯尼亚、坦桑尼亚、埃塞俄比亚等非洲大国政局相对具有持续稳定性,可探讨通过经济政策的改革促进解决国内贫富差距和部族矛盾,进而实现政局的稳定和政府执政能力的强化。

当然,在揭示新自由主义对非洲的消极影响时,也应认识和考虑到马克思主义的普遍性和特殊性,考虑到非洲的现实。同时,中国特色的社会主义产生于中国特定的国情和所处的时代,亦不宜强加或套用于非洲,非洲国家应在普遍性意义上独立自主地探寻适合自身国情和特点的发展道路。

(张永蓬)

---

[1] 《邓小平文选》第 3 卷,人民出版社 1993 年版,第 232—235 页。
[2] 同上书,第 244—245、370—383 页。

第五章 石油地租与西亚石油
输出国的经济发展

西亚地区集中了一批世界主要石油输出国。单从人均国内生产总值的水平来看，这些国家与一般的发展中国家明显不同，早已进入世界上的中等收入行列，甚至是高收入国家的行列。然而，它们却仍然保持着人口快速增长、严重依赖单一原料出口、工业化程度低下，失业率长期居高不下等发展中国家的一般性特点。这种高收入而欠发达的现象具有一定的特殊性，代表了发展中国家的一个独特的类别。这些国家的经济发展究竟有什么样的特殊性，其未来经济发展的路在何方，是西亚非洲国家经济发展道路研究的一个重要课题。这些国家地处"一带一路"的交汇点，与中国能源的联系和经贸关系日益紧密，中国如何与之实现互利共赢和共同发展，也已成为中国对外关系的一个重大现实问题。

毫无疑问，这些国家的独特经济发展道路，与它们拥有丰富石油资源和获得大量石油收入有关，这似乎已经成为众所周知的常识。然而，这些国家的石油收入是一种什么性质的收入，对于这些国家的经济发展造成了什么不同一般的优势和挑战，这些国家应当怎样克服面对的挑战，以及中国能够在其中发挥什么样的作用等，仍然是没有被深入触及和完整回答的问题。本章的工作，就是尝试运用马克思主义关于地租的观点，对这些问题进行更为深入和全面的分析和探讨，为深化西亚石油输出国发展道路研究，提供一个新视角。

第一节 石油收入与石油地租

西亚石油输出国的石油收入对于其经济发展的意义，其实并不在于这种收入本身，而在于这种收入中包含的地租成分，尤其是地租中所包含的级差地租成分。

一 石油收入中的地租

关于西亚石油输出国的石油收入包含大量地租、特别是级差地租成分，可以从马克思主义经典作家的论述中找到充分的依据。[①]

人们对马克思主义经典作家关于级差地租的论述并不陌生。[①] 马克思在《资本论》中认为，"级差地租是由投在最坏的无租土地上的资本的收益和投在较好土地上的资本的收益之间的差额决定的"。由于"土地自然肥力的差别"，土地的生产率不同，据此可以把土地分为从劣等到优等的各种等级。由于农产品价格是由最劣等土地投入的"资本加上平均利润"决定的，对于以较高效率生产同样产品的优等地来说，按同样的价格销售产品，就可以获得高于最劣等土地收益的"超额利润"，这种"超额利润"便构成了"级差地租"。石油是一种矿产品，马克思本人在论述级差地租时实际上是把矿业的情况与农业的情况同类论述的。他在《资本论》中明确指出，"关于农业所要说的，大体上也适用于采矿业"，"真正的矿山地租，是和农业地租完全一样决定的"。

西亚的石油输出国其实就是这样一批"最优等地"的拥有者。只不过它们所拥有的不是生产农产品的土地，而是生产石油这种矿产品的油田而已。西亚石油输出国的石油收入中包含着石油生产成本和地租两个部分。其生产成本大致上由勘探成本、开发成本、运营成本和融资成本所构成。由于西亚石油输出国的油田，特别是阿拉伯半岛地区的油田具有分布集中、储量大、埋藏浅、层次多、油层厚、压力大等诸多自然特点，不仅易于开发，而且多是自喷井，这种最优越的"自然肥力"，使这些国家的石油生产成本成为世界最低。关于这一点，参见表 5-1 和表 5-2 即可一目了然。因此，它们所可以获得的"超额利润"或"级差地租"也是最高的。

石油收入多少与国际石油价格直接相关。国际石油价格的确定，往往是围绕世界上的边际油田的生产成本确定的，也就是围绕生产成本最高的油田，也就是"最劣等地"的生产成本确定的；而"最劣等地"也只有在能够获得"平均利润"的情形之下，才会成为边际生产者。按照边际油田

---

① 本节所引述的马克思关于级差地租的论述和概念，均引自中共中央马克思恩格斯列宁斯大林著作编译局编译《马克思恩格斯选集》第 2 卷，人民出版社 1995 年版，第 548—575 页。

成本加平均利润确定的价格出口石油，西亚石油输出国为"最优等地"的拥有者，因其拥有超低的生产成本。西亚石油输出国所获得的这种"平均利润"和"级差地租"之和，就构成了本章所称的西亚石油输出国石油收入中的地租。

需要进一步说明的是，由于西亚石油输出国的石油生产成本是世界上最低的，因此只要国际石油贸易还存在，这些国家就不可能因生产亏本而退出市场。作为市场上最有价格竞争力的石油供应者，它们的退出就意味着市场的消失。真正处在市场边缘的，是西亚地区以外的那些高成本石油输出国，也就是那些"劣等地"的拥有者。假设油价上升，高生产成本的"劣等地"油田会获得勘探、开发和生产的经济价值，其产品就会更多地涌入市场，使"优等地"拥有者的市场份额相对缩小；假设油价下降，"最劣等地"拥有者，或称"边际"生产者，就会因难以获得利润而被挤出市场，把其占有的市场份额再奉还给生产成本低的"最优等地"的拥有者。但无论市场怎么变化，西亚石油输出国，作为世界石油生产成本最低的国家，总是可以从出卖每一桶石油的收入中，获得最多数量的石油地租，石油价格变化对这些国家的影响，只不过是它们所占有的市场份额，以及从出卖每一桶石油中获得的石油地租是多一些还是少一些而已。

二　西亚的石油地租优势

石油地租之所以能够对于西亚石油输出国的经济发展产生决定性的影响，是因为这些国家的石油地租收入具有相对可观的规模。

这些国家的石油权益起初全部掌控在西方石油公司的手中，但它们在20世纪70年代相继完成了石油工业国有化，从而成了全部石油收入的支配者。从那时以来，它们总共获得了多少石油收入，尚有案可查，但这些石油收入中的地租占比，却很难精确地计算。不过，利用我们对世界各地石油生产成本差异、历年石油市场价格，以及西亚国家石油出口数量的了解，我们仍可对这些国家获得的石油地租的规模，做个粗略的推算。

在20世纪80年代，国际油价（迪拜原油时价）浮动于每桶13.27美元至35.69美元之间，西亚石油输出国出卖每桶石油获得的地租收入＝油价－西亚石油输出国（在表5－1中显示为中东）的边际油田生产成本。因此，其出卖每桶石油获得的地租收入应不少于每桶8.27美元至30.69美元，石油收入中的地租成分占比高达62%—86%。

以 1990 年为例。西亚石油输出国的石油出口量为每日 1421 万桶，即全年 51.9 亿桶，全年平均油价（迪拜原油时价）为每桶 20.38 美元，全年石油收入共计 1058 亿美元。即便按当年石油生产成本每桶 5 美元计算，当年西亚石油输出国的石油出口收入为 1057 亿美元，其中石油地租收入应不少于 798 亿美元。

21 世纪以来，世界边际油田的生产成本和国际石油价格都大幅度升高，西亚石油输出国由于拥有世界生产成本最低的油田，其级差地租的优势也比 20 世纪 80 年代更加明显，其石油地租收入的规模也随之大幅度提高。

以 2014 年为例。西亚石油输出国的石油出口量已增至每日 1976 万桶，全年平均油价（迪拜原油时价）高达每桶 97.07 美元。由此推算，即便按西亚（表 5-2 显示为其他中东国家）石油生产成本每桶 14 美元计算，这一年西亚石油输出国的石油出口收入也不会少于 7001 亿美元，而其中的石油地租收入不会少于 5991 亿美元，相当于 1990 年的 7.5 倍。[①]

从表 5-1 和表 5-2 的全球各地区边际油田生产成本比较来看，西亚国家因为拥有世界生产成本最低油田，在油价相同的情况下，其出售每桶石油所获得的石油地租比例是其他地区生产者所无法企及的，而国际油价随着其他地区边际油田生产成本上升，只能使西亚石油输出国的石油地租优势不断扩大。

表 5-1　20 世纪 80 年代末世界各地区石油边际生产成本（美元/桶）

中东	5.00
非洲	10.00
北美	20.38
南美	5.00
欧洲	25.00
亚太	15.00
平均	13.39

数据来源：中国石油天然气总公司情报研究所、石油大学管理工程系：《影响国际石油价格的十个因素》（调研报告汇编），1991 年 5 月，第 62 页。

---

① Oil：Spot Crude Prices, *BP Statistical review* 2004, http：//www. bp. statisticalreview；*BP Data Workbook - Statistical Review* 2015, http：//www. bp. com/en/global/corporate/energy-economics/statistical-review-of-world-energy.

表5－2　　　　　　　　**世界石油边际生产成本比较（美元/桶）**

生产地点	油田类型	边际生产成本	运至主要销售渠道成本
沙特阿拉伯	陆地油田	3	4
其他中东国家	陆地油田	14	4
俄罗斯	陆地油田	18	12
其他苏联国家	陆地油田	21	12
委内瑞拉和墨西哥	标准油田	32	4
挪威和英国	北海油田	50	2
美国	深海油田	57	2
巴西	乙醇汽油	66	5
巴西	海上油田	80	2
美国	页岩油	73	12
加拿大	油砂	90	15
欧洲	乙醇汽油	103	2
欧洲	生物柴油	110	2
俄罗斯	北极油田	120	5

数据来源：瑞士苏格兰银行，转引自凤凰网2014年10月21日，http://news.ifeng.com/a/20141021/42259245_0.shtml。

第二节　石油地租与经济发展

石油地租的长期持续获取，赋予了西亚石油输出国以经济发展的独特优势，这种优势主要体现在以下四个方面，并且直接影响了西亚石油输出国的经济发展战略、生产要素组合、产业结构和发展环境。

一　加快了资本积累进程

20世纪70年代以来大量石油地租滚滚而来，大大加快了西亚石油输出国的资本积累进程，使这些国家在发展资金方面呈现出与许多发展中国家截然不同的特点。首先，与其他的发展中国家相比，西亚石油输出国由于拥有充裕的石油地租收入，基本不存在美国经济学家钱纳利所提出的著名的经济发展的"两缺口"问题，即投资缺口和外汇缺口问题；甚至由于资金积累的速度过快，而其他生产要素相对短缺，出现了资金剩余的问题。其次，这些国家由于依靠石油地租即可获得巨额资金，加上缺乏农业生产的有利条件，因而不可能采用在许多发展中国家流行的为实现工业化而"榨取"农业的资本积累方式，即通过国家对农产品生产和出口环节的直接控制，把一部分农业收入转化为工业化所需的资金积累。再次，与非石油输出国相比，这些国家虽然也利用外国投资，但其吸引外国投资的目的，主要不是由于缺乏资金，更重要的是考虑通过吸收外资来引进外国的技术和利用国外的市场。因此，外资在这些国家的固定资产投资中所占比重很小，例如，2013 年外资在沙特阿拉伯和伊朗的固定资产投资总额中所占比例分别只有 5% 和 3%。① 最后，由于石油地租几乎全部掌握在政府控制的国有化的石油公司，政府控制力资本积累的源泉，其在经济发展中也始终发挥着至关重要的主要投资者作用。政府除了通过国有企业进行直接投资之外，还广泛使用补贴的形式支持经济发展，特别是人为降低水和能源等生产资料的价格。西亚石油输出国因获取石油地租而拥有如此优越的资本积累条件，实为其他发展中国家所鲜有，也是其探索独特发展道路的重要基础。

二　弥合了生产要素缺陷

西亚石油输出国虽然有充裕的发展资金，但是经济发展的其他要素则非常稀缺。不过，石油地租收入的优势为弥补其他生产要素稀缺创造了条件。伊朗、伊拉克的资源禀赋相对比较多样化，而海湾六国（指海湾合作委员会的 6 个成员国：沙特阿拉伯、阿拉伯联合酋长国、科威特、阿曼、卡塔尔、巴林）的生产要素短缺问题则比较突出。海湾六国的生产要素稀缺主要表现在劳动力的稀缺，特别是人口数量非常稀少；经济基础薄弱，缺乏专业技术人才；资源禀赋单一，除石油天然气以外农业和矿物资源不多，一些国家除油气资源以外，几乎没有其他矿物资源；水资源匮乏，人均淡水资源远远低于世界平均水平；市场狭小，国土面积及消费者数量十分有限。为解决生产要素短缺问题，这些国家充分发挥资金优势。为弥补劳动力的短缺和专业技术人才不足，它们普遍采用提供高薪的办法，大量引进外籍劳工和专业技术人员，一些国家的外籍劳动力数量已经超过本国人口。为弥补农业耕地有限的不足，沙特阿拉伯发挥资金优势，提高农业

---

① 外国直接投资额和外国直接投资占固定资产投资总额比例数据，来自联合国贸发会网站：*World Investment Report* 2014 - *Coyuntry Fact Sheet*，http：//unctad. org/SearchCenter/。

用地的生产率，在 20 世纪 80 年代曾经实现了小麦的自给自足。为了弥补淡水供应不足，这些国家普遍大力发展资金密集型的海水淡化业。为解决基础设施不足问题，政府和私人承包商发挥资金优势，引进国际承包公司大力开展交通、电讯、供水、电力等基础设施建设。为了解决市场规模狭小问题，它们一方面走区域经济联合的道路，在 20 世纪 80 年代成立了海湾合作委员会，2003 年在此基础上建成了海湾合作委员会关税同盟，此外还与欧盟和中国等多方进行自由贸易谈判，以期辐射国际市场；另一方面，通过引进跨国公司来本地投资建厂，获得进入跨国公司国际销售渠道的机会，同时也可以获得跨国公司的先进技术。

表 5 - 3　　　　　　　　2014 年西亚石油输出国资源条件比较

国家	面积（平方公里）	可耕地占比%	人口（万人）	外籍劳动力占比%	非油气矿物资源	可再生水内陆淡水资源（2011 年人均立方米）
伊朗	1648195	10.8	8182	—	铬、铁、铅、锰、锌、硫黄	1704
伊拉克	438317	8.4	3706	—	磷酸盐、硫黄	1108
沙特阿拉伯	2149690	1.5	2775	80	铁、黄金、铜	86
阿联酋	83600	0.5	578	85	—	17
科威特	17818	0.6	279	60	—	—
阿曼	309500	0.1	329	60	铜、石棉、大理石、石灰石、铬、石膏	463
卡塔尔	11586	1.1	219	—	—	29
巴林	760	2.1	135	44	—	3
叙利亚	185180	25.4	1706	—	铬、锰、磷酸盐、铁、盐、大理石、石膏	867
世界平均						6122

数据来源：可再生淡水资源数据摘自世界银行：《世界发展指标 2014》，中国财政经济出版社 2014 年版，第 46—50 页；其他数据摘自美国中央情报局网站，The World Factbook，https：//www.cia.gov/library/publications/the-world-factbook。

三　支持了产业结构升级

西亚国家虽然具有依赖石油出口收入的共同特点，但并不甘心于长期依赖单一的石油地租收入。从 20 世纪 70 年代它们通过石油国有化而掌控自身发展命运的时候开始，就纷纷制定了自身的发展战略并开始实施发展长期计划。其发展战略的共同特点是，重视发展非石油产业，努力为"后石油"时代铺垫经济基础，经济多样化成为这些国家经济发展战略的共同目标。所谓经济多样化，就是在完全依靠石油单一原料生产和出口的基础上，通过发展多种非石油产业，实现产业结构的转型新升级。但是，这些国家的国情差异比较明显，特别是国土和人口规模、所处地理位置等方面各有特点。这种差异直接影响到其产业发展方向的选择。因此，西亚石油输出国在推行经济多样化发展战略的过程中，产业结构的转型升级呈现出四个特点。

第一个特点是工业化取得一定进展。在丰富的石油天然气资源和充足的资金支持下，一批以石油天然气为能源或原料的工业，如炼油、石化、冶金、水泥等产业脱颖而出，一部分石油天然气资源在国内得到利用或加工增值。这些产业多数也属于资本密集型产业。西亚多数国家，特别是那些除石油天然气资源以外严重缺乏其他资源的国家，主要依靠这类产业的发展，实现了制造业在国内生产总值中占比达到10%左右的水平。成就的取得，实属不易。但是，这些国家的工业发展道路并不平坦。伊朗在1979年爆发伊斯兰革命，1980年陷入两伊战争，21世纪以来又陷入核问题危机，受到联合国制裁和美国、欧盟的单方面制裁；伊拉克则在1990年因入侵科威特而遭到国际联军打击，受到联合国制裁，2003年又受到美国发动的伊拉克战争摧残，并且在战后陷入国内安全局势的严重混乱。因此经济建设的潜力还远远没有发挥出来。沙特阿拉伯的石化工业虽已达到一定规模，但进一步的发展则面临着国内市场不足的制约。

第二个特点是服务业的迅速发展。西亚地区连接亚、非、欧三大洲，具有发展跨大洲服务业的天然地缘经济优势。尤其是那些海湾地区的小国。这些国家市场和人口极其有限，不具备发展工业和农业的自然条件。因此，这些国家各自根据不同地缘优势，把发展服务产业作为经济多样化的发展方向，例如阿联酋的阿布扎比酋长国、迪拜酋长国和卡塔尔重点发展国际航空运输业、海湾地区的转口贸易，以及会展、旅游、房地产等产业，巴林和迪拜酋长国大力发展海湾地区金融服务业等。这批小国的多种服务业的兴起，使西亚，特别是海湾地区越来越成为亚、欧、非三大洲之间的交通运输和货物转运的枢纽。但由于诸多国家发展同样的产业，服务业发展的竞争也相当的激烈。

表 5 - 4　　2014 年西亚主要石油输出国产业结构（在 GDP 中占比%）

国家	农业	工业	服务业	制造业	制造业主要产品	主要服务业
伊朗	9.2	37.7	53.1	11.8 （2011 年）	石化、化肥、烧碱、纺织、水泥、建材、食品、金属加工、武器	—
伊拉克	4.2	59.9	36.3	1.8 （2006 年）	炼油、化工、纺织、皮革、建材、食品、化肥、金属加工	
沙特	1.9	57.0	41.1	10.1 （2012 年）	炼油、化工、水泥、化肥、塑料、金属加工、烧碱	船舶修理、飞机修理
阿联酋	0.7	55.1	44.3	9.0 （2012 年）	石化、炼铝、水泥、建材、纺织品	航空运输、金融、旅游、转口贸易
科威特	0.4	60.6	39	4.6 （2011 年）	石化、水泥、食品、建材	船舶修理
阿曼	1.2	65.1	39.1	10.1 （2012 年）	炼油、液化天然气、水泥、炼铜、炼钢、化工、光纤	—
卡塔尔	—	68	32	9.8 （2012 年）	液化天然气、炼油、石化、化肥、钢筋、水泥	船舶修理、航空运输
巴林	0.3	47.1	52.6	15.6 （2011 年）	炼油、炼铝、化肥、铁矿球团	伊斯兰银行、离岸银行、船舶修理、旅游
叙利亚	18.1	19.0	62.9	—	纺织、食品、饮料、水泥、汽车装配	—

主要数据来源：制造业数据来自 *The Middle East and North Africa* 2014, 60th Edition, Routledge Taylor and Francis Group, London and New York, 2013；其他数据摘自美国中央情报局网站，The World Factbook, https：//www.cia.gov/library/publications/the-world-factbook。

第三个特点是基础设施的显著改善。西亚国家，特别是海湾国家在石油工业出现以前，主要经济活动是放牧和珍珠采集等，基础设施极其薄弱。但巨额石油地租收入，使这些国家获得了在短时期内迅速弥合基础设施缺陷的可能。20 世纪 70 年代以来，这些国家主要依靠政府的巨额的石油地租收入，引进国外先进技术和外籍劳工，建设了一大批公路、铁路、机场、港口、海水淡化，以及电讯设施，使西亚，特别是海湾地区的人民生活水平得到显著改善，使这些国家的工业和服务业发展，获得了必要的基础设施保障。但基础设施建设也面临着挑战。一方面，在 20 世纪 70 至 80 年代大规模兴建的基础设施目前已经陈旧或不足，需要保养和新建；另一方面，伊朗、伊拉克等国因长期受地缘政治危机和战争影响，基础设施受到严重破坏或建设严重滞后，亟须开展大规模重建。

第四个特点是海外投资的兴起。由于石油地租收入的资金过剩，西亚很多国家都大力发展海外投资产业，其投资方式多种多样，主要包括在西方国家银行的存款、海外股权投资、持有外国政府和国际组织发行的债券、提供银团贷款和承购包销债券等。这些国家的官方海外投资，通常都由专门的主权财富基金负责运作。海外投资兴起的结果是，西亚国家在五花八门的海外产业，拥有了大量的海外资产。特别是21世纪以来国际石油价格急剧上涨，西亚石油输出国的资金剩余增加，海外资产的数量也急剧上升。如表5-5所示，仅西亚国家的官方海外资产总规模在2016年已经达到27934亿美元。而这16家海外资产管理机构中，11家都是在21世纪以来应运而生的新机构。除此之外，这些国家的个人也在海外拥有大量的投资。海外投资为西亚国家实现石油地租的保值增值，发挥了重要作用，但也具有不稳定性。每逢出现国际石油价格进入低油价周期的情况，国内财政吃紧，大量的海外资产便被抽回国内，以弥合财政开支不足。

表5-5　　　　　　　　2016年西亚国家主权财富基金一览

国家	管理机构	创立时间	金额（亿美元）
阿联酋阿布扎比	阿布扎比投资局	1976	7730
阿联酋阿布扎比	国际石油投资公司	1984	663
阿联酋阿布扎比	阿布扎比投资理事会	2007	1100
阿联酋	阿联酋投资局	2007	150
阿联酋阿布扎比	穆巴达拉发展公司	2002	663
阿联酋迪拜	迪拜投资公司	2006	1830
阿联酋哈伊玛角	哈伊玛角投资局	2005	12
沙特阿拉伯	沙特货币管理局海外资产局	1952	6323
沙特阿拉伯	公共投资基金	2008	53
科威特	科威特投资局	1953	5920
卡塔尔	卡塔尔投资局	2005	2560
阿曼	国家总储备基金	1980	130
阿曼	阿曼投资基金	2006	60
巴林	穆姆塔拉卡特控股公司	2006	111

续表

国家	管理机构	创立时间	金额（亿美元）
伊朗	伊朗国家发展基金	2011	620
伊拉克	伊拉克发展基金	2003	9
合计			27934

数据来源：美国主权财富基金研究所网站，2016 年 2 月 11 日，http：//www. swfinstitute. org/sovereign-wealth-fund-rankings/。

表 5－6　西亚国家海外直接投资存量（截至 2014 年 12 月 31 日，亿美元）

国家	金额
阿联酋	816. 0
卡塔尔	457. 1
沙特阿拉伯	324. 6
科威特	368. 5
巴林	107. 2
伊朗	43. 3
合计	2116. 7

数据来源：美国中央情报局网站，The World Factbook，https：//www. cia. gov/library/publications/the-world-factbook。

四　奠定了政府主导地位

石油地租对于西亚石油输出国的经济体制影响很大。由于这些国家在 20 世纪 70 年代实现石油工业国有化以来，石油工业都掌握在国家石油公司的手中，这就意味着政府控制着资本积累的主要源泉。在海湾地区的君主国，政府对石油地租的控制与王室的控制在很大程度上是重合的。因此，该地区的政府和王室作为石油地租的拥有者和分配者，势必成为经济发展过程的主导者，甚至是主要的直接参与者。因此，西亚国家经济都有政府主导的特点。

从政府的发展资金来看，西亚主要石油输出国与非石油输出国之间的一个重大差异在于，前者的中央政府财政收入绝大部分来自石油地租收入，而后者的中央政府收入绝大部分来自于各种税收收入。沙特阿拉伯政府的预算收入，85%都来自该国国有石油企业沙特阿美石油公司。① 从政府对经济的直接干预来看，石油输出国的国有企业在经济中所占比重较大。例如，沙特工业发展的旗舰沙特基础工业公司就是政府持股 70%的国有企业，其董事会主席也由王室成员担任；沙特的航空、铁路、电力、海水淡化、通信等基础设施均控制在政府手中。根据伊朗《金融论坛报》报道，伊朗总商会外资委员会主任 Seyyed Hossein Salimi 称，目前伊朗经济的85%由伊朗官方控制。② 在基础设施建设领域，海湾国家的基础设施项目大部分是政府发包的项目，私人投资主要集中在住房建设领域。海湾国家的许多工业项目都有王室成员的背景。

　　政府补贴是西亚石油输出国政府干预经济和维持社会稳定的重要手段，补贴的数额动辄数百亿美元。伊朗的各种补贴随着 21 世纪以来石油地租收入的增加而不断扩大，在 2005 年的时候达到 400 亿美元，大约相当于当年其国内生产总值的两成半。政府长期实行能源价格补贴政策，石油产品的补贴每年几乎要占政府补贴开支的 2/3。石油地租收入丰裕的海湾六国，普遍实行高福利政策，政府不仅对能源和水电价格实施补贴，而且为本国居民提供住房、医疗和教育方面的免费服务。据报道，沙特阿拉伯每年仅水费补贴一项，每年就要开支 500 亿美元，③ 而 2015 年的燃料补贴则高达 520 亿美元。④ 当 2011 年一些阿拉伯国家爆发反政府的"阿拉伯之春"运动，沙特阿拉伯也发生了向王室提出实行宪政的请愿活动时，沙特阿拉伯王室以增加 360 亿美元补贴的手段，使事件迅速获得平息。

第三节　石油地租与油价战略

　　西亚石油输出国的经济发展既然普遍严重依赖石油地租收入，确保地租收入的安全自然成为其经济发展战略的至关重要的组成部分。这种确保

　　① 2012 Investment Climate Statement – Saudi Arabia, US Department of State, http：//www. state. gov/e/eb/rls/othr/ics/2012/191229. htm, 2016 年 1 月 2 日。中东阿拉伯之春将再引爆？ BWCHINESE 中文网，2014 年 2 月 12 日，http：//www. bwchinese. com/articale/1052719_ 2. html。

　　② 中华人民共和国商务部网站，2015 年 6 月 16 日，http：//www. mofcom. gov. cn/article。

　　③ 中东阿拉伯之春将再引爆？ BWCHINESE 中文网，2014 年 2 月 12 日，http：//www. bwchinese. com/articale/1052719_ 2. html。

　　④ 沙特王室不顾油价下跌仍大发红包，中财网 2015 年 11 月 2 日，http：//cfi. net. cn/p20151102000517. html。

地租收入安全的战略主要反映在这些国家的国际石油市场战略上，尤其是对待国际油价的主张上。

　　然而，由于西亚国家之间国情的不同，它们尽管同为石油输出国，其国际石油市场战略却不尽相同。根据其对国际油价的主张之不同，大致可以把它们划分为主张高油价的鹰派和主张较低油价的鸽派。表 5 – 7 反映了影响主要鹰派和鸽派国家价格主张的主要因素。

表 5 – 7　　　　　西亚主要石油输出国的油价主张和经济条件比较

国家	沙特	阿联酋	伊拉克	伊朗
油价主张	鸽派	鸽派	鹰派	鹰派
人均国民收入（2012 年，美元）	18030	36040	5870	7300
人均石油出口收入（2015 年，美元）	4497	9621	1586	546
贫困率（2007—2008 年日消费低于 2 美元人口占比%）	—	—	21.4	8.0
财政状况（2013 年，赤字/GDP%）	6.5	10.4	- 5.8	- 0.9
官方海外资产（2013 年，亿美元）	6759	9638	—	586
石油产量（2014 年，万桶/日）	1150	371	329	361
剩余产能（2014 年，万桶/日）	50	—	—	—

　　数据来源：世界银行《世界发展指标 2014》；EIU, *Country Reports Dec.* 2015（*Iran*, *Saudi Arabia*, *UAE*, *Iraq*）；BP, *Statistical Review of World Energy* 2015。表中伊拉克人均石油出口收入为人均货物出口收入，伊朗人均国民收入为估算值。

　　以伊朗和伊拉克为代表的鹰派从 20 年代 70 年代以来，长期主张以限制产量的方式实现高油价。从伊朗的国情来看，它虽然有丰富的石油资源，但在西亚石油输出国之中却是石油生产能力比较低的国家，尤其是在 1979 年爆发伊斯兰革命以来，长期受到国际制裁，石油生产能力仍然很低；由于拥有西亚国家最庞大的人口规模，每年的人均石油出口收入较低，经济发展的任务繁重，还有一部分人口的脱贫问题还没有解决，政府财政开支常年入不敷出。其现有的市场份额也很小，在短期内没有可能大幅度提高石油生产能力和扩大市场份额的前提下，为解决经济发展的紧迫的资金问题，这些国家的国际油价政策倾向于使每桶石油的收入最大化。这是其高油价主张的基本战略考量，也是其选择的在短期内最大限度获取石油地租的路径。

　　同样拥有巨大石油资源的沙特阿拉伯、阿联酋等国的市场战略却与此不同。这些国家的人口较少，石油生产能力相对较高，巨大的人均石油地租收入和位居世界前列的人均收入水平，早已使这些国家的国民过上富足的生活。现有的石油收入已经使这些国家成为资金剩余型国家，不仅政府财政在 21 世纪以来多数年份都有盈余，而且利用国内无法吸收的石油美元建立起巨额的海外资产。每逢石油价格下跌造成暂时的财政困难，便通过抽回部分海外资产，弥补国内财政之不足。这些国家的石油生产成本为世界最低，其每桶石油收入中的石油地租含量也远远超过了伊朗等鸽派国家。因此，这类国家的国际市场战略所关注的重点是，确保在现存国际石油市场秩序下的既得利益，尤其是防止新兴的石油供应者或石油替代能源挤占其市场份额，进而对其石油出口市场形成威胁。为此，它们往往主张发挥世界最低生产成本的优势，以低油价为手段，防止生产成本较高的石油供应者和替代能源供应者进入市场。这是其低油价主张的基本战略考量，试图以此获得长期稳定的石油地租。

虽然西亚国家的市场战略重点各有不同，但实际上真正具有市场影响力的是沙特阿拉伯这个唯一具有市场调控手段和影响力的国家。由于沙特阿拉伯几乎是西亚地区唯一具有剩余生产能力的国家，因此可通过运用剩余生产能力手段，影响国际石油价格，以达到其战略目的。其典型的做法是，通过保持较高的产量和出口量，压低国际市场的石油价格。当然，价格战毕竟会使石油输出国的石油收入蒙受损失。因此一旦沙特阿拉伯判断油价水平已经不会对其市场份额构成威胁，就会反过头来解决财政问题，其中包括联合鹰派国家进行暂时的限产促价，使油价恢复到足以维护其市场份额前提下的相对合理水平。1998 年沙特阿拉伯与伊朗和委内瑞拉等国合作，成功限产促价的情形就是如此。

2014 年下半年以来，在世界经济复苏乏力背景下，美国页岩油开发迅速取得进展，并引发国际石油市场上的新一轮市场份额的竞争。国际油价从每桶 130 美元的水平直线下跌。伊朗提出合理油价应为每桶 75 美元的主张，[1] 伊拉克也认为每桶 70—80 美元才是合理的国际油价，[2] 但由于这

① 伊朗石油部长尚甘尼表示，每桶 75 美元是合理油价。新浪财经网站，2015 年 6 月 5 日。http：//finance. sina. com. cn/world/20150605/220522362275. shtml。
② 伊拉克石油部长麦赫迪称，合理油价应当在每桶 70—80 美元。中国日报财经频道网站，2014 年 12 月 25 日。http：//www. chinadaily. com. cn/hqcj/zxqxb/2014 - 12 - 25/content_ 12942814. html。

些国家的产能有限，在没有沙特阿拉伯出手的情况下，并没有实施限产促价的能力。沙特阿拉伯面对美国等其他石油供给方的市场份额竞争，并不轻言合理油价水平，而是坚持不减产的政策。甚至从捍卫市场份额的利益出发，几乎把所有的剩余生产能力都投入了市场，致使国际油价在 2015 年 12 月下跌到每桶 30 美元左右的水平。其目的就是要通过发挥其级差地租优势，把以美国页岩油为代表的高成本石油挤出市场，从而捍卫自身的石油市场份额。尽管沙特阿拉伯也因石油地租减少而遭遇财政困难，但可通过抽回部分海外资产和经济政策调整进行应对。

第四节　石油经济面临的挑战

石油地租给西亚石油输出国的经济发展带来不少的优势，促进了这些国家的经济发展，但是也给这些国家带来经济发展的挑战。从动态的角度来看，不仅石油地租的优势不是一成不变的，而且仅仅依靠石油地租，也解决不了经济发展的所有重大问题。

一　技术进步挑战石油地租

"级差地租"法则并不是一种静态的法则，西亚石油输出国的"级差地租"优势也不是一成不变的，它有可能随着技术条件的发展而发生改变。马克思在论述"级差地租"时强调，级差地租是"以农业一定的发展阶段作为前提"的。"肥力虽然是土地的客观属性，但从经营方面说，总是同农业化学和农业机械的现有发展水平有关系，因而也随着这种发展水平的变化而变化。"① 显然，马克思已经清楚地看到科学技术改变级差地租的可能，强调了级差地租的格局可能由于技术条件的发展而发生动态性的改变。其实，石油地租的情形也是大致如此。作为最活跃的第一生产力，科学技术的发展，特别是石油勘探开发技术的发展以及管理的改善，会逐渐削弱西亚国家的级差地租优势。

20 世纪 80 年代中期开始的低油价时期，也是石油工业为回应低油价挑战而加快技术进步和迅速降低生产成本的时期。3 维和 4 维地震勘探技

---

① 中共中央马克思恩格斯列宁斯大林著作编译局编译：《马克思恩格斯选集》第 2 卷，人民出版社 1995 年版，第 548—575 页。

术的应用、新测井技术和控制设备以及可视性钻探设备的使用、水平钻井和定向钻井技术的应用、平台设计和建造技术的改进、计算机数据处理技术的应用、公司管理的改进，大大提高了石油勘探开发的效率，也提高了现有储量的回采率，对降低生产成本发挥了重要作用。英国石油公司的一份报告认为，1986 年以后，非欧佩克生产者大约只花费了 5 年的时间，就通过使用新技术降低生产成本，适应了低价格的市场新环境。[1] 美国莱斯大学贝克研究所的研究结果表明，在 20 世纪 80—90 年代，技术进步使美国的油气发现成本从每桶 15 美元当量下降到了每桶 5 美元。[2] 国际能源机构的一份内部报告引用美国能源情报署的观点认为，在以上同一时期，发现、开发和采油成本的降低综合在一起，使西亚以外地区的石油生产成本从每桶 20 美元下降到每桶 8—9 美元，而这种降低的原因就是技术进步，尤其是 3 维地震技术和水平定向钻井技术的使用。[3] 美国的页岩气和页岩油的崛起，就是 20 世纪 90 年代使用 3 维地震技术取得的突破性勘探成果。

实际上，本章表 5 - 2 仅仅显示了各地油田的边际生产成本，也就是各地生产成本最高的油田的成本，却不能反映各地低生产成本油田的情况，因而远非世界石油生产成本的全部图景。其实，随着技术进步和管理效率的提高，西亚地区以外的油田一直在通过改进技术和管理降低成本，提高市场生存和竞争能力。如今，美国页岩油开发的技术进步效应已开始显现，主要表现在单井产量快速上升。尽管美国页岩油的边际生产成本依然较高，但许多油田已可在每桶 40—50 美元价位生存。技术进步所导致的西亚与其他地区石油生产成本的差距缩小，意味着西亚国家的级差地租优势的逐渐缩小，在国际石油市场上面临着越来越激烈的市场份额的竞争，其获取石油地租收入的空间也因此而受到压缩。

二 油价波动影响经济稳定

由于西亚石油输出国经济严重依赖石油地租收入，因此国际石油价格的变化与这些国家的经济波动关系非常明显。沙特阿拉伯是一个比较典型

---

① 英国石油公司：《全球能源状况的变化和面临的挑战》，世界能源论坛，1998 年，第 3 页。

② 美国莱斯大学詹姆士·贝克三世公共政策研究所：《能源工业中的新技术及其对供应、安全、市场和环境的影响》，1999 年 3 月，第 3 页。

③ "World Oil Supply Outlook Through to 2010", For Official Use, International Energy Agency, Paris, 21 March 2000, p. 3.

的案例。经济增长随着石油这样一种单一原料产品的价格剧烈波动，是这个国家宏观经济的稳定和管理所面临的最大挑战。

从长期来看，在低油价周期，沙特阿拉伯的人均国民生产总值的增长就往往陷于停滞，只有国际油价提高后，人均国民生产总值才能恢复增长。为了排除通货膨胀因素的影响，我们可以参照 2014 年美元固定价格做以下观察：自从 1974 年第一次石油危机以来，国际石油价格一共经历过三次剧烈的周期性变化。第一次周期是 1974—1985 年的第一个高油价周期，每年油价均在每桶 50 美元以上，超过每桶 100 美元的高峰年为 1979 年和 1980 年，这两年的平均油价分别为每桶 103.37 美元和每桶 105.87 美元，而全周期 12 年的按年平均价格为每桶 70.39 美元。第二次周期是 1986—2004 年的低油价周期，每年油价均在每桶 50 美元以下，低谷为 1998 年，当年平均油价为每桶 18.47 美元，而全周期 19 年的按年平均价格为每桶 32.51 美元。第三次周期是 2005—2014 年的第二次高油价周期，每年的油价均在每桶 60 美元以上，超过每桶 100 美元的年份增多到 4 个，即 2008 年每桶 106.94 美元、2011 年每桶 117.09 美元、2012 年每桶 115.14 美元和 2013 年每桶 110.42 美元。2014 年虽然油价从下半年开始急剧下跌，有可能走向新的低油价周期，但全年平均油价仍然达到每桶 98.95 美元，仍属于高油价年份；全周期 10 年的按年平均价格为每桶 92.81 美元，大大超过了第一个高油价周期的水平。[1] 这种油价的周期性变化在沙特阿拉伯的人均国民收入变化中得到相应的反映。在 1996—2002 年低油价期间，按 2005 年美元固定价格计算的沙特阿拉伯人均 GDP 长期浮动在 11486 美元到 12183 美元之间，直到 2003 年伊拉克战争爆发导致国际油价上涨，才开始走上逐年增加的进程，到 2014 年达到 20944 美元。[2] 而 2004 年开启的新的国际低油价周期，很可能会重新开启一个人均国内生产总值大幅度下降并在较长时期内在低位徘徊的新周期。

从短期来看，国际油价的涨落也足以引起西亚石油输出国经济的剧烈

---

① 数据来源：Oil：Crude oil prices 1861 – 2014，*BP Data Workbook – Statistical Review* 2015，http：//www.bp.com/en/global/corporate/energy-economics/statistical-review-of-world-energy/downloads.html。1983 年以前（含 1983 年）价格系沙特阿拉伯塔努拉角阿拉伯轻油标价，1984 年以来（含 1984 年）价格系英国北海布伦特油价。

② 数据来源：The World Bank Data，http：//search.worldbank.org/data? qterm = per + capita + GDP + growth&language = &format = 。

起伏。以油价与 GDP 增长的关联性来看，形成了油价上涨则经济增速加快，油价下跌则经济增速减慢，油价稳定则经济增长乏力的局面。表 5-9 显示了这种明显的相关性。

表 5-8　　　　1987—2014 年油价变动与沙特阿拉伯的经济增长

年份	油价（2014 年美元固定价格）美元/桶	人均实际 GDP 增长（1987—1995 年按 1985 年美元固定价格，1996—2014 年按美元 2000 年美元固定价格）%
1987	38.42	-12.5
1988	29.86	4.4
1989	34.80	-2.7
1990	42.97	7.4
1991	34.77	0.8
1992	32.60	-2.4
1993	27.80	-1.4
1994	25.27	-4.2
1995	26.43	14.4
1996	31.19	0.8
1997	28.16	0.1
1998	18.47	0.3
1999	25.54	-3.2
2000	39.17	2.1
2001	32.68	-2.3
2002	32.93	-2.5
2003	37.09	4.5
2004	47.96	6.1
2005	66.09	4.3
2006	76.50	2.8
2007	82.65	3.3
2008	106.94	5.8
2009	68.05	-0.6
2010	88.31	2.2
2011	117.09	7.3
2012	115.14	2.9

续表

年份	油价（2014 年美元固定价格）美元/桶	人均实际 GDP 增长（1987—1995 年按 1985 年美元固定价格，1996—2014 年按美元 2000 年美元固定价格）%
2013	110.42	0.3
2014	98.95	1.2

数据来源：油价系英国北海布伦特油价，Oil：Crude oil prices 1861 – 2014，*BP Data Workbook - Statistical Review* 2015，http：//www. bp. com/en/global/corporate/energy-economics/statistical-review-of-world-energy/downloads. html；1987—1995 年人均 GDP 增长率摘自英国经济学家情报社 *Country Profile Saudi Arabia*，1993 – 1994 and 1996 – 1997；1996 – 2014 年人均 GDP 年增长率摘自 The World Bank Data，http：//search. worldbank. org/data？qterm ＝ per ＋ capita ＋ GDP ＋ growth&language ＝ &format ＝ 。

　　油价波动对于西亚石油输出国经济造成的影响还不仅是经济增长的波动。由于海湾国家往往在遭遇国际油价下跌、石油地租收入减少的时候，采用抽回海外资产的方法，来弥补国内开支的亏空，从而会导致其海外资产产生相应波动。这也是以上列表中个别年份油价变化与人均经济增长率变化略有年度间差异的原因。因此，20 世纪 80 年代中期到新世纪初的长期低油价造成了西亚国家海外资产的严重缩水。沙特阿拉伯货币局掌管的官方海外资产在 1982 到 1992 年期间，从 4729.3 亿美元减少到 2246.5 亿美元。科威特官方持有的海外资产，即由科威特投资办公室掌管的国家总储备金和全国投资局掌管的后代储备基金两大主权财富基金总额在 1990 年到 1997 年期间，从 1000 亿美元减少到 500 亿美元。[1] 在这一时期，伊朗和伊拉克的全部海外资产几乎用尽。直到 21 世纪以后，随着国际石油价格的恢复，西亚国家的海外资产规模才逐渐恢复起来。

三　石油地租难解失业困境

　　失业问题是西亚国家面临的一个日益严重的挑战，在人口较多的国家伊朗、伊拉克和沙特阿拉伯等国，显得更加突出。伊朗、伊拉克和沙特阿拉伯的失业率分别达到 10.3%、16% 和 11.6%。因为得不到就业机会等原因而生活在国际贫困线以下的人口比例在伊拉克于 2008

---

[1]　英国经济学家情报社：《1997—1998 年科威特国别概览》。

年高达 25%。① 失业问题对于青年人来说尤为严重，在伊朗 15—24 岁人口的失业率高达 28%。值得注意的是，从人口增长的动态来看，这些国家正处在就业压力的高峰期。根据人口学理论，这些国家的人口增长大致处在人口过渡的第二个阶段的后期，也就是高出生率和低死亡率的时期。人口增长率虽然总体上开始趋于下降，但下降并不稳定，与全世界相比，仍然处在较高的水平。根据世界银行发表的世界发展报告显示，② 2010—2012 年期间，世界年均人口增长率为 1.2%，而沙特阿拉伯为 2.8%，在叙利亚和伊拉克则为 2.6%，这就意味着在未来几十年之内，每年还会有大量的人口进入经济活动人口年龄。伊朗的同期年均人口增长率虽然已经下降到 1.2%，但在 20 世纪 70—90 年代人口增长速度较高时期出生的人口，目前已经进入就业年龄。因此，这些国家在很长时间内还会面临严峻的就业压力。失业问题的长期存在，不仅是经济发展问题，而且也极易引发社会动荡。

然而，可以产生大量石油地租的石油采掘业，却不可能为缓解失业问题做出直接的重大贡献。因为石油采掘业本身并不是劳动密集型产业，而且由于石油资源的有限性，其吸收就业的增长前景并不广阔。从表 5 - 9 的数据来看，伊朗和伊拉克包括石油工业在内的采掘业吸收的就业人数分别仅为 12.8 万人和 3.2 万人，只占这两个国家的全国劳动力人数的 0.6% 和 0.4%，其实是国民经济中创造就业数量最小的部门。因此，即便是进一步扩大石油天然气工业，缓解就业的效果也不会明显。

表 5 - 9　　　　　西亚石油输出国就业部门结构（千人,%）

国家	伊朗 2008 年		伊拉克 2008 年		沙特阿拉伯 2013 年		叙利亚 2011 年	
劳动力总数	22892	100	7606	100	11286	100	5816	100
采掘业	128	0.6	32	0.4	115	1	44	0.8
制造业	3512	15	369	5	640	6	702	12
农业	4344	19	1781	23	686	6	655	11
建筑业	2981	13	824	11	1732	15	762	13

---

① 美国中央情报局网站，The World Factbook，https：//www.cia.gov/library/publications/the-world-factbook。

② 世界银行：《2014 年世界发展报告》，第 296—297 页。

续表

国家	伊朗 2008 年		伊拉克 2008 年		沙特阿拉伯 2013 年		叙利亚 2011 年	
贸易维修	2791	12	1167	15	1588	14	823	14
交通运输	2067	9	608	8	425	4	324	6
政府和军队	1332	6	1003	13	1796	16	644	11
教育	1219	5	687	9	1244	11	—	—

数据来源：*The Middle East and North Africa* 2014，60th Edition，Routledge Taylor and Francis Group，London and New York，2013。

迄今为止，在伊朗和伊拉克这样的国家，最大的就业部门仍然是传统的农业。农业在伊朗和伊拉克的劳动力就业中所占比重分别高达 19% 和 23%。农业在叙利亚也仍是重要的就业部门之一。这些国家的其他就业主要依靠建筑业和贸易、维修、交通运输、政府和军队等部门解决。这样的就业模式在人口较少的情况下问题并不明显，但是随着人口和劳动力数量的急剧增长，以及就业需求的快速扩大，其扩大解决就业的局限性日益显现出来，特别是农业和政府、军队等部门的资源有限，不可能无限制地扩大吸收就业。

四　资源争夺引发地区冲突

由于石油资源可以带来大量的地租收入，因此过度依赖这种单一资源的国家，在特定情况下容易因分配这一资源产生冲突。1990 年伊拉克入侵科威特就是一个典型的案例。在 1980—1988 年的伊拉克与伊朗战争（也称两伊战争）期间，伊拉克的石油设施受到打击，其在海湾的石油外运通道也被封锁，因此无法出口石油。科威特和沙特阿拉伯等阿拉伯国家利用欧佩克分配给伊拉克的石油出口配额扩大了石油出口，并把因此获得的石油收入用于支持伊拉克。1988 年两伊战争实现停火后，伊拉克面临战后重建的巨大资金短缺，拒绝偿还因战争欠下的科威特和沙特阿拉伯的债务，并要求沙特阿拉伯、科威特等国减少石油出口，促进国际油价回升，以增加石油收入。在这些要求得不到满足的情况下，伊拉克于 1990 年 8 月出兵吞并了科威特。后经 1990 年 11 月联合国安理会第 678 号决议授权，以美国为首的联军发动海湾战争，把伊拉克军队赶出科威特。但伊拉克军队在 1991 年 2 月撤出科威特的时候，又把科威特的

700多口油井付之一炬。伊拉克自入侵科威特后即遭到国际制裁，在海湾战争期间包括油田在内的基础设施遭到联军轰炸，在战后被迫支付巨额战争赔偿，经济受到毁灭性打击，直到2003年美国发动伊拉克战争，推翻萨达姆政权之后，才开始艰难地进行经济重建，迄今石油生产能力还没有恢复到海湾战争前水平，国家也陷入了长期的民族和教派分裂局面。

第五节　克服地租经济的路径

尽管西亚石油输出国利用石油地租发展经济遇到一些挑战，但问题其实并不在于石油地租本身。石油地租只是一种客观存在，问题在于这些国家如何把握和使用石油地租，使其更好地服务于经济多样化的发展战略。为此，有必要从以下几个方面实施策略。

一　采取富有远见的市场战略

要想远离石油地租，仍需走近石油地租。因为，石油地租是西亚石油输出国唯一的资本积累手段，本是这些国家经济发展的一大优势，从长期来看，任何经济多样化战略的成功，都离不开石油地租的资金保障。西亚的沙特阿拉伯、伊朗、伊拉克和阿联酋等主要石油输出国，都是油气资源大国，确保国际石油市场对石油天然气的长期需求，从而可以长期获取石油地租收入，是这些国家的长期共同利益。伊朗和伊拉克的石油生产能力虽然目前还比较低，但其排位世界前列的油气资源储量决定，它们注定要在相当长的时期内把石油地租作为资本积累的基本来源。因此，这些国家的共同战略应当是通过维护石油输出国和进口国都可以接受的合理油价水平，以及加强与石油进口国的多方面合作，以石油出口国与进口国互利共赢的方式，确保国际石油市场对其石油出口的长期需求，同时也就是确保其市场份额的长期稳定。这样一来，尽管每桶石油的地租收入可能相对少一些，但石油地租的收入会具有更好的长期可持续性。相反，如果盲目追求过高的石油价格，则只能加速自身市场份额的丧失，加速石油能源被其他能源替代的进程。

表 5 - 10　　　　　2014 年西亚主要石油输出国石油储量和可开采年限

国家	探明石油储量（十亿桶）	世界占比（%）	可开采年限（年）
伊朗	157.8	9.3	119.6
伊拉克	150.0	8.8	125.1
沙特阿拉伯	267.0	15.7	63.6
科威特	101.5	6.0	89
阿联酋	97.8	5.8	72.2

数据来源：BP, *Statistical Review of World Energy* 2015，pp. 6 - 8。

二　发展劳动密集型的制造业

石油地租经济遭遇的挑战，问题并不在石油地租本身，而在于如何利用石油地租的条件，选择经济多样化的正确方向。西亚石油输出国迄今所选择的发展资本和能源密集型工业，以及可以发挥地缘经济优势的多种服务业的经济多样化方向，无疑是符合当地比较优势的。但正如前文所指出的那样，对于一些人口众多的地区大国而言，这样的多样化发展仍然难以解决日益严重的失业难题。关键的问题在于，工业制造业解决就业的潜力，在这些国家还没有很好发挥出来。伊朗、伊拉克、叙利亚等国资源比较丰富多样，劳动力人口多，成本较低，国内市场较大，也有一定的地区市场辐射力，具有发展工业制造业的良好条件，但劳动密集型的制造业比较薄弱，与世界上的新兴工业化经济体相比，制造业在国内生产总值中的占比还比较低。如表 5 - 9 所示，就制造业在全国就业结构中的比重而言，在伊朗仅占 15%，在伊拉克仅占 5%，尚远远不及农业部门。因此，大力引进适用制造业技术，发展劳动密集型的制造业和推动制造业的多样化，应当及时纳入这些西亚国家的发展视野。

三　进一步加强基础设施建设

工业制造业和服务业的发展都需要良好的基础设施条件支撑。然而，在西亚石油输出国中，除海合会国家以外，伊朗、伊拉克和叙利亚等国家的基础设施条件与世界其他国家相比，还有十分明显的差距。如表 5 - 11 所示，西亚一些大国的发电能力还比较低，2012 年伊朗、伊拉克和叙利亚的人均电力消费量远远低于中国、英国和韩国的水平。一些西亚大国的互联网的使用普及率也还比较低。2014 年伊朗、伊拉克和叙利亚每千人互联网用户均低于世界平均水平。就铁路总长来看，即便是西亚地区拥有最多铁路的石油输出国伊朗，其铁路总长也远远低于与之面积相仿的墨西哥和南非。因此，要加快工业化发展和服务业的发展，必须突破基础设施的瓶颈。

表 5 - 11 西亚部分国家基础设施状况与中国比较

国家	伊朗	伊拉克	沙特	叙利亚	阿联酋	中国
互联网用户（2014 年，户/百人）	39.4	11.3	63.7	28.1	90	49.3
人均电力消费（2012 年，度）	2762	1474	8405	1222	10463	3475
固定宽带用户（2014 年，户/百人）	9.5	—	10.4	1.7	11.5	13.6
铁路密度（2014 年，公里/万平方公里）	49	49	6.6	113	—	70

数据来源：世界银行网站，Data, Infrastructure, http://data.worldbank.org/topic/infrastructure.

四 采取适度的经济体制改革

加快工业制造业和服务业发展，改善基础设施，需要良好的投资环境，以吸引外国的投资和技术转移。海湾国家虽然经济自由化程度相对比较高，但仍然存在不少市场机制扭曲和政府对经济过度干预的现象，需要通过体制改革来加以纠正。这些问题主要表现在，某些产业的对外开放还受到比较严格的限制，不利于甚至不允许外国直接投资者进入。水、电、能源等价格还没有市场化，政府在减少价格补贴的问题上始终犹豫不决，始终背负着沉重的补贴负担。一些国家以行政手段干预劳动市场，强制推行劳动力本地化的政策。各国对外开放程度参差不齐，海湾国家普遍实行低关税政策，但在服务贸易方面仍然存在壁垒。例如，国际建筑工程承包商要在沙特阿拉伯获得项目，就必须出资邀请当地的担保人。伊朗、叙利亚等国的货物贸易关税壁垒还远远高于世界的平均水平。根据世界银行2010 年出版的世界发展指标显示，当年世界平均关税水平为 8.8%，而同年伊朗的关税为 24.8%，叙利亚的关税水平为 14.7%。① 伊朗迄今还没有加入世界贸易组织等。

---

① 世界银行：《世界发展指标 2010》，中国财政经济出版社 2010 年版，第 379 页。

第六节　中国可以扮演的角色

中国与西亚石油输出国的经贸关系，随着双方能源联系的加强而不断扩展，迄今中国已经成为该地区许多国家的第一大经贸伙伴。中国在西亚地区的经济存在，无论对于西亚石油输出国维护石油地区利益，还是对于推进工业化进程和加快基础设施建设，都是一个积极的重要因素。双方互利双赢和共同发展的前景广阔。

一　能源安全的战略伙伴

西亚国家的石油出口市场安全离不开与中国的合作。就当今的国际石油市场趋势而言，已经形成 3 大供求板块。[①] 美国和欧洲的主要石油进口国从 20 世纪 70 年代起实施进口来源多样化战略，除加快自身能源独立进程以外，在过去 40 年间已经把主要石油进口来源从西亚转移到其周边的加拿大、墨西哥、中亚、俄罗斯、北非等地，从而形成美洲板块和欧洲—中亚—地中海板块，对西亚国家的石油进口大大减少。唯有东亚地区因自身石油资源有限，且因西亚地区石油资源丰富、运输便利，而主要依赖来自西亚地区的石油进口，从而形成国际石油市场的第三大板块，即亚洲板块。2014 年下半年以来国际石油市场上掀起的石油出口国对市场份额的激烈竞争，以及 2016 年伊朗在解除国际制裁后重返国际石油出口市场以及伊拉克石油出口能力迅速上升的趋势，进一步凸显了西亚石油输出国巩固东亚市场，特别是中国市场的紧迫性。中国虽然也采取石油供应来源多样化战略，但受供应方产能和运输条件的制约，很难彻底改变对西亚石油供应的依赖。因此，中国与西亚石油输出国注定要在很长的时期内在石油供求方面相互依靠。在很大程度上，西亚国家的石油出口安全要依靠中国的需求实现，而中国的石油进口安全则要依靠西亚国家的稳定供应实现。中国的石油进口安全和西亚国家的石油出口安全恰如一个硬币的两面，双方同处在一个能源安全的共同体之中，中

---

① 关于国际石油市场板块化的详细论述，参见 Yang Guang, Structural Change in the International Oil and Gas Markets and its Impact on China-GCC Relations（Tim Niblock and Yang Guang, *Security Dynamics of East Asia in the Gulf Region*, Gerlach Press, Germany, 2014, pp. 137 – 150）。

国同西亚国家是能源合作的战略伙伴。

二 贸易条件的关键支柱

所谓贸易条件，指的是出口物价指数与进口物价指数的比较，以贸易条件指数或"进出口比价指数"为测定指标，其计算公式为：进出口比价指数＝出口物价指数/进口物价指数。如果出口货物的单位价格上升比进口快，则出口同样多的商品可以交换到更多的进口货物，贸易对本国有利，实际上意味着国外的财富向本国转移；反之，如果出口货物的单位价格上升慢于进口，则出口同样多的商品只能交换到更少的进口货物，贸易处于不利的地位，实际上意味着国内的财富向国外转移。因此，贸易条件有利与否，是一个国家的经济发展的重要外部条件。21 世纪以来，中国在国际市场大量购买初级产品，到 2013 年为止已迅速成长为世界第一大石油进口国。与此同时中国大量销售工业制成品，迅速成长为世界最大制造业产品出口国，从而有力支撑了国际市场上包括原油在内的初级产品的价格，牵制了国际市场工业制成品价格的上涨，对于改善石油输出国的贸易条件，做出了显著的贡献。

西亚石油输出国实际上是中国这一贡献的明显受益者。根据 BP 的统计数据，从 2003 年至 2014 年，世界石油进口总额从每日 4672.5 万桶增加到 5673.6 万桶，增量为每日 998.4 万桶；同期中国的石油进口量从每日 260.7 万桶增加到每日 754.0 万桶，增量为每日 493.3 万桶，[①] 中国占世界石油进口增量的 49.4%，是国际石油价格最关键的支柱。与此同时，中国又是国际市场上制造业产品的最大卖家。根据中国社会科学院工业经济研究所 2014 年发布的《产业蓝皮书：中国产业竞争力报告（2014）No. 4》，中国是 21 世纪以来对世界制造业产品出口增长贡献最大的国家。中国总出口在国际市场的占有率在 21 世纪先后超越英国、法国、日本、德国和美国，2013 年已占世界货物贸易出口总额的 11.75%，成为世界最大的制造业产品出口国，而中国出口总额的 90% 以上都是制造业产品。[②] 低成本的中国工业制成品大量进入国际市场，对于国际制成品价格的上升形成极大牵制。据世界贸易组织公布的数据，从 2000 年到 2012 年，世界燃料价

---

① BP, *Statistical Review of World Energy* 2015, p. 18。

② "中国总出口赶超美国，制成品国际占有率达 17.4%"，人民网，2014 年 12 月 29 日。

格上涨了将近 4 倍，而同期工业制成品的价格仅仅上升了 20%。① 西亚石油输出国作为石油出口者和制成品进口者，其贸易条件因此获得了明显的改善。

表 5 - 12　世界银行公布的 2013 年国别贸易条件指数（2000 年为 100）

伊朗	190.3	沙特阿拉伯	214.7
伊拉克	222.0	叙利亚	148.4
科威特	222.8	阿拉伯联合酋长国	185.4
阿曼	240.4	中国	74.8
卡塔尔	219.7	美国	95.3

数据来源：http：//www. data. worldbank. org/indicator/TT. BRI. XD. WB。

三　多样化战略的合作伙伴

西亚国家的经济多样化战略，说到底是摆脱对于石油单一初级产品的过度依赖，实现产业结构的多样化，特别是加快工业化的发展。在这方面，中国是西亚国家理想的合作者。

首先，中国可以与西亚国家开展石油天然气下游领域的合作。在国内和国外发展炼油、石化等石油天然气工业下游产业，是西亚国家工业化发展中的重要路径。中国在此方面，不仅有比较先进的技术可供转移，而且有庞大的市场作为后盾，因而合作领域十分宽广。21 世纪以来，西亚国家已在中国投资兴建多个合资炼化项目。福建省的精炼和石油化工合资项目（中石化占股 50%，沙特阿拉伯石油公司占股 25%，埃克森美孚公司占股 25%）于 2009 年开始投产。天津市的中石化和沙特基础工业公司联合投资 25 亿美元乙烯项目（中石化占股 50%，沙特基础工业公司占股 50%）于 2009 年建成。目前在中国的建设中项目还有科威特国家石油公司和中国石化在广东省建造的 50 亿美元的合资项目，计划年精炼 1500 万吨原油，生产 100 万吨乙烯；中石油（51%）、卡塔尔国际石油公司（24.5%）和壳牌公司（24.5%）在浙江省投资 117 亿美元建造的合资项目，预计年精炼 2000 万吨原油，生产 120 万吨乙烯。从 21 世纪第二个十年开始，中国的石油企业也开始在西亚国家直接投资兴建石油工业下游产业。中石化

---

① WTO, *World Trade Report* 2013, p. 66, http：//www. wto. org。

集团与沙特阿美石油公司分别持股 37.5% 和 62.5% 的股权，在沙特阿拉伯的延布市合资建设的延布炼厂于 2011 年签约，2016 年 1 月正式投产。该项目使用世界领先的炼油技术，年石油加工能力为 2000 万桶，汽柴油产品可以满足美国标准和欧 5 标准。

其次，中国与西亚国家开展产能合作的潜力巨大。由于国内市场饱和和国内劳动力成本上升，中国的光伏、风能、钢铁、有色、建材、化工、轻纺、家电、汽车、工程机械等诸多产业存在大量剩余产能和成熟技术，可以以直接投资为载体，向国外转移。中国的核能技术也已经开始走出国门。这些产业和技术基本上都是西亚国家所需要的产能，而且可以在西亚国家获得发展的比较优势。我国企业在西亚国家已经投资兴建水泥厂、玻璃厂、汽车组装厂等一批项目并取得成功，表明了开展产能合作的可能。因此，根据各国不同需要，在这些领域加快实现中国对西亚国家的大规模技术转移，可以为双方经济合作开辟一个互利双赢和共同发展的新境界。

四　基础设施的建设者

中国可以在西亚国家改善基础设施方面发挥重大作用。中国如今已经成为基础设施建设的一支举世瞩目的力量。多年来，在美国《世界工程记录》杂志每年评选的国际建筑工程企业 225 强之中，中国企业的数量都占到大约 1/4。中国的建筑工程承包企业依靠低廉的成本、勤劳的员工、严格遵守工期、保障工程质量，以及不断提升项目设计和设备供给能力，已经发展成为西亚地区建筑工程承包市场的强有力竞争者，中国的建筑工程承包企业已经可以承包任何类别的基础设施建设工程，而且其承包工程的形式也早已告别了只能当分包商的昨天，EPC 总承包，以及 BOT 等集建筑、投资、管理于一体的综合性承包项目日益增多。从 2002 年至 2011年，中国建筑工程承包企业在西亚地区实现的年营业额从 8 亿美元增加到 129 亿美元，年增长率达到 36.3%。[①] 中国的华为等电讯企业也已经进入西亚多个国家的市场。

---

① 国家统计局贸易外经统计司：《中国贸易外经统计年鉴》，中国统计出版社 2003—2012 年版。

第七节　结论

西亚石油输出国代表了发展中国家的一种类型。这类国家依靠其独特的石油地租优势，加速实现资本积累，弥合生产要素缺陷，推动产业结构的转型升级，形成政府主导的体制，并且在国际石油市场发挥重要影响，形成了独具特色的发展模式，取得了显著成就。但是，这种发展模式的缺陷也暴露得十分明显，特别是石油市场竞争对手的技术进步对石油地租的挑战，国际石油市场波动对经济稳定的冲击，同时在解决日益严重失业等问题上束手无策，对单一资源的过度依赖甚至导致地区冲突等。克服这些缺陷的路径在于，采取富有远见的石油市场战略，重视发展劳动密集型的制造业，进一步加强基础设施建设，采取适度的经济体制改革。中国可以通过在能源安全合作、贸易条件支持、产能合作伙伴和基础设施建设等方面发挥作用，与西亚石油输出国实现互利共赢和共同发展。

（杨光）

第六章　依附论与非洲区域一体化建设

第一节　依附论对非洲经济发展的影响

非洲的经济发展是一个长期没有得到成功解决的问题。尽管非洲国家自从独立以来，进行了不懈的探索，但各种尝试并没能给非洲国家带来持续的经济发展，非洲至今仍未摆脱贫困和不发达的状况。究其根本原因，非洲国家始终未能找到一条适合非洲实情的发展道路。尤其是非洲国家在选择发展战略、制定发展政策等方面，一直缺乏正确的理论和思想的支撑。与马克思主义有密切关联的依附论，曾对非洲国家的经济发展的实践产生过重要影响，但它终因脱离非洲实际，未能使非洲国家摆脱贫困落后的局面。虽说 21 世纪第一个十年非洲经济开始步入快速发展轨道，但在探索非洲发展道路上仍面临着诸多的困难与挑战，也折射出不少引人深思的问题。因此，未来非洲国家应如何实现持续的经济发展，不仅需要深入的现实研究和探索，还需要对各种理论进行反思，正本清源。

一　"依附论"的主要思想内涵

20 世纪 60 年代末，西方现代化发展理论在发展中国家的实践中暴露出了种种弊端和局限性，发展经济学家们开始反思，寻找新的理论突破。拉美等发展中国家的经济学家们试图用马克思主义经济学的基本观点和分析方法批判西方现代化发展理论，探讨发展中国家的经济发展问题。他们从分析发展中国家的历史和现状的关系入手，寻求导致发展中国家欠发达的原因和过程，以及如何摆脱帝国主义控制，走自力更生发展民族经济的独特道路。在这个基础上逐渐形成了一种发展理论——"依附论"。从依附论的产生和发展来看，它是一批分散于各地、基本观点相似的学术代表对欠发达国家依附问题进行诠释并探讨对策的多种理论的总称。其基本观点和基本概念的相似性表现在：都对西方现代化理论持批评态度；都使用"中心""外围"和"依附"这几个基本概念来描绘发达与欠发达国家的关系；反对西方现代化理论仅从社会内部分析欠发达国家的落后，主张应从发达国家对欠发达国家的剥削和控制和后者对前者的依附中去诠释后者欠发达的原因；认为发达和欠发达是经济剩余转移过程的两个不同结果，"中心"的发达导致了"外围"的欠发达；批判西方现代化理论推崇的发展模式，指出西方化过程正是欠发达国家被纳入不平等的世界政治经济体系的过程，西方化和依附化相辅相成。[①] 由于依附论是一个理论集群，学派较为松散，因而在分析方法、强调程度和政策意蕴等方面存在明显差异，彼此分歧很大。根据不同的标准可将依附论分为多种流派。当前，多数学者将依附论分为正统依附论、改良依附论、激进依附论三个流派。正统依附论反对仅从外部分析依附现象，力图证明不改变国内结构和对外关系就无法改变对中心国家的依附，对依附的成因认识逐渐深化，巴西学者桑托斯是正统依附论的代表。改良依附论认为，发展和依附同时并存而不是相互排斥，应积极利用与资本主义世界经济体系的联系来为本国发展服务，巴西的卡多索和智利的法莱托是改良依附论的主要代表。激进依附论学派认为，欠发达是资本主义体系造成的，根源是卫星国和宗主国之间的经济关系，出路是与资本主义脱钩，走独立自主的发展道路。德裔的安德烈·冈德·弗兰克和埃及的萨米尔·阿明是激进学派的主要代表。尤其是非洲本土学者萨米尔·阿明的理论主张对非洲经济发展产生了重要影响。

萨米尔·阿明，1931年9月4日生于埃及首都开罗。先后分别于1952年及1956年毕业于法国巴黎政治学院及法国百丽大学统计学研究所。1957年获得经济学博士学位。曾担任埃及经济发展组织的高级经济学家、马里政府计划经济及顾问、联合国非洲经济开发与计划研究所所长、联合国未来非洲战略局负责人，也曾在法国的普瓦蒂埃大学和巴黎大学、塞内加尔的达喀尔大学教书。阿明的著述颇丰，主要有：《世界范围的积累》（1970）、《不平等的发展》（1973）、《帝国主义的危机》（1975）、《脱钩，为了走出世界体系》（1985）、《欧洲中心论批判》（1988）、《世界一体化的挑战》（1996），等等。其代表作为《世界规模的积累》《不平等的发展》等。

---

① 张秀霞：《依附论发展的再思考》，《社科纵横》2012年第8期。

（一）"中心"国家通过不平等交换使"外围"国家处于依附地位

《世界规模的积累》是阿明依附论的奠基之作。在此书中，阿明对"依附论"进行了精心构建和系统阐述。他通过对李嘉图以来的各种经济理论的扬弃，并把"外围"的剩余价值外流与马克思主义关于资本原始积累的理论相结合，为其"依附论"的创立奠定了理论基础。① 阿明认为，当代资本主义世界是由"中心"和"外围"两种"社会经济形态"构成的体系。在这个世界体系中，发达国家是"中心"，发展中国家是"外围"。当代资本主义再生产主要由"出口部门""群众消费部门""奢侈消费部门"和"设备部门"四个部门构成。"中心"进行的资本主义再生产主要由"群众消费部门"和"设备部门"构成，进行的是"自主中心积累"，具有自身动力；而"外围"进行的主要是由"出口部门"和"奢侈消费部门"构成，具有明显"外向积累"的资本主义再生产。因此，"外围"必然依附于"中心"。这是因为：第一，"外围"国家的资本主义发展模式是从外部引进的，是"中心"国家通过殖民统治强加给"外围"国家的，这导致"外围"国家的前资本主义生产方式畸形发展，不可能朝真正成熟的、独立的民族国家的方向发展，只能形成受外国垄断资本支配的"封建领土"和"买办资产阶级"，以及为外国垄断资本直接或间接服务的行政机构。它决定了"外围"国家的资本主义发展模式"受统治着它们的'中心'资本主义发展模式的积累规模所支配"。第二，世界范围的积累是当代资本主义体系形成的原因，而不平等交换是"外围"依附于"中心"的基础。"中心"国家为追求高额利润和阻止利润率的下降向"外围"输出资本。"外围"国家吸收资本后，囿于国内狭小的市场规模，只好发展原料生产，迎合国际市场需求。在国际市场上，由于生产率的低下，与高生产率的"中心"国家相比，"外围"国家总是处于不平等的交换地位。结果，世界范围的积累虽然缓和了"中心"国家由于国内利润率下降而引起的生产与消费的矛盾，加快了资本的繁衍，但同时也诱发了财富上的两极分化，并且财富日益向"中心"集聚，"外围"国家愈发贫穷。第三，国内市场侧重于满足奢侈消费品需求，是"外国"难于摆脱依附"中心"的重要内部原因。阿明认为，一旦出口部门扩张到一定的规

---

① ［埃及］萨米尔·阿明：《世界规模的积累》，杨明柱、杨光、李宝源译，社会科学文献出版社 2008 年版，第 463 页。

模，国内市场就开始形成。但与"中心"相比，"外围"国家的国内市场相对地不偏好"群众"消费品而侧重于"奢侈"品的需求。这些奢侈品主要是为与垄断资本有密切关系的大庄园主、富农、商业买办资产阶级、国家官僚服务的。广大农民、工人等社会阶层由于工资低，"群众"消费需求很小。这就决定了"外围"国家的资本主义再生产缺乏自身动力，只能依附于"中心"国家资本主义再生产的发展。① 总之，对世界规模的积累的分析表明，这种积累总是对中心有利：不是"中心"国家向"外围"国家提供资本，而是相反。这就说明了后者的"滞阻"，说明了"欠发达的发展"。由此可见，外围国家只有走出世界市场，发展才能成为可能。②

（二）提出"脱钩"发展战略，倡导社会主义

阿明在《自力更生与国际经济新秩序》一文中指出，"外围"国家的发展要经历殖民主义、替代进口工业化、"外围"真正自力更生三个历史发展阶段。阿明指出，第一阶段是以资产阶级领导的民族解放运动的胜利而告终。第二阶段的进口替代工业化，往往是从发展耐用消费品开始，而群众消费品的生产有意地被延迟。这种工业化结构不仅使群众日益贫困，而且使少数特权阶层的财富急剧增加，更加偏好"欧洲式"的消费方式。它必然导致"外围"国家的再生产永远缺乏自身动力，而助长外部动力持久不衰。与此同时，"外围"国家要发展耐用消费品，就需要"中心"对其进行密集型的资本投资和技术支持，从而加剧了对"中心"的依附，不可能形成自力更生的经济基础。阿明指出，在第二阶段"外围"资产阶级因采取替代进口的工业化而改变了其与垄断资本之间关系的性质，从而失去了其第一阶段，即在争取民族解放运动中表现出来的"民族性"特征，成为帝国主义的"附庸"，走向"买办化"。因此，第二阶段仍是第一阶段的"延续"。为此，阿明主张，"外围"国家的出路在于断绝与"中心"国家的经济联系，即"放弃供应地方市场的奢侈品的生产和输出，大力发展群众消费品和装备部门的生产"，才能改变和摆脱"外围"对"中心"的依附困境，走向真正的自力更生。阿明在《不平等的发展：论外围资本主义的社会形态》一书中指出，"外围国家摆脱中心国家政治统治的每一

---

① 陈谷谈：《萨米尔·阿明和他的依附论》，《世界经济》1980 年第 7 期。

② ［埃及］萨米尔·阿明：《世界规模的积累》，杨明柱、杨光、李宝源译，社会科学文献出版社 2008 年版，第 83 页。

个行动都导致冲突，而令人考虑到社会主义前景的必要性"。他认为，在全世界范围内设想的过渡必须以外围的解放作为前端，真正的发展（而不是"不发达的发展"）应该是民族的、民主的和社会主义的。为此，阿明指出了"外围"摆脱依附，走向社会主义的"脱钩"战略。具体路径涉及三个层面的内容：（1）选择以本国资源为基础的自力更生的发展战略；（2）优先考虑第三世界国家间的经济合作与一体化，增强集体自力更生能力；（3）努力提高原材料价格，控制自然资源，确保第三世界国家的[①]制成品能够进入发达国家的市场，加快技术转让等，并在此基础上建立一种新的国际经济秩序。[②]

阿明由此得出结论，当今时代资本主义的主要矛盾已不再是"中心"地区的资产阶级和无产阶级之间的矛盾，而是"中心"垄断资本联合"外围"地区的官僚买办阶级，压迫和剥削"外围"地区的广大劳动群众：无产阶级、农民和小资产阶级，从而形成在世界范围内的剥削者和被剥削者之间的矛盾和冲突。这决定了"外围"的民族解放运动必然发生。其目标不仅是政治上的独立，而且是经济上的解放。其主要敌人不仅是国际资产阶级，而且还包括本国的大资产阶级。在正常情况下其归宿是转变为社会主义革命。阿明还断言，社会主义革命是从资本主义的"外围"开始的。"外围"的社会主义革命已被提到历史日程上来。在背景下，阿明指出，"外围"国家的经济发展必须遵循以下五项原则：第一，必须在农民自愿的基础上，进行第二次彻底的土地改革，使农业生产朝着对农民有利的方向发展；第二，实现旨在推动农业发展的工业化；第三，要使收入相对平均，以满足人民的基本需求和扩大再生产；第四，将现代技术与传统技术结合起来，以减少开支；第五，尽最大可能在政治经济上对外部世界保持独立自主地位，既不排外也不媚外。[③]

（三）关于非洲的不发达问题的论述

萨米尔·阿明是非洲土生土长的经济学家。他根据"依附论"对非洲国家的政治经济发展进行了深入分析后指出，非洲经济灾难的根源是资本

---

① ［埃及］萨米尔·阿明：《不平等的发展》，高铦译，商务印书馆2000年版，第1页。
② ［埃及］萨米尔·阿明：《自力更生与国际经济新秩序》，高铦译，《西亚非洲》1981年第2期。
③ ［埃及］萨米尔·阿明：《第三世界的发展战略研究》，该论文系唐宝才根据作者于1980年9月28日在北京的报告整理完成，《西亚非洲》1981年第2期。

主义的全球扩张。非洲国家大多属于"外围"国家，它们从 19 世纪起就被迫卷入资本主义体系范围。非洲国家独立以来一直延续着殖民主义统治时期的老路，依靠外国的资金和技术，生产国际市场所需的农矿初级产品。这种单一的、外向型的发展道路不可能使非洲国家摆脱对外界的依附，实现真正的经济独立。他断言，至今还处于依附地位的非洲国家不会出现一种成熟、自主的资本主义前景；即使某些国家建立了某种"国家资本主义"，也不过是一种改变了形式的"殖民依附"关系；即使这些国家的经济有所增长，实现了"工业化"，也只是"有增长无发展"的典型，在这方面产油国就是一个很好的例子。[①] 因为这种发展进一步加深了社会的不平等和对外国垄断资本的依附，离经济的独立自主发展越来越远。实际上，这种工业化把从中牟取利润的本地资产阶级和提供先进技术及资金的外国人结合起来，而这些外国资本家给本地资产阶级提供了西方的消费模式和西方文化"代用品"的翻版。因此，非洲"外围"国家战后的"工业化"带来的不是发展，而是依附，使非洲国家的经济困难越来越严重。一直被我们称作第四世界的非洲，被指定在资本世界化的新阶段上被边缘化。阿明在《全球资本主义中的撒哈拉以南非洲》一文中指出，"大约占世界总人口 10% 的非洲地区只占世界贸易总额的 3%，全球国内生产总值的 1%，有一半的非洲人生活在赤贫状态。在可预见的未来，若设想资本主义的发展会改变这种状态成了无稽之谈"[②]。要解释整个非洲的失败，需要分析内部特殊环境和世界资本扩张的必然结果之间所有的复杂的相互影响；应考虑殖民的责任和由领导阶层与新殖民主义联合执政的殖民方案的延续的责任，并且要关注帝国主义的全球地理战略。[③] 尤其是非洲领导层应在谁导致非洲大陆经济衰退的问题上负起自己的责任，尤其是当他们违背人民的意愿列身于新殖民主义阵营的时候，他们也由此造成了非洲的脆弱。作为帝国主义的全球化战略的有机组成部分，经济结构调整只能使非洲退化至贫困化和更严重的边缘化。社会交替仍然存在，尽管实现交替条件的过程是

---

①　[埃及] 萨米尔·阿明：《非洲沦为第四世界的根源》，何吉摘译，《国外理论动态》2003年第 2 期。

②　[美] 约翰·索尔、科林·利斯：《全球资本主义中的撒哈拉以南非洲》，美国每月评论出版社，1999 年第 3 期。

③　[埃及] 萨米尔·阿明：《世界一体化的挑战》，任友谅等译，社会科学文献出版社 2003年版，第 220 页。

困难的。关键是在非洲国家的层面建立一个名副其实的人民民主的民族阵线，在世界范围内建设一个多极世界，以便减轻受压迫的状态。①

非洲国家必须打破帝国主义所强加的不平等国际分工，自主中心发展民族经济才是非洲国家经济发展的唯一出路。

二 "依附论"对非洲经济发展产生的影响

阿明的上述分析对长期遭受帝国主义、殖民主义压迫和剥削，渴望得到真正独立的非洲国家和人民很有吸引力，因而在不少非洲国家的经济发展战略和政策中产生了重要影响。他对非洲经济发展开出的加强国家干预、实现工业化的发展模式等药方，与"非资本主义道路"思想在很多方面异曲同工，产生的影响有许多相似之处。

（一）社会主义的实践：从兴盛到衰落

非洲国家独立之初，资本主义和社会主义的矛盾日益尖锐，形成东西方两大阵营的日益对立，非洲国家不可避免地成为两大阵营激烈争夺的对象。苏联为与美国等西方国家争夺非洲，提出了"非资本主义道路"理论，试图以此将非洲国家作为同盟军拉入社会主义阵营；阿明的依附论指出"不发达国家只有坚持社会主义目标，不断完善过度结构，才能在全世界范围内实现过渡，才能彻底摆脱发达国家的控制和剥削，走上真正独立自主发展的道路"。以上两大理论殊途同归的主张，与非洲国家领导人向往当时经济迅速发展、社会长期稳定、人民生活水平显著改善的社会主义国家的热烈向往高度契合，结果有近半数的非洲国家先后公开而明确地宣称奉行社会主义。② 尽管非洲社会主义形式多样，流派纷繁，但发展模式多以高度集中的计划经济为共同特征。从非洲国家的社会主义的实践来看，虽然在某些部门和领域取得一些成就，但总体而言，没有一个非洲国家实现达到高速发展、赶上发达国家的预期目标，也没有一个国家真正改变了贫穷落后的经济面貌，人民生活水平也没有普遍提高。对比非洲国家独立后50多年的经济发展轨迹，不难看出，当初选择以社会主义为发展方向的非洲国家其经济发展速度没有比走资本主义道路的非洲国家快，遇

---

① ［埃及］萨米尔·阿明：《世界一体化的挑战》，任友良等译，社会科学文献出版社2003年版，第227页。

② 唐大盾等：《非洲社会主义：历史·理论·实践》，世界知识出版社1988年版，第1页。

到的经济困难要严重得多，其至有的国家还比实行社会主义前还要倒退，更加贫穷。究其原因，非洲国家的社会主义实践超越非洲国家生产力水平，没有客观的物质基础。终因苏联的解体而几乎都放弃社会主义回归资本主义。据调研分析，目前非洲 54 个国家中只有坦桑尼亚一国奉行的是所谓的社会主义制度。

（二）进口替代战略导致非洲经济内向化、边缘化

众所周知，非洲国家赢得政治独立后，有着十分强烈的经济独立的发展愿望。非洲国家为保护民族经济的发展，摆脱外国资本的剥削与控制，减少对资本主义世界的依赖，大多采取了优先发展进口替代工业为主要内容的经济发展战略。其渊源不仅有苏联工业化模式的示范效应，也离不开阿明依附论的政策诱导。进口替代工业化的重要措施包括实行进口限额、进口许可证、外汇管制、关税和非关税壁垒。尤其是货币高估政策和复合汇率制度，客观上限制进口，鼓励出口。实践表明，进口替代工业化发展战略在非洲并没有得到成功可行的验证，因为该战略是一种以国内市场为目标的内向型的发展战略。而非洲国家不仅经济落后，居民购买力低，而且国内市场狭小，市场极易饱和，导致该战略缺失推动经济发展的持续动力。更为重要的是，实行进口替代的非洲国家大都实行国有化和限制外资等保护性政策，导致许多企业逐渐丧失市场竞争意识，盲目追求"保护利益"，从而阻碍新技术的推广、经营管理水平的提高，影响企业的应变能力和产品的国际竞争力，最终导致企业经济效益低下，缺乏活力。更为重要的是，由于实行保护政策，实际上使非洲国家处于封闭状态，在某种程度上阻隔了国内外两个市场的有机联系。这既不利于国内外经济技术的交流，也不利于外资的引进与利用。特别是伴随经济全球化的纵深发展，非洲经济逐渐滑向世界的边缘。同时，进口替代的初衷是为了节约外汇，弥补国际收支逆差，但实际上随着进口替代工业的发展，非洲国家的机器设备、生产技术、原料和零配件的进口大幅度增加，产品出口份额却由于缺乏竞争力，销售渠道不畅而逐渐萎缩，最终导致非洲国家的国际收支日趋恶化。总之，长期实行进口替代，先进技术不易推广，生产成本难以降低，生产效率难以提高，最终导致非洲国家经济失去活力，进口替代最后成为了保护落后的代名词。

（三）地区一体化应对全球化：从集体自力更生向与国际协调并重

非洲地区的一体化起源于 20 世纪 60 年代，其理论基础和指导思想首

推具有鲜明"非洲一体性"特征的泛非主义。在泛非主义思想指导下，20世纪70年代的非洲地区一体化蓬勃发展阶段。1973年第十届非统首脑会议通过的《关于合作、发展和经济独立的非洲宣言》第一次明确提出"集体自力更生"的方针。在该宣言的鼓舞下，非洲的经济一体化组织日益增多，非洲现有的经济一体化组织大多是该时段成立的。

在此需要指出的是，20世纪70年代，非洲地区一体化的蓬勃发展也离不开萨米尔·阿明依附论的推动。以阿明为代表的依附论激进学派，主张自力更生和集体自力更生来发展本国及非洲大陆的经济理论在非洲国家中产生了相当大的影响，成为推动地区经济合作和要求建立国际经济新秩序的论据。他的观点在非非首个自己制定的经济发展规划——《拉各斯行动计划》中得到充分的反映。《拉各斯行动计划》不仅提出了消除贫困和普遍改善人民生活水平，通过生产规模的扩大和经济的多样化来增加生产，实现长期持续发展，促进非洲单个国家和非洲大陆集体自力更生的三项中心任务，还规定了到2000年实现全非经济一体化的远景目标。经过30多年的发展，到20世纪80年代非洲地区合作组织已经达到200多个。目前，除少数解体与合并、个别不大起作用外，大多数组织都为非洲经济发展做出了或多或少的贡献。

但是，由于《拉各斯行动计划》的理论支撑是外因决定论的依附论，导致非洲国家将非洲经济不发达主要归结于不利的外部条件，虽然非洲国家也承认政策失误和结构性缺陷，但仍认为外部因素起了决定性作用，继续奉行与进口替代发展战略一脉相承的独立自主的指导思想。二者都倾向于内向的发展，只是把内向空间由单个国家扩大到整个非洲大陆，从单纯追求工业化变为全面探索社会经济的综合发展；由于对非洲经济发展所处的国内和国际环境估计不足，对改变畸形经济结构看得过于简单；由于设定的规模过于庞大、目标过高且脱离实际，拉各斯行动计划并未得到真正的贯彻，后被1991年6月出台的《阿布贾条约》取代。《阿布贾条约》计划在以往努力的基础上，分6个阶段历时34年，最终计划于2025年建立"非洲经济共同体"（AEC）。

世纪之交，非洲国家领导人对非洲在全球化趋势下不断被边缘化的地位进行了历史和现实原因的全面反思。非洲国家认识到，《拉各斯行动计划》的失败，就是过于强调非洲内部的力量，过于排斥国际市场的作用，内向式的发展道路无助于非洲的发展。在经济全球化日益加深的时代，加强非洲国家间的合作固然很重要，但这种区域性经济合作因受互补性差的制约根本无法取代与世界各国的广泛交往，应注意非洲地区发展应与全球发展相协调。于是，2001年，非盟出台了自主发展与国际协调并重的《非洲发展新伙伴计划》（NEPAD）。《非洲发展新伙伴计划》以地区一体化组织为实施依托，在立足自主发展的同时争取国际社会配合，为未来非洲经济振兴带来希望。

三　阿明"依附论"的历史评价

　　阿明作为全球化和发展经济学研究领域的著名专家，在发展经济学的研究上享受显著的学术地位，做出过突出贡献。其依附论从历史发展的角度出发，探讨了非洲国家不发达的根本原因，提出的"中心"与"外围"的结构模式，分析了世界范围内价值转移的运行机制，无情地揭露了帝国主义乃至当今欧美发达国家、国家垄断资本利用不公正、不合理的国际分工和国际经济秩序对非洲国家进行压榨和剥削的实质，为包括非洲国家在内的第三世界国家不发达问题提出了可资借鉴的理论和方法，成了马克思列宁主义关于帝国主义理论的新的重要补充和有机组成部分。这是"依附论"最大的理论成就，也为研究非洲不发达状态开辟了一条新的思路。从价值取向上，依附论倾向于社会主义道路，为非洲国家探索适合自己国情的发展道路提供了借鉴。同时，阿明在分析非洲不发达生产时，关于非洲国家国内市场相对侧重奢侈品的需求而不偏好大众消费品需要的观点，有助于我们认识非洲生产与消费结构的特点，以及其生产与消费结构严重依赖外部世界的主要原因。尤其是阿明认为非洲国家市场狭小，应加强非洲国家间的经济合作，开展集体自力更生的主张，为非洲国家进行经济一体化的实践奠定了理论基础。另外，阿明关于重视农业、收入分配应平等合理的观点在不同程度上更接近于非洲现实，对非洲经济发展更具有积极的指导意义。

　　但是，阿明过于简单的研究方法导致其对战后国际经济关系中的许多新因素和新发展的认识、对第三世界国家力求减少依附性和增强自主性的估计、对第三世界发展进程和发展道路的设想，在许多方面都有失偏颇，不能适应时代变迁的需要。而且他据此提出的过激的经济政策又脱离了非洲国家的实际，引起了不少非洲国家领导人的反感，最终使其理论难以广为传播和付诸实践。尤其是他将其研究重点放在外部因素上，割裂了生产力和生产关系的辩证关系，由此得出了某些错误的结论。

（一）阿明的"依附论"对非洲经济发展采取了形而上学的分析方法

他从历史的联系中探讨了"中心"与"外围"的相互关系，这是必要的。但是，非洲国家获得政治独立后，形势发生了很大变化。其根本特点是，尽管帝国主义、殖民主义的影响还在，但非洲国家已经不再是西方国家的殖民地，在这种情况下，将这继续作为前提条件，并据此分析非洲国家的经济发展，得出的结论当然难以令人信服和接受。其实，非洲国家独立后，其与发达国家的交往不断深入并赋予了新的含义，"依附"正在转向相互依存。生产的全球化已给非洲国家带来了利用发达国家市场、资本和技术的机会，同样，发达国家的跨国公司对非洲的自然资源、劳动力和市场的依存度与日俱增。发达国家越发认识到，它们的经济稳定和发展同样离不开非洲等发展中国家的资源与市场，非洲等发展中国家经济的持续发展为发达国家经济安全运行提供了获益的保证。因而非洲等发展中国家在削减债务、筹措资金、保护环境、进行地区经济一体化和联合国改革等问题上，也不能只考虑发达国家的权益，以此营造对自身更为有利的、潜在的外部经济环境。非洲国家在依附行为中，已经变被动依附为主动依存，增强了依附选择中的相对自由。有选择地接受发达国家所转移下来的相对较高层次的产业的同时，实现本国的产业挑战和升级，可在一定程度上避免依附论中所说的无原则、无限度的依附。把依存与发展真正做到有机的结合，从而走上从边缘向核心的转移的发展道路。

（二）阿明"依附论"过于强调外因的作用，而忽视了内部因素的多样化

阿明采用单因论的理论论证逻辑，将"中心""外围"凝固化，得出"中心"永远是"中心"，"外围"永远是"外围"的结论。这种形而上学的观点在一定意义上具有宿命论的味道。这导致他看不到非洲国家的发展和进步，看不到非洲地区与国别间的差异发展，甚至将非洲国家的经济发展也认为只是"依附"的加强。阿明对于周围环境的变化缺乏主动应对，忽视非洲可能与外界存在和谐与相互依存发展的悲观论调，导致他不可能为非洲发展找到一条走出不发达的正确途径。

阿明认为，非洲国家的生产主要是满足"中心"的需要，因而缺乏自身的内部推动力。尤其是，他认为经济发展中形成的当地资产阶级，也只是外国垄断的附庸。它们满足于奢侈品的消费，或者将攫取的财富

转移到国外，很少在国内投资，发展生产。这些论述虽然有一定的道理，但也是片面的。非洲国家初级产品的出口在经济发展中占有重要地位，这是事实。但是，第一，随着非洲国家经济的发展，国内的需求也有长足的增加。20世纪90年代中期以来非洲经济增长的推动力之一就是内部需求的拉动，因此，阿明说非洲国家没有"内部推动力"显然已与事实相左。第二，非洲国家的出口可以增加外汇收入，外汇收入的增加可以满足经济增长的资金需求。因此从一定意义上讲，出口也可以转为经济增长的"内部推动力"。第三，非洲国家由于诸多原因，内部推动力处于潜伏状态，但一旦变为事实，其能量足以使非洲国家经济跃上一个新台阶。因此，理论家的职责不应只是描述现实，更为重要的是要揭示未来，在这个意义上，阿明的悲观主义态度无助于非洲国家找到一条正确的发展道路，只能使非洲陷入没有希望、没有出路的困境。阿明由此提出了与现存国际体系"脱钩"的主张，这既不可能，也无助于非洲国家摆脱贫困和依附的状态。反而将非洲国家引向闭关锁国的内向式发展道路，加剧了非洲经济困难程度。事实已经充分证明，在当今全球化的时代，任何国家的经济发展都与国际市场密切相关。谁利用国际市场，谁就发展得快；谁排斥国际市场，谁就发展得慢，甚至落后和倒退。非洲国家战后经济发展缓慢，一个很重要的原因就是由于它实行了内向化的工业化发展道路，在一定程度上隔断了其国内市场与国际市场的联系，使非洲国家的进出口贸易在世界贸易中的比重不断下降。阿明提出的加强非洲国家间的经济合作因受同质性高而互补性差的制约，根本不可能取代与外部世界各国的广泛交往。对于非洲国家来说，集体自力更生发展经济固然十分重要，但是，在此基础上，还必须加强与世界各国的联系，以克服资金、技术、管理人才短缺的困难。只有这样，非洲国家才能利用国内外的两种资源和两个市场，推动其经济发展。因此，阿明的"脱钩"理论对非洲国家来说弊大于利。

（三）对非洲国家民族资产阶级进行了错误分析，将其作为革命对象

阿明在分析非洲国家内部阶级关系时认为新兴资产阶级已经与国际垄断资产阶级相互勾结，失去了其民族性特点而成为买办资产阶级。由此他认为，所谓的"民族资产阶级"已经成为革命的对象，必须消灭之。显然，该论点否定民族资产阶级的两面性，夸大民族资产阶级的局限性，低估了民族资产阶级的革命性，其结论必然是错误的。更为重要的是，他还

将非洲现阶段阶级关系变动的错误分析运用到世界范围，认为当代世界的主要矛盾已经不再是"中心"的资产阶级与无产阶级之间的矛盾，而是"中心"的垄断资本与"外围"地区人民之间的矛盾。在这个格局中，上面提到的"外围"民族资产阶级将成为革命的对象，而西方国家的工人阶级也不再是改造世界的基本动力，甚至成为西方垄断资产阶级压迫"外围"地区广大人民群众的帮凶。这个观点更为荒谬，这说明阿明在考察"中心"与"外围"国家的关系时，发现了无产阶级和资产阶级内部不同程度的变化，但是他没有看到整体上工人阶级的受剥削地位始终未变，仍是最具革命性的阶级。正是这一系列的错误分析和结论，导致阿明断言，社会主义革命首先发生在"外围"，非洲国家的任务是与发达国家"脱钩"，进行社会主义革命。在一定程度上说明其向往社会主义的美好心愿，但其盲目鼓吹社会主义革命，脱离非洲国家实际，倡导向社会主义过渡，最终陷入了唯意志论，将非洲经济引入歧途。

第二节　非洲区域一体化的理论与实践

非洲区域一体化起源于 20 世纪 60 年代，迄今已有 50 多年的历史。虽然，非洲区域一体化的理论基础和指导思想首推具有鲜明"非洲一体性"特征的泛非主义，但阿明依附论中通过集体自力更生与世界脱钩的主张则是非洲国家 20 世纪 70 年代区域一体化实践蓬勃发展的重要理论支撑。随着经济全球化的纵深发展，非洲区域一体化的实践并没有因阿明欲与世界脱钩为目的的依附论主张所禁锢，而是顺应了历史的潮流将集体自力更生作为一种更好地融入全球化的手段，为非洲社会经济发展带来希望。

一　依附论是非洲区域一体化实践的重要理论支撑

外界看非洲总是将非洲大陆看作一个整体，但实际上非洲大陆由 54 个主权国家组成，市场处于严重的分割状态，阻碍了非洲国家内部贸易的往来。独立伊始，非洲国家领导人在泛非主义思想引领下，认识到仅靠本国单薄的经济实力，难以满足发展民族经济的需要。只有把区域范围内分散的力量联合起来，开发内部资源，互通有无，进行合作，才能克服困难，解决一些最迫切的经济问题。于是，20 世纪 60 年代，非洲区域经济一体化实践拉开序幕，进入 70 年代，非洲区域经济一体化蓬勃发展阶段，众多现存的非洲一体化组织大多是这一时期成立并发展壮大的。这离不开萨米尔·阿明依附论之集体自力更生主张的推动。以阿明为代表的依附论激进学派，主张自力更生和集体自力更生来发展本国及非洲大陆的经济理论在非洲国家中有相当大的影响，成为推动地区经济合作和要求建立国际经济新秩序的论据。他的主张在非洲首个自己制定的经济发展规划——《拉各斯行动计划》中得到充分的反映。《拉各斯行动计划》不仅提出了消除贫困和普遍改善人民生活水平，通过生产规模的扩大和经济的多样化来增加生产，实现长期持续发展，促进非洲单个国家和非洲大陆集体自力更生的三项中心任务，还规定了到 2000 年实现全非经济一体化的远景目标。但由于阿明主张的集体自力更生的目的是与资本主义的全球体系脱钩，是一种排他的、自我封闭的区域一体化，与全球化浪潮下国与国之间的联系日益相融发展的趋势相背离，导致整个 80 年代非洲区域经济一体化进展缓慢，呈现出虽组织众多但缺乏实效的特征。20 世纪 90 年代以来，全球化浪潮向纵深发展，非洲国家的领导人经过反思，越发认识到区域一体化和全球化是对立统一、互相促动的关系，区域一体化是融入全球化的必经阶段或中间过程。为此，20 世纪 90 年代以来，非洲区域一体化的实践朝灵活务实方向发展，已经完全超越阿明依附论理论的初衷。截至目前，非洲大陆区域性合作组织已经超过 200 多个。除了少数解体与合并、个别不大起作用外，大多数区域一体化组织都为非洲经济社会发展做出了或多或少的贡献。总之，当今的非洲区域一体化实践已经超越阿明当初倡导的集体自力更生主张的初衷，但不能就此否认阿明的一体化理论曾在非洲一体化进程中的推动作用。

二　非洲区域一体化亟待整合

在现存的 200 多个非洲区域一体化组织中，绝大多数是区域层面的一体化组织，其中的 11 个区域经济一体化组织最为重要。它们是：西非国家经济共同体（ECOWAS）、南部非洲发展共同体（SADC）、东部和南部非洲共同市场（COMESA）、东非共同体（EAC）、阿拉伯马格里布联盟（MRU）、中非国家经济共同体（ECCAS）、中部非洲关税和经济同盟（UDEAC）、西非经济货币联盟（UEMOA）、萨赫勒国家共同体（CENS-AD）、政府间发展组织（IGAD）、南部非洲国家关税同盟（SACU）。尤其是前三个地区一体化组织取得了一些成就，例如，东南非共同市场执行单一的原产地规则，简化了海关程序；南部非洲发展共同体统一了税收、投资和证券市场的政策，创造了比较统一的宏观经济政策；西非国家经济共同体同样取消了对原材料的关税，在协调宏观经济政策方面也取得了很大的进展。但总体来看，非洲经济一体化水平依然较低，非洲内部的贸易仍然无足轻重。根据 2014 年非洲开发银行《追踪非洲进步的数据》报告显示，非洲的内部出口在 2012 年仅相当于大陆出口总值的 11.2%，而欧盟的内部出口占其出口总值的 61.8%，北美自由贸易区内贸占出口的比重为 48.5%，东南亚联盟这一数字也达 26%，与此同时，非洲的内部进口占非洲大陆进口总值的比重为 12.4%，而欧盟的内部进口占其进口总值的 56.3%，北美自由贸易区内部进口占其进口总值的比重为 33.7%，东南亚联盟这一数字也占到 23.5%。① 此外，在 53 个非洲国家中，27 个国家同时加入了 2 个政府间组织，18 个国家同时加入 3 个政府间组织，刚果（金）同时加入了 4 个政府间组织。② 非洲众多经济一体化组织不仅在成员国、任务和规则方面有重叠，而且有些任务和规则非常复杂，甚至相互矛盾。不仅造成经济合作的低效，而且浪费了宝贵的人力、物力、财力。为此，如何整合现有资源、推动内部贸易往来成为非洲经济一体化进程中亟待解决的问题。

2008 年以来，为应对全球金融危机的挑战，非洲国家积极推进经济一体化建设；非洲国家分散而狭小的市场正在走向整合，各地区经济一体化组织正在以规模经济的能量促使非洲经济整体发展。在第四届非洲一体化部长级会议（2009 年 5 月）上，非洲联盟委员会副主席姆温查表示，非洲应以国际金融危机带来的挑战为契机，更具创新精神地推进地区经济一体化进程。

表 6-1　2000—2009 年非洲区域经济合作组织与非洲国家贸易情况

组织名称	对非洲国家的出口占比（%）	从非洲国家的进口占比（%）
中部非洲国家经济与货币共同体	3.4	2.1
萨赫勒—撒哈拉国家共同体	9.1	18.9

---

① African Development Bank, Tracking Africa's Progress in Figures, 2014, p. 43.

② UNECA and AU, *Assessing Regional Integration in Africa* II *Rationalizing Regional Economic Communities*, Addis Ababa, Ethiopia, May 2006. p. XIII.

续表

组织名称	对非洲国家的出口占比（%）	从非洲国家的进口占比（%）
大湖国家经济共同体	18.2	2.3
东南非共同市场	9.1	17.7
东非共同体	33.6	4.3
中部非洲国家经济共同体	3.9	5.2
西非国家经济共同体	13.7	13.9
政府间发展组织（伊加特）	19.4	3.9
印度洋委员会	8.5	1.2
马诺河联盟	9.0	1.3
南部非洲发展共同体	13.5	18.3
西非经济货币联盟	31.4	7.3
马格里布联盟	2.5	3.5

资料来源：根据国际货币基金组织《贸易方向统计》相关数据汇编，2012 年 4 月。

2008 年 8 月 17 日，南部非洲发展共同体自由贸易区正式启动，由此在经济一体化道路上迈出实质性的步伐。2009 年 6 月 7 日，东南非共同市场宣布正式成立关税同盟，实现该地区对外贸易的高度统一。6 月 21 日，西非国家经济共同体重新修订西非单一货币"路线图"，确立了 2020 年实行单一货币的计划。7 月 6 日，卢旺达和布隆迪正式加入东非共同体。11 月，东非共同体 5 个成员国签署共同市场协议，以实现人员、货物、服务和资本的完全自由流通，预计共同市场有望在 2010 年初正式启动。值得指出的是，非洲区域一体化组织非常重视基础设施领域的合作。2008 年 12 月，西非国家经济共同体 15 个成员国举行峰会，决定积极参与国际行动，在能源、道路、航空、海运、铁路等方面加大投资力度，力争本地区的国内生产总值增长保持在 5% 左右。2009 年 2 月初，非盟第十二届首脑会议着重讨论非洲交通和能源领域基础设施建设、应对全球金融危机等议题。2009 年 4 月，南部非洲发展共同体、东南非共同市场和东非共同体联合宣布，计划用 5—10 年时间建成北起坦桑尼亚的达累斯萨拉姆港，南至南非的德班港的"非洲南北经济发展走廊"，力争打造出一条运输成本低、经济效益高、基础设施良好的交通大动脉，促进地区贸易合作和交流，提升非洲整体实力。据非洲联盟预测，该走廊建成后，非洲企业仅交通成本一项即可每年节省约 5000 万美元。除此之外，东非共同体国家肯尼亚和坦桑尼亚也已启动耗资 1.56 亿美元的公路建设项目。2009 年 9 月，包括尼日利亚、加纳、贝宁等国在内的西非电力联合体（West African Power Pool）将投资近 9 亿美元在贝宁兴建一座大型火电站项目，装机容量 450 兆瓦，将极大缓解贝宁用电紧张的局面。这些基础设施建设项目将进一步促进地区内商品、服务和人员的流动，为外资进入非洲市场奠定坚实的基础。

我们认为，非洲国家加快地区经济一体化绝非其抵御全球金融危机冲击的短期行为，而是非洲经济发展的必由之路。非洲国家认为，金融危机印证了世界银行、国际货币基金组织奉行的、完全依赖市场力量的新自由主义主张的失败；资本主义世界自身麻烦缠身使得它们不能过于指望西方发达国家这些所谓的传统发展伙伴了。为了今后的长远发展，必须在加强非洲区域经济合作的基础上，加强与亚洲国家的经贸联系，加强南南合作，实现发展中国家的优势互补、拓展发展空间。

三 非洲区域一体化建设的"点、线、面"

如前所述，与世界其他地区相比，非洲国家内部贸易水平相对是最低的。但与过去相比，非洲内部贸易的总额还是逐步提高的。例如，非洲内部贸易额已从 2005 年的 620 亿美元提升到 2012 年的 1470 亿美元，占比 12%。然而具体到非洲主要区域经济合作组织和 54 个国家，其内部贸易往来具有不均衡发展的特点。下面我们就围绕着非洲区域一体化建设的"点、线、面"来大致了解非洲区域一体化建设的现状与未来前景。

（一）非洲内部贸易与投资的亮点国家

非洲有 54 个国家，然而在非洲内部贸易往来中发起重要作用的国家并不多。国际货币基金组织《贸易方向统计》数据显示，南非、尼日利亚、科特迪瓦可谓是非洲大陆的三个"贸易支柱"，成为支撑非洲区域一体化建设的灯塔，这 3 个国家占据了非洲内部贸易总额的 40%，在各自区域经济一体化建设中的作用不可或缺。

从整个非洲大陆的内部贸易来看，在 2009—2013 年非洲内部出口构成中，南非（29.1%）、尼日利亚（18.2%）、科特迪瓦（7.7%）、埃及（6.3%）、肯尼亚（4.6%）、赞比亚（4.2%）、安哥拉（4.1%）、阿尔及利亚（3.7%）、摩洛哥（2.7%）、刚果（布）（2.5%）是最为重要的 10

个出口国，共占非洲内部出口额的83.1%。这些国家主要向其他非洲国家出口制成品、燃料、农产品、矿石和金属。同期，南非（16.5%）、赞比亚（8%）、加纳（6.9%）、津巴布韦（6.2%）、刚果（布）（5.3%）、科特迪瓦（5.2%）、尼日利亚（5%）、莫桑比克（4.8%）、马里（3.1%）、摩洛哥（3.1%）是最为重要的10个进口国，共占非洲内部进口额的64.15%。这些非洲国家从其他非洲国家主要进口制成品，燃料和矿石的进口也远远低于非洲从外部世界的进口比重。总之，非洲内部贸易的组成比非洲外部贸易的组成更为多样化。非洲的对外出口中采掘业占了主导地位，非洲出口到世界其他地区的产品多为石油等燃料，但非洲内部的贸易构成没有以任何能源产品为主导，仅有农产品、燃料、非燃料初级产品和制成品等。值得注意的是，在非洲10个重要的内部进口国中，有4个是南部非洲国家。这充分展示了南部非洲发展共同体内部成员国强国、小国都可以从强劲的一体化经济中受益的机会，特别凸显了南非在非洲内部贸易中的重要引擎的地位。

表6-2　　　　　　　　　　非洲国家内部贸易往来状况

国家	2009—2013 年平均值		国家	2009—2013 年平均值	
	出口（亿美元）	比例（%）		进口（亿美元）	比例（%）
南非	140	29.1	南非	84.2	16.5
尼日利亚	87.6	18.2	赞比亚	41.1	8.0
科特迪瓦	37.1	7.7	加纳	35.2	6.9
埃及	30.5	6.3	津巴布韦	31.6	6.2
肯尼亚	22.3	4.6	刚果民主共和国	27.0	5.3
赞比亚	20.2	4.2	科特迪瓦	26.5	5.2
安哥拉	19.7	4.1	尼日利亚	25.6	5.0
阿尔及利亚	18.0	3.7	莫桑比克	24.4	4.8
摩洛哥	13.0	2.7	马里	16.1	3.1
刚果民主共和国	12.0	2.5	摩洛哥	16.1	3.1
突尼斯	10.9	2.3	埃及	15.7	3.1
莫桑比克	10.7	2.2	坦桑尼亚	13.5	2.6
塞内加尔	10.1	2.1	安哥拉	13.4	2.6
津巴布韦	9.9	2.1	肯尼亚	13.0	2.54

续表

国家	2009—2013 年平均值		国家	2009—2013 年平均值	
	出口（亿美元）	比例（%）		进口（亿美元）	比例（%）
喀麦隆	7.6	1.6	阿尔及利亚	11.5	2.2
加纳	7.3	1.5	乌干达	11.3	2.2
坦桑尼亚	6.5	1.4	喀麦隆	10.4	2.0
乌干达	6.0	1.2	利比亚	10.2	2.0
多哥	5.8	1.2	塞内加尔	9.8	1.9
利比亚	4.2	0.9	突尼斯	9.7	1.9
吉布提	3.9	0.8	布基纳法索	9.1	1.8
毛里求斯	3.6	0.7	马拉维	8.6	1.7
毛里塔尼亚	3.2	0.7	加蓬	6.3	1.2
苏丹	2.6	0.5	索马里	6.2	1.2
马拉维	2.4	0.5	贝宁	6.0	1.2
加蓬	2.1	0.4	毛里求斯	5.1	1.0
尼日尔	1.9	0.4	卢旺达	5.0	1.0
贝宁	1.7	0.4	尼日尔	4.3	0.8
刚果共和国	1.4	0.3	埃塞俄比亚	3.9	0.8
利比里亚	1.3	0.3	马达加斯加	3.8	0.7
赤道几内亚	1.3	0.3	几内亚	3.6	0.7
卢旺达	1.1	0.2	刚果共和国	2.9	0.6
布基纳法索	1.1	0.2	乍得	2.9	0.6
埃塞俄比亚	1.0	0.2	毛里塔尼亚	2.8	0.5
马达加斯加	1.0	0.2	赤道几内亚	2.8	0.5
几内亚	0.6	0.1	多哥	2.5	0.5
几内亚比绍	0.6	0.1	利比里亚	2.2	0.4
塞舌尔	0.4	0.1	苏丹	2.1	0.4
马里	0.3	0.1	布隆迪	1.9	0.4
索马里	0.2	0.0	冈比亚	1.5	0.3
乍得	0.2	0.0	吉布提	1.4	0.3
布隆迪	0.2	0.0	塞舌尔	1.1	0.2
塞拉利昂	0.2	0.0	中非共和国	0.8	0.2

续表

国家	2009—2013 年平均值		国家	2009—2013 年平均值	
	出口（亿美元）	比例（%）		进口（亿美元）	比例（%）
中非共和国	0.2	0.0	几内亚比绍	0.7	0.1
冈比亚	0.0	0.0	塞拉利昂	0.2	0.0
圣多美和普林西比	0.0	0.0	圣多美和普林西比	0.0	0.0
非洲总计	480.7	100	总计	511.2	100

资料来源：根据国际货币基金组织《贸易方向统计》相关数据汇编，2015 年 4 月。

从区域经济贸易协定的实施来看，南部非洲发展共同体（SADC）的内部贸易往来活跃。以 2012 年为例，非洲大陆 1470 亿美元内贸额的一半就由南部非洲发展共同体成员国创造。2000—2007 年，该集团内部年均出口额为 65.1 亿美元，相当于该集团全部出口额的 9.22%。

毫无疑问，南非是该集团最为重要的进口来源国。南非占到南部非洲发展共同体内部出口额的 64%，而莱索托、纳米比亚、赞比亚、津巴布韦、博茨瓦纳等成员国的占比从 0.4% 到 10% 不等。在南部非洲发展共同体，2000—2007 年集团内部年均进口额为 67.6 亿美元，占该集团全部进口额的 9.28%。但与内部出口相比较，各成员国占比较为均衡。津巴布韦（占 18.1%）、赞比亚（18.1%）、南非（17.4%）、莫桑比克（12.3%）进口较多。成员国间最为重要的贸易关系是博茨瓦纳向南非的出口，接下来是南非向津巴布韦和莫桑比克的出口。

在西非国家经济共同体，2000—2007 年间，该集团内部年均出口额为 42.9 亿美元，相当于该集团全部出口额的 8.9%。[1] 其中，尼日利亚、科特迪瓦是最为重要的出口国，两国共占全部内部出口的 78%，塞内加尔是第三大内部出口国，占比为 8.8%。从集团内进口来看，2000—2007 年，该集团内部进口均值为 45.1 亿美元，其中科特迪瓦（23.5%）、加纳（21.7%）、尼日利亚（12%）是最为重要的内部进口大国。在西非国家经济共同体内部，尼日利亚和科特迪瓦的双边贸易联系最为紧密，尼日利亚向加纳的出口也比较重要。另外，塞内加尔向马里的出口、科特迪瓦向布基纳法索的出口也很重要。

---

① IMF, *DOT*, April 2013.

在东南非共同市场，2000—2007 年间，该集团年均出口额为 31.9 亿美元，相当于集团年均全部出口值的 16.4%。肯尼亚是集团内第一出口大国，占地区出口总额的 29%，其次的出口大国是利比亚（15%）、埃及（13%）、赞比亚（11%）、津巴布韦（8%）、乌干达（6%），上述 6 国共占该集团出口的 81%。2000—2007 年，该集团内部进口均值为 32.8 亿美元，主要进口国是埃及（20%）、乌干达（15.4%）、苏丹（9.5%）和刚果（金）（8.4%），相对于出口而言，成员国间进口占比更加平衡。在东南非共同市场内部，肯尼亚向乌干达的出口非常重要，占集团内部进口总额的 17%；埃及向邻国苏丹和利比亚的出口居于次要地位，埃及向肯尼亚的出口也很重要。赞比亚向刚果（金）、津巴布韦、埃及和马拉维的出口越发重要。

在东非共同体，2000—2007 年间，集团内部年均出口额为 9.3 亿美元，占集团全部对外出口额的 18.4%。最为重要的出口国是肯尼亚，一国几乎占该集团内部出口额的 79%，而乌干达占到 11.6%。相对而言，该集团成员国的内部进口占比趋于均衡。2000—2007 年间，集团内部年均进口额为 8.76 亿美元，其中乌干达吸收了内部进口额的 57%，坦桑尼亚占 22.8%，肯尼亚占 12.5%。从重要性来看，肯尼亚向乌干达、肯尼亚向坦桑尼亚的出口分别占地区内部全部出口额的 42% 和 21%。值得强调的是，尽管布隆迪、卢旺达在该集团内部贸易中的占比很小，但是两国向集团成员国的出口却非常重要，集团内部出口分别占布隆迪全部出口的 11% 和卢旺达全部出口的 1/4。

在中部非洲国家经济共同体，2000—2007 年间内部出口额是所有非洲地区贸易协定中最低的，只有 2.25 亿美元，不到全部对外出口额的 2%。喀麦隆是最为重要的出口国，占比超过地区内部出口值的 68%，刚果占 13%。2000—2007 年间，集团内部年均进口额为 2.65 亿美元，内部进口分布较为均衡，内部贸易的主要的进口国是刚果（金）、加蓬、刚果和乍得。在该集团内部，喀麦隆向刚果（金）、加蓬、刚果和乍得的出口非常重要。

在马格里布联盟，2000—2007 年间，内部出口额仅为 17 亿美元，相当于集团全部出口额的 2.2%。其中，突尼斯（占 37%）、利比亚（占 30%）和阿尔及利亚（占 23%）为主要出口国；2000—2007 年，集团内部进口额为 18.66 亿美元，其中突尼斯（占 36.2%）、利比亚（28%）和摩洛哥（23.5%）是主要的进口国。突尼斯和利比亚之间的双边贸易，以及阿尔及利亚向摩洛哥的出口相当重要。

总之，尽管非洲内部的商品贸易量很低，但增长潜力巨大，这从非洲内部贸易的多样化就能够看出来。制成品独占非洲内部出口的鳌头，因此，扩大内部贸易可以成为促进非洲贸易多样化和发展制造业基地的主要办法。

（二）东非共同体：非洲一体化建设希望的缩影

非洲次区域经济共同体是实行非洲大陆一体化的重要依托。虽然从整体来看，非洲大陆层面的一体化正在渐进推动，但是，并不意味着区域层面的共同体迈向一体化的步调是一致的。相比之下，东非共同体、西非国家经济共同体和南部非洲发展共同体在推进区域一体化方面比较迅速。尤其是 2013 年以来东非共同体（以下简称东共体）提速较快，使得国际社会普遍看好它的发展前景，认为东非地区将是非洲一体化最具活力的地区。非洲开发银行预测，到 2060 年整个东非地区经济增速将快于非洲大陆的其他地区。国际媒体从美国之音到英国广播公司、法国国际广播电台，都对东非一体化建设表示出浓厚的兴趣，看好东部非洲的蓬勃商机。

1. 东非共同体稳步推进一体化进程

东非共同体最早成立于 1967 年，以共同的"斯瓦希里文化"为背景，创始国有坦桑尼亚、肯尼亚和乌干达 3 国。1977 年，因政治分歧和经济摩擦解体。1993 年 3 国恢复合作，1996 年成立东非合作体秘书处。1999 年 11 月，3 国总统签署《东非共同体条约》，决定恢复成立东共体。2001 年 1 月，东共体正式恢复。2007 年 6 月，东共体在乌干达首都坎帕拉召开特别首脑会议，吸纳卢旺达、布隆迪为成员。目前，东共体秘书处设在坦桑尼亚的阿鲁沙。5 个成员国总面积 182 万平方公里，人口 1.44 亿（2012 年），经济总量 830 亿美元（2011 年）。

2005 年 1 月，东共体启动关税同盟。规定自 2010 年 1 月起，东共体内部关税降为零，成员国商品在区域内自由流动。2010 年 7 月，启动共同市场。目标是达到商品、资本、服务和劳动力在成员国间的自由流动，但目前仅限于商品流动。据悉，自启动关税同盟以来，成员国之间的贸易额提升了 50%，但是由于共同体成员国与外部世界的纵向贸易增长更快，使得成员国之间的横向贸易额占全部外贸总额的比值徘徊在 11% 和 13% 之间。有鉴于此，2013 年 10 月 28 日，肯尼亚、卢旺达、乌干达 3 国在卢旺达首都基加利举行首脑会议，宣布建立东非地区新的单独关税区，旨在加速三国间的贸易往来。

为促进成员国间的投资，2010 年第 12 届首脑峰会上，东共体成员国首脑就单一税收体制达成一致，签署了避免双重征税协定。即在东共体区域内取消双重征税，在两个或两个以上成员国经营的企业只需在一国交税，但该协定只有每个成员国都批准之后方可生效。协定生效后，可大幅降低企业税负，并增加跨境投资。截至 2015 年 3 月，卢旺达、肯尼亚已经批准该协定，布隆迪和乌干达仍待各自议会审查，坦桑尼亚尚无进展。

2011 年东共体启动货币同盟的谈判，计划于 2012 年建成。但直到 2013 年 11 月 30 日，经多轮谈判终于达成一致，5 国首脑签署了具有历史意义的货币联盟议定书，决定于 2024 年实施货币联盟的目标。2013 年 12 月初，肯尼亚、坦桑尼亚、乌干达 3 国中央银行系统正式实现互联，建立了统一支付系统，此举是东共体建立统一货币和资本市场、实现货币联盟的重要举措，将有效推动金融交易和跨境贸易的发展。

另外，在互联互通基础设施建设方面，近些年东共体成员国在公路、铁路、民航、港口、电信、能源以及维多利亚湖发展项目等不断取得新进展。例如，东非公路网项目，特别是北部走廊蒙巴萨至卡图纳公路和中央走廊达累斯萨拉姆至姆图库拉稳步推进，现已竣工通车。阿鲁沙—纳曼加—阿西里弗公路项目已经完成 70% 的工程任务。而阿鲁沙—哈利利—沃伊跨国界通道发展项目的可行性研究已经完成，具体的设计、施工工作正在按计划进行。2012—2013 年间，肯尼亚—埃塞俄比亚东非交通走廊项目局部工程不断开工。该项目总体耗资约 250 亿美元，包括 32 个泊位的深水港，连接港口与南苏丹首都朱巴、埃塞俄比亚首都亚的斯亚贝巴的高速公路、铁路与输油管道，以及 3 个国际机场。2014 年，埃塞俄比亚加紧建设超过 750 公里的跨国跨区域公路网，以扩展连接埃塞和周边各国。其中全长约 500 公里的亚的斯亚贝巴—内罗毕—蒙巴萨公路还是全非高速公路网建设的一部分。坦桑尼亚、布隆迪、卢旺达 3 国政府联合起草基础设施项目协议，启动跨境贸易铁路圈项目，总投资达到 41.3 亿美元。该铁路线建成后将连接坦桑尼亚第一大城市达累斯萨拉姆以及布隆迪布琼布拉和卢旺达首都基加利。乌干达、肯尼亚、卢旺达召开首脑会议，决定 3 国共建互联互通电站及其他一体化项目。根据 3 国协议，乌干达负责牵头开发铁路和政治联邦，肯尼亚负责牵头输油管道和电站。坦桑尼亚和布隆迪受邀加入东共体中央和北方基础设施走廊。

关于人员自由流动，东共体对持有成员国护照的公民实施 3 个月的免签，对持有共同体护照的公民实施 6 个月的免签。东共体部分成员国如肯尼亚、卢旺达和乌干达则通过双边协议互相允许对方公民在本国自由从业和置业，并免除工作许可费用。卢旺达除了在东共体框架内的特殊安排外，对所有其他非洲公民均实施落地签。另外，东共体护照的国际化已经被共同体部长委员会认可并在探讨执行事宜。

最后，关于东非共同体成员国扩大之事，东非国家领导人彰显了开放的胸怀。最初明确表示欢迎苏丹、南苏丹、刚果民主共和国、埃塞俄比亚和索马里等邻国加入共同体。

2. 内外交融，共同看好东非共同体的发展前景

东共体之所以成为非洲一体化建设的希望缩影，除了近年来一体化进程的稳步推进外，还有如下因素的强力支撑。第一，东非发现相当于 650 亿桶油当量的油气资源，肯尼亚、乌干达、坦桑尼亚成为重要的油气资源国，如开发得当，东非石油天然气产业的崛起，必将增加成员国的财政能力，进而为地区一体化建设提供强力的物质支撑。第二，东非各国本来就是英国、日本、印度等国在非洲的重要贸易和投资伙伴，现在东非油气资源的大发现更使国际社会看好东非。2013 年 6 月，美国启动的"贸易非洲计划"就是专为东共体打造，旨在促进美国与非洲的贸易与投资，提升区域一体化和贸易竞争力。具体目标，使东非共同体的区内贸易额翻一番，使东非共同体对美国的出口增加 40%，使进出口集装箱从蒙巴萨或者达累斯萨拉姆港口到东非共同体内陆国布隆迪和卢旺达的平均时间削减 15%。美国宣布的"电力非洲计划"，也包括帮助肯尼亚、坦桑尼亚、埃塞俄比亚等东非国家发展电力。第三，非洲联盟和非洲开发银行将东共体视为重点支持的三个区域性共同体之一，给予重点投资。可见，东共体将成为非洲大陆上最具投资价值和发展潜力的目的地之一。

3. 未来东非共同体的发展前景并非坦途，曲折反复在所难免

第一，已有成员国本身存在经济发展不平衡问题，易对一体化的安排产生异议，如若继续扩大成员国，由此带来的经济利益纷争可能更加严重，达成的协议执行力度差，从而削弱一体化的精神。第二，东共体成员国经济结构的同质性突出，制造业水平的低下限制了市场的扩张，且易受国际经济环境的影响，如若区域内生产领域的合作不能及时跟进的话，区

内贸易水平无法实质性突破，难改对外依附处境。第三，东非地区政局和安全风险不可低估。各国民选政体下领导人更迭频繁，难保一体化政策的连续性。例如，2015 年 5 月，布隆迪政局动荡就给东共体带来不少麻烦，既可能对邻国经济造成些许负面影响，一定程度上也影响东共体市场一体化进程。此外，印度洋海盗、恐怖袭击、一些国家境内反政府武装的活动均对一体化进程造成阻碍，从而分散了经济一体化的重心。

（三）非洲区域一体化组织正在加紧协调与整合

非洲区域一体化组织众多，在无形中消耗着非洲本就短缺的人力、物力和财力资源。为整合非洲有限的资源，提高非洲大市场的辐射力，已成为非洲一体化组织的大势所趋。2008 年南部非洲发展共同体、东南非共同市场和东非共同体签订自由贸易协定，计划于 2014 年建立非洲最大的自由贸易区。2011 年 6 月，26 个国家的首脑和政府代表签署了启动三方自由贸易区谈判的宣言。会议以"加速三方一体化"为主题，制定了自贸区谈判的原则、进程、制度性安排以及自贸区建设路线图。这标志着非洲地区最大自贸区的建设迈出了具有实质意义的重要一步。2015 年 2 月 24 日，东南非共同市场助理秘书长基普耶戈·切卢盖特在肯尼亚首都内罗毕表示，经过不懈努力，三方自贸区谈判已取得重大进展，预计将于 2015 年 5 月合作启动非洲最大自由贸易区，以加快地区经济一体化进程。该自贸区将囊括东南部非洲 26 个国家的 6 亿人口，全部国内生产总值合计 1 万亿美元，成为非洲最大自由贸易区，无疑将更有力地推动非洲大陆的一体化进程。在中部非洲，中部非洲经济和货币共同体与中部非洲国家经济共同体正在计划合并，中部非洲国家经济共同体已经开始修改它的起始规则和关税，力争与中部非洲经济和货币共同体趋同。在西部非洲，西部非洲国家经济共同体正在和西非货币研究所、西非经济货币联盟以及西部非洲国家中央银行一起合作，准备在 2020 年创立西部非洲国家经济共同体货币联盟。从全非层面来看，非洲联盟自身不仅是非洲一体化的产物，同时也是一体化的领导者和积极推动者。2012 年初，在非洲首脑会议上，非洲国家领导人不仅通过了《非洲基础设施发展规划宣言》，还特别设定了分"四步走"的时间表并力争在 2017 年前建成洲际非洲自由贸易区的目标。为此，未来十年，非洲内部贸易的占比要达到 25%—30%，将为非洲各国政府提供一个推进打开全国市场、创造贸易机会的平台。

四　非洲跨界基建项目长期面临资金缺口

为提高非洲国家间贸易和投资的水平，削减内部贸易瓶颈，非洲国家在追求经济多样化，力争有更多产品供应出口的同时，大力发展跨境基础设施建设，改善分割状态，加速市场整合。近年来，非洲国家在中长期发展规划中将基础设施建设作为优先发展领域。非洲区域性组织如南部非洲发展共同体也出台了《区域基础设施发展远景计划 2027》，计划在 2013—2027 年的 15 年间进行大规模跨境基建项目。从全非来看，21 世纪伊始，非洲联盟就陆续出台诸多基础设施建设规划，如《短期行动计划 2002—2010》（STAP）、《中长期战略框架 2006》（MLTSF）、"非洲发展新伙伴计划"《非洲行动计划 2010—2015》（AAP）、"非洲发展新伙伴计划"《总统基础设施倡议》（见表 6 - 3）及《非洲基础设施发展计划 2010—2040》（PIDA）。其中属 2012 年初在非盟第十八届首脑会议通过的 PIDA 最为重要。该计划整合了 2010 年至 2040 年非洲现有各类跨国跨区域基础设施发展规划，确定了跨国跨区域基础设施建设的项目规划、融资和总体实施框架。PIDA 重点聚焦能源、通信技术、运输和跨界水道四大领域，共包括 51 个重大优先项目（PAP），其中能源项目有 15 个；交通项目（航空、公路、铁路、港口、跨界交通便利等）24 个；跨界水利工程 9 个；信息通讯部门 3 个。除了 24 个交通项目中有 4 个跨大陆的项目和 3 个信息通信技术项目均为跨大陆项目外，其余为区域性项目或邻国间项目。这 51 个优先项目又被分解为 433 个子项目，预计在三个阶段完成，2010—2020 年为近期阶段，2020—2030 年为中期阶段，2030—2040 年为远期阶段。PIDA 投资总额预计为 3600 亿美元。其中近期阶段（2010—2020 年）的优先发展计划（PAP）项目约需 680 亿美元，融资缺口达 380 亿美元。融资来源主要包括官方发展援助、现有基础设施融资合作机制、发行基础设施债券、向私营投资者提供政府担保以及次区域组织征收。

表 6 - 3　　　　　　　　　非洲总统基础设施建设倡议项目

项目名称	项目推动国
阿尔及尔—拉各斯跨撒哈拉高速公路及沿线光纤项目	阿尔及利亚
金沙萨—利伯维尔公路铁路大桥项目	刚果（布）

续表

项目名称	项目推动国
水治理、水路和铁路运输基础设施项目	埃及
尼日利亚—阿尔及利亚天然气管道项目	尼日利亚
连接邻国的信息和通信技术的光纤宽带网络	卢旺达
东西非铁路公路项目（达喀尔—恩贾梅纳—吉布提）	塞内加尔
南北走廊交通项目	南非

资料来源：非洲开发银行。

（一）泛非公路网规划

2010 年，南非总统祖马在第二届"非洲发展新伙伴计划"基础设施峰会上详细介绍了泛非公路网规划。该规划设计公路里程 56683 公里，拟由非盟、非经委、非洲开发银行和各地区协会组织共同开发。

该公路网包括三纵六横共 9 条跨国公路。三纵分别是：AH2，从阿尔及利亚首都阿尔及尔经尼日尔至尼日利亚的拉各斯，全长 4504 公里；TAH3，从利比亚首都的黎波里经乍得、中非、刚果（布）、刚果（金）、安哥拉、纳米比亚至南非的开普敦，全长 10808 公里；TAH4，从埃及首都开罗经苏丹、埃塞俄比亚、肯尼亚、坦桑尼亚、赞比亚、津巴布韦、博茨瓦纳至南非的开普敦，全长 10228 公里。六横指：TAH1，从塞内加尔首都达喀尔沿西海岸北上，经毛里塔尼亚、西撒哈拉、摩洛哥、阿尔及利亚、突尼斯、利比亚至埃及首都开罗，全长 8636 公里；TAH5，从塞内加尔首都达喀尔经马里、布基纳法索、尼日尔、尼日利亚至乍得首都恩贾梅纳，全长 4496 公里；TAH6，从乍得首都恩贾梅纳经苏丹、埃塞俄比亚至吉布提首都吉布提，全长 4219 公里；TAH7，从塞内加尔首都达喀尔沿西海岸南下，经冈比亚、几内亚、塞拉利昂、利比里亚、科特迪瓦、加纳、多哥、贝宁至尼日利亚的拉各斯，全长 4010 公里；TAH8，从尼日利亚的拉各斯经喀麦隆、中非、刚果（金）、乌干达至肯尼亚的蒙巴萨，全长 6258 公里；TAH9，从安哥拉西部港口城市洛比托经赞比亚、刚果（金）、津巴布韦至莫桑比克东部港口城市贝拉，全长 3523 公里。泛非公路网拟以各国现有的公路为基础，将尚未连通的区域连接起来，其中三纵和六横中的TAH5、TAH6 共 5 条线路是计划中的重点线路，也称"东西非公路项目"。

（二）"四纵六横"的泛非铁路网

它囊括了《非洲基础设施发展规划》中的"东西非铁路"项目和"南北走廊"项目，以及"非洲发展新伙伴计划"和东部非洲等地区组织的所有铁路项目，组成了"四纵六横"泛非铁路网。"四纵铁路"指的是：从阿尔及利亚首都阿尔及尔至尼日利亚首都拉各斯；从利比亚首都的黎波里至南非的伊丽莎白港；从埃及首都开罗至南非的德班；从坦桑尼亚首都达累斯萨拉姆至南非的开普敦。"六横"铁路指的是：从塞内加尔首都达喀尔至埃及首都开罗；从塞内加尔首都达喀尔至吉布提；从达喀尔至肯尼亚的蒙巴萨/拉穆港；从刚果的黑角到坦桑尼亚首都达累斯塞拉姆；从安哥拉的本格拉到莫桑比克的贝拉；从南非的鲸湾港至莫桑比克首都马普托。

目前，非洲区域一体化组织正在围绕泛非公路网和泛非铁路网规划筹资、兴建各自侧重的局部工程。2011 年，东非共同体专门召开铁路战略规划会议，提出未来投资 9000 亿美元修建一条连接坦桑尼亚、肯尼亚、乌干达，并延伸到卢旺达、布隆迪，最终到达南苏丹和埃塞俄比亚甚至其他地区的铁路，该项目在 2013 年 11 月底开工，预计 2017 年全部贯通。南部非洲国家正在投入数千亿美元新建和翻修铁路，其中，经博茨瓦纳卡拉哈里沙漠连接纳米比亚和南非的铁路项目备受瞩目。2013 年 10 月，西非国家经济共同体拟斥资 20 亿美元修建拉各斯至阿比让高速公路，项目主要由西非国家经济共同体成员国和其合作伙伴提供贷款和资助。同年 10 月，西非的加纳、科特迪瓦、尼日利亚、多哥和贝宁等五国商建西部沿海高速铁路项目。该项目线路总长 1178.84 公里，起自科特迪瓦首都阿比让，途经加纳首都阿克拉、多哥首都洛美和贝宁首都科托努，终点为尼日利亚的赛美或巴达格瑞，预计耗资 589 亿美元，资金来自于政府投入和公司合营（PPP）等。① 可见，非洲各次区域组织正在以实际行动落实非洲基础设施发展规划和加速推进非洲一体化进程。

（三）非洲电网项目

非洲电力工业主要集中在南部非洲和北部非洲的几个国家，西部非洲电力市场较为落后。1999 年 12 月，非洲电力生产、传输和配送企业联盟

---

① 西非五国共商建设西部沿海高速铁路项目，详见商务部网站 http：//chinca. mofcom. gov. cn/article/i/jyjl/k/201310/20131000370311. shtml，2013 年 11 月 3 日。

（UPDA）创办了西部非洲电力联合体，为加快西非电力整合做了一些有益的工作。其中一项就是出台了西非电网规划。该规划分为 4 个阶段来运营，预计 2020 年将长 5600 公里的电缆部署到位，连接所有西非国家，输送 10000 兆瓦的电力。WAPP 电力系统包括 2 个地理区域，即 A 区和 B 区，每个区都有自己互联的电力系统，便于进行地区级的电力贸易。A 区成员国包括：科特迪瓦、加纳、多哥、尼日利亚、尼日尔、布基纳法索和贝宁。这些国家的电力系统目前已与跨边界的高压互联网相连。B 区成员国有马里、塞内加尔、几内亚、几内亚比绍、冈比亚、利比里亚和塞拉利昂。现有唯一一条跨界互联输电线路架设于塞内加尔、马里和毛里塔尼亚之间，由装机容量为 200 兆瓦的马南塔利电站供电，该电站在塞内加尔河开发组织的管辖范围内，由马南塔利管理公司（SOGEM）管理运营。

目前，在 B 区正在实施为期 4 年的冈比亚、几内亚、几内亚比绍和塞内加尔四国区域联合电网（CLSG）项目。该项目是马诺河联盟的首个跨区域电网项目，项目建成有利于加强该地区经济发展，提高人民生活水平，改善未来西非电网的管理。预计高压输电网全长 1400 公里，输电电压为 225 千伏，沿线共设 11 个变电站和 2 个地区输配电中心。该电网是连接马诺河联盟四国（科特迪瓦、塞拉利昂、利比里亚、几内亚）的骨干电网，电网建成后，可将科特迪瓦出口的电输送到塞拉利昂、利比里亚和几内亚 3 国，并与上述 3 国国内电网实现互联互通，共有 125 个村镇、70 个学校和 30 个医疗中心及 1500 个中小企业直接受益，项目惠及人口达 2400 多万人。预计项目投资总额为 1.4 亿欧元，其中 40% 需要融资。

与此同时，南北苏丹电力输送走廊、刚果 INGA-Ⅲ 水电站及其外送、中非电力联网工程、北非电力走廊等电力基础设施项目也在筹划之中。

五　探索自主发展与国际协调并重的非洲一体化道路

实现自主发展、振兴非洲是历代非洲人的夙愿，但经济全球化背景下的非洲无法独善其身地实现非洲联合的目标。但各种迹象表明，非洲一体化正在渐行渐近。

（一）非洲国家自主发展的能力在增强，为实现非洲一体化奠定基础

实现非洲一体化要靠非洲 54 个主权国家的共同努力。而维护各国政局稳定、经济发展和社会进步是实现区域乃至大陆一体化的根本基础。尽管 2011 年北非动荡和利比亚对非洲大陆和平与安全局势造成些许"暗

伤",但非洲自主维护稳定的意愿和能力在增强,仍可沿用"总体稳定、局部动荡"来诠释非洲政局的总体走势。尤为可喜的是,近年来非洲经济持续发展成为全球经济增长的亮点。在外部经济环境低迷的背景下,非洲人口红利显现,内部消费将成为拉动经济持续增长的主要动力之一。尤其是越来越多的私营企业参与一体化建设,使得非洲国家间相互投资的现象增多,与经济一体化形成良性互动。例如,2009 年至 2013 年,来自非洲的跨国绿地投资在全非绿地投资中占比从 10% 上升至 18%,来自非洲的并购投资在全非并购投资中的占比从 3% 上升至 9%。未来,随着东南部非洲三大一体化组织的整合,规模经济的潜能将不断外溢,这些都将进一步促使非洲各国通过各种途径助力非洲经济一体化深入发展。

(二)外部世界已经跻身非洲一体化,非洲仍要在依附中力争自主发展

近年来,非洲国家不懈的一体化终于赢得国际社会的尊重与配合。2014 年 3 月,金砖国家峰会将与非洲合作列为重要议事日程,宣布非洲为金砖国家第一援助对象。2013 年 6 月,日本召开第五届非洲开发会议,宣布的《横滨宣言 2013》承诺对非援助 300 亿美元,其中的 65 亿美元将以贷款形式支持 10 个非洲国家的基础设施建设,重点关注连接沿海和内陆的国际走廊和电网。2013 年 7 月 1 日,美国总统奥巴马访非期间宣布政府将拨款 70 亿美元用于"贸易非洲"计划。该计划最初聚焦的就是东非共同体,力争将东非共同体对美国的出口增加 40%,旨在拉动东非共同体的区域内贸易翻番,然后再推广全非与美国及其他全球市场间的贸易和经济联系。2014 年 8 月美非经济首脑会议上,奥巴马又宣布了对非总投资额 330 亿美元的"新承诺",其中包括 260 亿美元的"非洲电气化方案",重点参与非洲电网改造。2015 年 3 月,世界银行下属机构国际发展协会(IDA)向坦桑尼亚提供 3 亿美元建设从达累斯萨拉姆到伊萨卡的铁路。该铁路是改善和扩大东非中央走廊周边铁路网络的第一步,有助于加强东非中央走廊和相邻地区的贸易联系。2015 年 5 月,世界银行批准向冈比亚、几内亚、几内亚比绍和塞内加尔四国的联合电网规划提供 2 亿美元贷款,帮助四国加强电力贸易,保障供电稳定。除了世界银行、法国开发署、非洲开发银行、伊斯兰开发银行、西非开发银行、欧洲投资银行、科威特银行和德国复兴信贷银行都为非洲一体化项目提供融资支持。

总之,国际社会关注非洲一体化建设,使得非洲致力一体化的国际环

境较前宽松。非洲国家和地区组织有条件按照自身的规划需求选择合作伙伴、合作方式和发展进程，而不像过去那样任人摆布。当然，世界主要国家参与非洲一体化建设也是一把"双刃剑"，由于非洲国家自身实力还没有强大到掌控一体化全程的程度，所以非洲仍要在对外部世界的依附中发展。所以，某种程度上外部强权势力的介入与影响仍威胁着非洲的团结与稳定。但无论如何，非洲一体化在前行，全球化趋势不可阻挡。未来的非洲一体化道路注定不会一帆风顺，未来一体化实施方案中必须重视非洲大陆内部国家间经济发展不平衡的问题，而利益共享，全面受益才是正解。

（姚桂梅）

第七章　中国经验与西亚非洲国家的发展

第二次世界大战结束，亚非拉殖民地和半殖民地国家相继实现民族国家独立。之后，发展中国家在不同历史发展阶段，选择了不同的发展道路，以探求实现国家繁荣、经济与社会快速发展之愿景。由此，发展道路选择关乎国家前途、民族命运与人民幸福。

洞察过去 70 年历史发展轨迹，我们看到：在国家自由主义、国家干预主义两大经济发展思潮影响之下，发展中世界出现了东亚"工业发展的雁形模式"、南亚印度"混合现代化"模式、拉美和西亚非洲国家的进口替代和出口促进的"依赖发展型"模式，以及中国具有丰富内涵的"中国模式"。这些积累的丰富的发展素材，或多或少对正处于发展道路选择迷思中的发展中国家来说，具有一定的启迪意义。

今日之中国，正在进行着世界上最大规模的经济、社会改革的实践，且取得了令世界惊羡的经济发展业绩，国家综合实力实现了由弱到强、由小到大的历史性巨变。中国国民经济过去 30 余年保持了年均 8% 以上的经济增速，到 2014 年，中国国内生产总值达 63.65 亿元，为仅次于美国的世界第二大经济体。国民人均可支配收入 20167 元，分别是 1949 年（66元）、1978 年（238 元）的 305.6 倍和 84.7 倍。[①] 新加坡前总理李光耀在其著述《李光耀论中国与世界》一书中写道："今天，中国是世界上发展速度最快的发展中国家，其速度在 50 年前是无法想象的，这是一个无人预料到的巨大转变。"[②] 鉴于此，国际上掀起热议"北京共识"[③] "中国模

---

① 参见国家统计局《2014 年国民经济和社会发展统计公报》，http://www.stats.gov.cn/tjsj/zxfb/201502/t20150226_685799.html，2015 – 03 – 16。

② ［新加坡］李光耀口述，［英］格雷厄姆·艾利森、［美］罗伯特·D.布莱克威尔编：《李光耀论中国与世界》，蒋宗强译，中信出版社 2013 年版，第 4 页。

③ 2004 年 5 月，英国伦敦外交政策研究中心发表了题为《北京共识：提供新模式》的研究报告，认为中国通过努力、主动创新和大胆实践，摸索出一个适合中国国情的发展模式。

式""中国经验""中国道路"等思潮，至今方兴未艾，肯定与赞扬、质疑与反对的声音俱存。全球著名财经专家、意大利的洛丽塔·纳波利奥尼（Loretta Napoleon）认为，一种新版的马克思主义理论正在颠覆西方的传统理论，"中国取得的成功证明了马克思主义理论并非如西方所言一无是处"；亚当·斯密打不赢马克思；中国创造了马克思主义与新自由主义的结合。① 美国学者福山也修正了关于"历史终结论"的观点，提出："中国模式的有效性证明，西方自由民主可能并非人类历史进程的终点。随着中国崛起，所谓'历史终结论'有待进一步推敲和完善。人类思想宝库需为中国传统留有一席之地。"②

对于共处于同一位置的其他发展中国家来说，中国发展经验不仅深刻改变了中国的经济与社会发展情势，也丰富与拓宽了世界经济发展模式，由此在一定程度上亦影响着未来世界的发展方向。也就是说，发展中国家完全可以通过自身的不懈探索，找到有异于西方传统现代化的、适合本国国情的经济发展道路。与此同时，一些中东非洲国家正在"向东看"，探求中国经济快速发展的奥秘，希望通过分享经验，助力于本国经济发展。约旦国王阿卜杜拉二世认为，中国在寻求发展道路上的井然有序和坚定不移获得了国际社会广泛尊重。尽管两国发展规模不同，但我们面临很多共同的挑战和担忧，尤其是在社会经济发展、能源安全等方面。中国的发展模式已成为许多中东国家学习的榜样。③ 时任联合国秘书长潘基文称赞中国与非洲各国发展合作伙伴关系，并希望中国的发展经验可为非洲国家借鉴。④ 博茨瓦纳央行行长莫霍霍提出，中国的发展模式能够启发非洲国家如何从低收入国家成为中等收入国家。非洲国家既要向日本这样的发达国家学习，更要向中国、印度这样的发展中国家学习，在现阶段尤其要把目光投向中国，因为中国的经验更具参考价值。⑤

那么，中国发展经验如何契合了马克思主义中国化发展理论？其中有

---

① ［意］洛丽塔·纳波利奥尼：《中国道路：一位西方学者眼中的中国模式》，孙豫宁译，中信出版社 2013 年版，第 8 页。

② 齐世则：《论中国模式》，中国方正出版社 2010 年版，第 3—4 页。

③ 新华网：http://news.qq.com/a/20071101/003614.htm，2014-06-28。

④ 新华网：http://news.xinhuanet.com/world/2007-01/30/content_5675260.htm，2014-06-28。

⑤ 苑基荣、韦冬泽：《世界经济论坛非洲会议展望非洲发展前景——"希望的大陆"要借鉴中国模式》，《人民日报》2011 年 5 月 7 日。

哪些内核能为西亚非洲国家经济发展提供分享与借鉴?

第一节　从毛泽东到习近平经济思想述评

探索中国经济发展道路,是中国几代中央领导集体孜孜不倦、从未间断的课题。毛泽东、邓小平、江泽民、胡锦涛、习近平一代又一代中国领导人披荆斩棘、勇于创新,开辟和发展中国特色经济发展道路,形成有异于西亚非洲国家的经济发展战略与政策,其经济发展思想主要体现在以下几方面:

一　经济发展指导思想:立足国情,独立自主

中国经济发展战略由"一五计划"(1953 年)到"十二五计划"(2011—2015 年),扶贫政策由分散式救济扶贫(1949 年)到实施"政府主导、社会参与、自力更生、开发扶贫和全面发展"开发式扶贫(1986年),经济体制由计划经济体制(1958 年)到市场经济体制的确立(1992年),经济发展主体从纯公有制经济到多种所有制经济并存发展,经济发展方式由粗放型向集约型、由外延型向内涵型的转变,资金利用从立足自力更生到充分利用外资……中国经济发展的每一步都是在一代又一代中央领导集体的引领下,基于中国自身国家发展情势的研判,独立自主地选择中国经济发展道路。因此,它不是"苏东模式"的衍生品,不是"西方模式"的翻版,不是以新自由主义为理论基础的"华盛顿共识"的试验场,而是我们通过"摸着石头过河"探索出的具有完全自主知识产权的"中国创造"。其中,中国经济发展道路折射出中国几代领导群体审时度势,根据国情自主选择独具中国特色发展道路的政治智慧。基于此,毛泽东曾经旗帜鲜明地指出:"中国必须独立,中国必须解放,中国的事情必须由中国人民作主张,自己来处理。不允许任何帝国主义国家再有一丝一毫的干涉。"[①] 对于决策中国发展道路时为什么要走自己的路这一议题,邓小平曾有精辟的论述。他说:"我们当前进行改革开放,要敢于独立思考……从自己的实际出发来制定政策。因为在中国建设社会主义这样的事,马克思

　　[①]　毛泽东:《在新政治协商会议筹备会上的讲话》(1949 年 6 月 15 日),《毛泽东选集》第 4卷,人民出版社 1991 年版,第 1465 页。

的本本上找不出来，列宁的本本上找不出来，每个国家都有自己的情况，各自的经历也不同，所以要独立思考。不但经济问题如此，政治问题也如此。"① 与此相类似，胡锦涛也谈道："马克思、恩格斯设想的未来社会是建立在资本主义发达国家同时取得革命胜利的基础之上的，而我们党则是在生产力很不发达、经济文化十分落后的半殖民地半封建社会的基础上领导人民建设社会主义的。我们不可能从马克思、恩格斯那里找到我国社会主义建设的全部现成答案，必须结合我国实际、通过实践来不断加以回答。"② 在接受金砖国家媒体联合采访时，习近平也曾讲道："正如一棵大树上没有完全一样的两片树叶一样，天下没有放之四海而皆准的经验，……只有走中国人民自己选择的道路，走适合中国国情的道路，最终才能走得通，走得好。"③ 由此可见，任何国家，要取得经济建设的成功，都必须从本国的实际出发，采取符合本国国情的经济发展战略。这样才能扬长避短，发挥优势。

比较而言，西亚非洲国家在经济政策制定方面，长期以来受到主流经济学理论的导向影响，在很大程度上脱离国家具体国情、削足适履，使国家经济发展受挫并出现"水土不服"的结果。客观而言，独立以来该区域国家领导人并非没有独立自主掌握自身经济发展命运之筹谋，其中有两方面因素不容忽视。第一，年轻的新生国家未做好经济建设和国家发展的理论准备。西亚非洲绝大多数国家是脱胎于西方殖民统治而迅速获得政治独立的，本土经济发展理论缺乏，尚未形成基于自身经济情况、能够资政的成熟经济发展理论或思想体系，迅速发展国民经济的实践、实现国强民富的热切目标又迫在眉睫，因此这些新独立国家的领导人在经济政策制定上易受当时历史时期所谓"有效"主流经济学理论的影响，引进或接受上述西方主流经济学家的理论与思想。例如，土耳其、叙利亚、伊拉克、埃及和大多数撒哈拉以南非洲国家采用了初级产品出口型和进口替代型相结合的发展政策，海湾国家采取"经济增长的出口导向化、产业结构的出

---

① 邓小平：《解放思想，独立思考》（1988 年 5 月 18 日邓小平会见莫桑比克总统希萨诺时谈话），《邓小平文选》第 3 卷，人民出版社 1993 年版，第 260 页。

② 胡锦涛：《在省部级主要领导干部提高构建社会主义和谐社会能力专题研讨班上的讲话》（2005 年 2 月 19 日），胡锦涛《论构建社会主义和谐社会》，中央文献出版社 2013 年版，第 48 页。

③ 《习近平接受金砖国家媒体联合采访》，《人民日报》2013 年 3 月 20 日第 1 版。

口中心化、生产要素的国际化、企业经营管理的跨国化和经济运行机制的自由化"综合发展战略，①从中我们可以看到凯恩斯主义经济学的影响力。第二，西方国家的外部持续压力干扰了国家经济政策制定的自主性。这种情况在非洲大陆体现得尤为突出。非洲国家无论在 20 世纪 70 年代末深陷经济危机泥潭之时，还是 90 年代以来探求减贫之路，都迫切需要来自外部世界的资金支持。但世界银行和国际货币基金组织却采用乘人之危施援的做法，将贷款和援助（包括）与其推出的以新自由主义经济思想为核心的《结构调整方案》和《减贫战略文件》相挂钩，即受援国如不制定和实施西方国家开出的摆脱经济危机的"药方"——《结构调整方案》以及部分自主性受约束的《减贫战略文件》，就得不到相关资金支持。因此，正当中国经济如火如荼探索自主型经济发展道路之时，大部分非洲国家却成为西方主流经济学理论的"实验场"。正如南非著名经济学家莫列齐·姆贝基所言，外国势力"通过捐赠者或贷款者角色所具有的延伸性杠杆作用，进而影响非洲国家的社会和经济政策"②。值得欣喜的是，近十几年来，非洲国家正视与反思外生型经济发展战略的负面影响，自主性明显增强，

二　经济发展保障：强政府与强市场并存

源于中国数千年形成的强政府历史惯性、官本位政治文化、计划经济模式的遗产，以及市场经济的建立与完善，中国经济发展出现的强政府和强市场双强互动的模式愈加彰显，不仅主导与推进了中国经济发展进程，而且有力地推动了中国经济的长期高增长。中国第二代领导人邓小平就十分重视政府在国家经济发展和宏观管理中的强势作用，他强调："中央要有权威。党中央、国务院没有权威，局势就控制不住……宏观管理要体现在中央说话能够算数。"③ 江泽民也曾指出："市场存在自发性、盲目性、滞后性的消极一面，必须靠国家对市场活动的宏观指导和调控

---

① 冯璐璐：《中东经济现代化的现实与理论探讨——全球化视角》，人民出版社 2009 年版，第 177 页。

② ［南非］莫列齐·姆贝基：《贫穷的设计师：为什么非洲的资本主义需要改变》，董志雄译，上海人民出版社 2011 年版，第 121 页。

③ 邓小平：《中央要有权威》（1988 年 9 月 12 日邓小平在听取关于价格和工资改革初步方案汇报时谈话），《邓小平文选》第 3 卷，人民出版社 1993 年版，第 277—278 页。

来加以弥补和克服。"① 对于中国改革进入深水期的现状，中央适时成立了全面深化改革领导小组，习近平在党的十八届三中全会第二次全体会议上明确指出："中央成立全面深化改革领导小组，负责改革总体设计、统筹协调、整体推进、督促落实。涉及全局的重大改革由中央统一部署。"② 2014 年 7 月 8 日，国务院印发《关于促进市场公平竞争维护市场正常秩序的若干意见》，围绕使市场在资源配置中起决定性作用和更好发挥政府作用，着力解决市场体系不完善、政府干预过多和监管不到位问题，坚持放管并重，激发市场活力。③ 因此，在推动中国国民经济发展过程中，政府保持着强制度供给，制定与实施具有内在连续性的经济发展战略与政策，发动与推进改革开放，进行市场体系的培育、市场机制和制度的建立与健全。由此形成自上而下的经济发展战略或政策的顶层设计、中层规划、具体操作相协调配套的良好效果，政府的功能亦正在实现从高组织能力的全能政府向高度服务型、懂得宏观经济及微观经济运行规律的政府转型。当然，政府主导型经济中的强政府，并不意味着强在代替市场资源配置上，市场机制在其中发挥的作用亦不能忽视。党的十八大报告就提出，"必然更加尊重市场规律，更好发挥政府作用"，其中就隐含着政府与市场双强作用的思想。因此，正是政府与市场两种强推力构成中国经济发展的独特模式，能够实现比较艰巨的经济建设目标，如推动国企改革、兴建高铁、进行南水北调等大型基础设施建设，实施积极财政政策以应对全球金融危机的冲击等。

与中国强政府、强市场发展模式不同，在政府与市场关系方面，西亚国家在很大程度上具有强政府、弱市场模式，而大部分非洲国家则体现为弱政府、弱市场特征。在中东地区，无论是采取共和制政体还是君主制国家，威权政府施政现存于大多数西亚地区，政府官员的作用与家族背景和政治背景有很大的关系，在经济领域官僚主义过于浓厚，决策过于集中，

---

① 江泽民：《更好地组织和推进社会主义市场经济体制的建立》（1993 年 11 月 14 日江泽民同志在党的十四届三中全会上讲话），江泽民《论社会主义市场经济》，中央文献出版社 2006 年版，第 159 页。

② 《在中央十八届三中全会第二次全体会议上的讲话》（2013 年 11 月 12 日），中共中央文献研究室编《习近平关于全面深化改革论述摘编》，中央文献出版社 2014 年版，第 143 页。

③ 中央政府门户网站：http://www.gov.cn/xinwen/2014 – 07/08/content_ 2713899. htm, 2014 – 07 – 09。

经济政策随着政府的更换而极具跳跃性，缺乏连续性。① 这种强势政府在很大程度上体现为强势干预市场，存在政府过度干预经济的现象，对市场则重视不够。例如，在利比亚，直至目前，经济活动的高度集权性特点仍十分突出。政府对于经济活动的限制因素多，干预程度大，甚至被写入法律法规之中，该国2001年出台的《关于贸易代理法实施细则的规定》和2005年颁布的《关于禁止非授权贸易机构进口商品的决定》充分体现了利比亚经济深厚的计划经济色彩。在撒哈拉以南非洲地区，部族的分裂与离散、宗教冲突、文化冲突等因素，撕裂着国家的聚合性，从内部消解着政府权威与执行力。该地区弱政府、强社会的体现之一——酋长制度和部族力量的强势存在，这些酋长虽然不再是行政上的最高权威，其权力受到政府的削弱和限制，但他们仍是国家政治生活的一支重要力量和社会经济活动的参与者，例如酋长在众多非洲国家拥有土地管理和分配权。外国资本投资非洲本土，酋长也是一个不可替代的合作者。而选举政治，又使非洲国家执政者推出或实施符合本利益集团的经济政策，从长期看，其难以保证国家经济发展战略的可持续性。加之，西方国家利用经济援助、投资等手段，在一定程度上侵蚀着非洲国家的经济主权，故非洲国家难以摆脱弱政府的形象。非洲国家虽被植入了市场经济机制，但因没有强政府支撑，也难有强市场，这是因为这些国家的市场需要在政府的引导和推动下逐渐由弱变强。

三　经济发展动力：推进与深化改革

中国经济何以持续保持旺盛的发展活力，其内在活力源泉与根本动力就在于中国掀起了改革浪潮，并不断被注入新内容，使中国经济在不断改革深化中波浪式向前推进。以邓小平为核心的第二代领导集体，当面临中国经济建设经过近30年的发展出现僵化的经济体制束缚的困境之时，果断提出对内实行改革的经济发展战略，这是对于中国要不要改革问题的回应。他认为"改革是中国发展生产力的必由之路"②，"改革也是解放生产

---

① 冯璐璐：《中东经济现代化的现实与理论探讨——全球化视角》，人民出版社2009年版，第149页。

② 邓小平：《改革是中国发展生产力的必由之路》（1985年8月28日邓小平会见津巴布韦非洲民族联盟主席、政府总理穆加贝时谈话），《邓小平文选》第3卷，人民出版社1993年版，第136页。

力……不改革开放，不发展经济，不改善人民生活，只能是死路一条"①。由此，江泽民、胡锦涛、习近平领导中国人民坚定不移地走改革之路，这是因为他们深知"改革是一个国家、一个民族的生存发展之道"②。那么，改革应当怎样进行？邓小平的回答是：中国还处在社会主义初级阶段……中国仍然是世界上很贫穷的国家之一……中国人口多，许多资源没有被开发利用，连人民的吃饭、教育和就业都成为严重的问题。③ 这就是说，在国家贫困、人民承受能力很弱的情况下，如果实行激进式改革，会产生国民经济的激烈震荡，会增大改革的风险，有可能导致改革的失败。鉴于此，邓小平进一步提出了进行全面改革的战术原则："我们的方针是，胆子要大，步子要稳，走一步，看一步"④，以渐进式改革减轻社会震荡。从农村到城市，从非公经济到国有经济，从农业领域到金融体制，从沿海、沿边到内陆开放……中国的经济改革正是这样"摸着石头过河"，分步骤、由浅至深，步入改革深水区。当下，习近平总书记面对新旧问题交织的经济发展现实，不仅重申"改革既不可能一蹴而就，也不可能一劳永逸"⑤ 理念，而且提出改革不能在"深水区"反复"摸石头"，需要顶层设计，总体规划，正所谓"立治有体，施治有序"。⑥ 2013 年 12 月，中央全面深化改革领导小组正式成立。因此，从"摸着石头过河"和加强顶层设计的辩证统一，到更加注重各项改革的良性互动，凸显"体大思精"的时代特征。

而在西亚非洲地区，众多国家自 20 世纪 80 年代以来相继进行了市场化经济改革。尽管与中国大致同时开启经济改革大门，为什么这一地区的国家未能取得彰明较著的经济发展业绩呢？其主要原因在于：第一，从改

---

① 邓小平：《在武昌、深圳、珠海、上海等地的谈话要点》（1992 年 1 月 18 日至 2 月 21 日），《邓小平文选》第 3 卷，人民出版社 1993 年版，第 371 页。

② 《在中共十八届三中全会第二次全体会议上的讲话》（2013 年 11 月 12 日），中共中央文献研究室编《习近平关于全面深化改革论述摘编》，中央文献出版社 2014 年版，第 10 页。

③ 邓小平：《坚持四项基本原则》（1979 年 3 月 30 日邓小平在党的理论工作务虚会上的讲话），《邓小平文选》第 2 卷，人民出版社 1994 年版，第 163、164 页。

④ 邓小平：《改革是中国的第二次革命》（1985 年 3 月 28 日邓小平会见日本自由民主党副总裁二阶堂进时谈话），《邓小平文选》第 3 卷，人民出版社 1993 年版，第 113 页。

⑤ 《关于〈中共中央关于全面深化改革若干重大问题的决定〉的说明》（2013 年 11 月 9 日），中共中央文献研究室编《习近平关于全面深化改革论述摘编》，中央文献出版社 2014 年版，第 8 页。

⑥ 《在省部级主要领导干部学习贯彻十八届三中全会精神全面深化改革专题研讨班上的讲话》（2014 年 2 月 17 日），中共中央文献研究室编《习近平关于全面深化改革论述摘编》，中央文献出版社 2014 年版，第 26 页。

革的方式看，大多数非洲国家接受世界银行和国际货币基金组织推介的
《结构调整方案》，意味着：无论国家经济发展条件、经济基础如何，都要
立刻进入以市场化、自由化、私有化为核心的急进式经济变革轨道，新旧
体制急变引起的巨大冲击波必然给国家经济生活带来负面冲击。据统计，
1986—1989 年四年间，非洲有 30 多个国家接受了世界银行和国际货币基
金组织提出的《结构调整方案》，[①] 国民经济虽被引入市场经济轨道，但因
其强制性和方案的"硬着陆"终究带来诸多负面结果。肯尼亚总统莫伊在
公开场合多次表示：结构调整是"残酷的、独裁的和不现实的"[②]。第二，
从改革的力度看，一些西亚油气资源国坐享"食利者"经济之红利，只进
行"修修补补"式改革，未进行深刻的革命性改革，经济结构长期以来未
发生根本性变化。中东地区最大的产油国——沙特阿拉伯就是个典型事
例，该国石油储量坐拥世界首位，丰厚的石油美元收入弱化了国内经济改
革的动力，使该国经济结构长期保持"地租"经济的特点。据世界银行统
计，1980 年、1990 年、2000 年和 2013 年该国制造业占国内生产总值的比
重分别为 4.1%、8.6%、9.7% 和 10.1%。[③] 此外，近些年发生在埃及、
突尼斯等阿拉伯国家的政治变局就与僵化的经济结构低度化密切相关。第
三，从改革的价值取向看，经济活动的高度集权性束缚了新型经济管理体
制的建立。一些威权政治体制下的西亚非洲国家政府，政府对于经济活动
干预限制因素较多，干预程度大，市场商业不规范，由此影响经济活力的
充分释放。

四　经济发展关键：全力发展生产力

　　马克思主义认为，生产力是社会发展的最终决定力量，生产力决定生
产关系。在这一唯物史观指导下，中国历代领导人深知：中国是一个发展
中的大国，能不能解决好发展生产力问题，直接关系到中国经济与社会发
展进程的兴衰。在党的十一届三中全会以后，党和政府的工作重心强调以
经济建设为中心。纵观邓小平经济思想，其发展主线就是发展生产力。其
一，他把经济建设置于党和政府的工作重心，强调关注发展生产力问题。

---

　　① 舒运国：《失败的改革——20 世纪末撒哈拉以南非洲国家结构调整评述》，吉林人民出版
社 2004 年版，第 97—98 页。

　　② 钟伟云：《非洲国家经济结构的改革和调整》，《世界经济》1995 年第 5 期。

　　③ 世界银行统计数据库：http://data.worldbank.org/country/saudi-arabia，2015 - 03 - 16。

他认为经济工作、现代化建设是"当前最大的政治",是一个"长期的任务","经济问题是压倒一切的问题"。[①] 1980 年 5 月,邓小平在会见来访的几内亚总统杜尔时谈道:"社会主义经济政策对不对,归根到底要看生产力是否发展,人民收入是否增加。这是压倒一切的标准。"[②] 其二,他将发展生产力作为研判社会主义本质特征的重要因素。1992 年,邓小平在南方谈话中谈道,"社会主义的本质,是解放生产力,发展生产力,消灭剥削,消除两极分化,最终达到共同富裕"[③]。江泽民同志也曾指出,发展必须坚持以经济建设为中心,集中精力把国民经济搞上去,用发展的办法解决前进中的问题,保持较快的、有质量有效益的发展速度。这些论述概括了中国特色社会主义是理论的重要内容,是改革开放理论、经济建设理论的思想基础与根基。

在西亚伊斯兰国家,伊斯兰经济学深刻影响着这些国家的经济生活。伊斯兰经济学发展的目标在于强化博爱和社会经济公正的概念。[④] 也就是说,相对于生产者的生产活动,它更加关注财富和资源的分配层面的均等与公平。按照伊斯兰教法,伊斯兰金融机构的经营活动严格遵循禁止利息、禁止投机、禁止投资于伊斯兰教不允许的产业(如赌博、色情)等原则。[⑤] 而伊斯兰宗教经济的主要来源,如天课、瓦克夫和赛德盖更加体现伊斯兰经济中扶贫、济困等财富的二次分配特点。在非洲,全力发展生产力的观念远不像中国那样始终处于政府领导人国家治理的首要与关键。一些非洲思想界人士对此有清醒的认识,认为"政治实力集团最突出的特点,就是他们对各种产业没有兴趣,不论是工业或者采矿业,还是农业。因此总体来看,外国所有的公司仍然在私有企业中占有主导地位,而国有企业所起的作用则日趋减弱"[⑥]。此外,在非洲传统文化中,集体主义的家

---

①　1979 年 10 月,邓小平在中共省、市、自治区委员会第一书记座谈会上讲话,参见《邓小平文选》第 2 卷,人民出版社 1994 年版,第 194 页。

②　邓小平:《社会主义首先要发展生产力》(1980 年 5 月 5 日邓小平会见几内亚总统杜尔时谈话),《邓小平文选》第 2 卷,人民出版社 1994 年版,第 314 页。

③　邓小平:《在武昌、深圳、珠海、上海等地的谈话要点》(1992 年 1 月 18 日至 2 月 21 日),《邓小平文选》第 3 卷,人民出版社 1993 年版,第 373 页。

④　[马来西亚]苏丁·哈伦等:《伊斯兰金融和银行体系》,刚健华译,中国人民大学出版社 2012 年版,第 18 页。

⑤　李林:《伊斯兰经济互通体与中阿金融合作的非盈利模式》,《西亚非洲》2014 年第 2 期。

⑥　[南非]莫列齐·姆贝基:《贫穷的设计师:为什么非洲的资本主义需要改变》,董志雄译,上海人民出版社 2011 年版,第 24 页。

庭价值观、财富共享的财产观、崇尚消费的生活方式，虽具有积极作用，但易使人产生惰性依赖思想，在一定程度上抑制了人们致富动力，且不利于国内资本的积累。很显然，没有生产力的大发展，社会生活水平就难以得到根本性的提高。

五　经济增长方式：倡导人本经济观

民生为大是中国传统形成的社会治理理念，正如 2000 多年前老子所言："功成事遂，百姓皆谓我自然。"因此，发展经济的出发点、过程和归宿，都是让经济发展成果惠及民众，让人民生活得更幸福、更有尊严。古今中外，概莫能外。即使在改革开放之前的赶超式粗放经济增长方式发展阶段，毛泽东也强调经济发展、发展经济就是为了人民。改革开放之后，中国经济增长高度依赖低成本资源和生产要素的高强度投入，造成自然资源消耗过度和生态环境压力过大问题，影响了人们的生活质量。对此，邓小平强调经济、社会的可持续发展，"注意经济稳定、协调地发展"[1]。2003 年 7 月，胡锦涛在全国防治非典工作会议上的讲话中谈道，"从今后的工作来说，我们不仅要继续保持经济较快增长的良好势头，而且要重视提高经济增长的质量和效益"，"坚持全面发展、协调发展、可持续发展观，坚持在经济发展的基础上促进人的全面发展，坚持促进人与自然的和谐。在促进发展的进程中，我们不仅要关注经济指标，而且要关注人文指标、资源指标和环境指标；不仅要增加促进经济增长的投入，而且要增加促进社会发展的投入，增加保护资源和环境的投入"。[2] 近几年，随着中国含"水分"GDP 议论的增多，习近平果断地提出：要全面认识持续健康发展和生产总值增长的关系，防止把发展简单化为增加生产总值；要调整中国经济增长结构，不再简单以国内生产总值增长率论英雄，一味以生产总值排名比高低、论英雄。转方式、调结构是我们发展历程必须迈过的坎。[3] 由此，中国经济结构正在进行的战略性调整，推动着经济增长方式的转变，并建构绿色 GDP。

---

① 邓小平：《在武昌、深圳、珠海、上海等地的谈话要点》（1992 年 1 月 18 日至 2 月 21 日），《邓小平文选》第 3 卷，人民出版社 1993 年版，第 377 页。

② 胡锦涛：《论构建社会主义和谐社会》，中央文献出版社 2013 年版，第 2—4 页。

③ 参见王晖《习近平在湖南考察时强调深化改革开放推进创新驱动　实现全年经济社会发展目标》，《人民日报》2013 年 11 月 6 日，第 1 版。

虽然非洲大陆从 20 世纪 90 年代中期开始，可持续发展观渐渐走进国家经济生活之中，但主导这些国家经济发展战略与政策的主流理论体系和政策工具仍然是以新自由主义为核心的"华盛顿共识"，无论《结构调整方案》，还是《非洲发展新伙伴计划》，其内核均是新自由主义经济思想，在实践中未将减贫与人的发展置于国家可持续发展的突出位置，经济增长的益贫性不足，这种经济增长模式被称为"有增长，无发展"。也就是说，经济增长成果不能充分为广大民众所分享。据世界银行统计，以人均日消费 1.25 美元的国际贫困线为标准，1990 年、2005 年、2008 年、2010 年和 2015 年撒哈拉以南非洲地区贫困发生率分别为 43.1%、30.8%、49.2%、48.5% 和 42.2%，上述年份贫困人口数量分别为 2.9 亿、3.9亿、3.99 亿、4.14 亿和 4.08 亿。[1] 这表明非洲大陆的经济增长系非益贫式增长。近年来，非洲经济成为世界经济重要的增长极之一，实现包容性增长方式越来越得到非洲国家政府决策层的认同，2013 年非盟提出"2063年愿景"，勾画出非洲大陆未来 50 年经济社会发展战略框架，其中提出的七大愿景之一——实现繁荣非洲的包容性增长和可持续发展，即体现了人本经济观思想的核心。因此，包容性经济增长方式不仅是中国经济发展实践经验的总结，而且也契合了当下与未来中长期非洲大陆经济发展方向，将成为非洲经济发展的新态势。

六 经济发展区位：区域经济均衡发展

协调区域经济发展、合理生产力空间布局是自然地理经济发展差异明显的发展中国家必须思考的问题。中国党和国家领导人重视缩小国内地区间经济发展差距，根据不同时期的发展背景、方向和重点，提出了既一脉相承又各具特色的区域经济发展思想。毛泽东鉴于当时中国工业 70% 分布在沿海地区的现状，提出沿海支持内地的区域经济平衡发展方针[2]，"三线"建设就是当时重要的举措。随着中国实施改革开放方针，邓小平提出

---

[1] Iain Frame edited, *Africa South of the Sahara* 2015, Routledge: Taylor & Francis Group, London and NewYouk, 2014, p. 4.

[2] 毛泽东曾指出："我国全部轻工业和重工业都有约百分之七十在沿海，只有百分之三十在内地，这是历史形成的一种不合理的状况，沿海的工业基地必须充分利用，但是为了平衡工业发展布局，内地工业必须大力发展。"参见毛泽东《论十大关系》（1956 年 4 月 25 日），《毛泽东选集》第 5 卷，人民出版社 1977 年版，第 270 页。

以东部沿海地区为重点的非均衡区域经济发展战略，其战略思想主要体现在"两个大局"观念中，即沿海地区先加快发展，通过带动和帮助内地实现区域经济共同发展，"这是一个事关大局的问题，内地需要顾全这个大局。反过来，发展到一定的时候，又要求沿海拿出更多力量来帮助内地发展，这也是一个大局，那时沿海也要服从这个大局"①。经济特区、沿海经济技术开发区随之建立起来。而对于东、西部经济发展差距日益扩大的情势，自1999年起，以江泽民为首的国家领导层先后制定并实施了西部大开发战略、东北地区等老工业基地振兴战略和促进中部地区崛起战略。由此，国内跨区域产业转移加快。胡锦涛也非常重视区域协调发展问题，他在2005年11月中央经济工作会议上指出："促进区域协调发展，逐步缩小区域发展差距，是我国现代化建设进程中的一项长期任务，也是当前要抓紧抓好的一项重要工作。"②而2013年9月和10月习近平主席在访问哈萨克斯坦和印度尼西亚时提出的共建"丝绸之路经济带"和"21世纪海上丝绸之路"战略构想，体现了升级版的开发西部、多元平衡的经济思想。正是在这种区域经济发展平衡、最终实现共同富裕经济思想的引领下，中国东部与中西部人均GDP相对差距以2003年为拐点呈现逐步缩小的趋势。③

西亚非洲国家在发展经济过程中，或多或少出现了部族政治现象。当政者施政时，更加关注本部族及国内大的民族利益聚居区民众的利益，地区经济发展不平衡特点突出。在苏丹，2011年7月最终走向分裂，除历史原因以外，现实的歧视性经济政策亦是重要因素。苏丹独立后，掌控中央政府的北方阿拉伯人长期实行重北轻南的经济政策，历届政府投向苏丹南部的基本预算不到整个国家预算的10%，所有大的工业计划都被安排在北方，南方地区的发展项目迟迟提不上日程。④ 由此导致该国南部经济与社会发展长期滞后，经济发展不平衡现象十分突出。又如，也门马哈拉部落生活的东部偏僻地区、阿尔及利亚的柏柏尔人居住区、

---

① 邓小平：《中央要有权威》（1988年9月12日邓小平在听取关于价格和工资改革初步方案汇报时谈话），《邓小平文选》第3卷，人民出版社1993年版，第277—278页。

② 樊如钧：《中央经济工作会议在北京召开胡锦涛温家宝作重要讲话　吴邦国贾庆林曾庆红黄菊吴官正李长春罗干出席会议》，《人民日报》2005年12月2日，第1版。

③ 丁任重主编：《新时期中国经济发展道路研究》，西南财经大学出版社2013年版，第303页。

④ 王猛：《苏丹民族国家建构失败的原因解析》，《西亚非洲》2012年第1期。

利比亚东部（包括班加西）和少数民族地区、马里图阿雷格人聚居的萨赫勒地带等，在国家经济生活中被长期边缘化，其结果是地区经济差距被进一步强化，引发不同烈度的社会动荡甚至内战，最终使国家经济发展遭受严重损失。

七 经济发展方位：利用国内市场与实行自主对外开放

中国传统文化强调有选择地汲取他者的长处，经济发展视域亦如此。早在新中国成立之初，毛泽东就意识到中国的发展离不开世界，指出："我们现在就要向资本主义国家进口成套设备，包括从日本和英国，向他们学习技术。"[①] 20 世纪 70 年代末以来，基于和平与发展国际环境的研判以及中国经济发展走出困境的现实需要，对外开放逐渐成为中国经济发展的国策。1984 年，邓小平就明确指出："经验证明，关起门来搞建设是不能成功的，中国的发展离不开世界……需要对外开放，吸收外国的资金和技术来帮助我们发展。"[②] 对于中国经济的理解，需要关注两点：第一，这种开放型经济的塑造，需要充分利用国内和国际两种资源、两个市场，而且我们要把经济发展建立在主要依靠国内市场的基础上。正如江泽民在1998 年 12 月 7 日中央经济工作会议上所指出的："扩大国内需求、开拓国内市场，是我国经济发展的基本立足点和长期战略方针。"第二，中国对外开放必须坚持自主性。2013 年 1 月，习近平总书记在中央政治局第三次集体学习时强调："我们要坚持从我国实际出发，坚定不移走自己的路，同时我们要树立世界眼光，更好把国内发展与对外开放统一起来，把中国发展与世界发展联系起来，把中国人民利益同各国人民共同利益结合起来，我们要坚持走和平发展道路，但决不能放弃我们的正当权益，决不能牺牲国家核心利益……确立开放的自主性，关系到我国的正当利益，也决定着我国参与国际竞争的前途和命运。目前，我国经济开放的目标，主要不是如何让更多的西方跨国公司研发机构到我国来廉价利用资源和高价转卖非核心技术，而是'着力增强自主创新能力'和参与中高端国际竞争，掌握技术竞争的主动权。"在这其中，中国始终坚持了自己的政策空间，

---

① 1963 年 7 月 22 日，毛泽东在接见澳大利亚共产党左派希尔夫妇时所言，顾龙生《毛泽东经济年谱》，中共中央党校出版社 1993 年版，第 58 页。

② 邓小平：《我们的宏伟目标和根本政策》（1984 年 10 月 6 日邓小平会见中外经济合作问题讨论会全体中外代表谈话），《邓小平文选》第 3 卷，人民出版社 1993 年版，第 78—79 页。

自己来决定取舍，决不盲从。目前，习近平总书记提出的"一路一带"战略构想就是中国领导人经济发展思想中国际情怀的例证。实践证明，充分调动国内市场活力与实施对外开放政策，可以使中国经济发展有较大的回旋余地，有力地促进了中国国内生产力的发展，增强了综合国力和国际竞争力。

而对于西亚非洲国家而言，鉴于世界经济秩序的不均衡性，以埃及学者萨米尔·阿明为代表，提出了"依附论"经济发展思想，[①] 集中体现在未竟实施的《拉各斯行动计划》上，经济发展空间欲局限于内向型国内市场或地区市场。事实上，在全球化浪潮的洗礼下，西亚非洲国家也被裹挟其中，加之接受"华盛顿共识"经济发展思想，西亚非洲国家经济一直与世界经济交织在一起，融为世界经济的一部分，即使其中具有很大的被动性特征。目前，在支撑西亚非洲国家经济发展的"国内市场"和"国际市场"两个轮子中，存在不平衡现象，即经济发展过于倚重国际市场，而地区市场的"轮子"亦偏小，更不用说立足于国内消费市场。这主要是因为，西亚非洲国家普遍具有经济规模狭小、结构相似、缺乏互补性的特征，产品消费严重依赖国际市场。中东各国拥有大小规模不等的石油储量，其原油输出主要定位于国际市场，如沙特 2013 年石油收入占政府财政总收入的 87.9%，石油出口占商品出口总额的 84.9%，[②] 外向型经济特点突出。在非洲 54 个国家中，有 6 个国家人口少于 100 万，2/3 的国家产品出口主要依赖于一种或两种农矿产品，而且大陆内部国家内贸易额仅占全部贸易总额的 12%，远远低于非洲国家与欧盟的贸易额（占比为 60%）。[③] 其结果是：西亚非洲国家经济态势深受国际市场"晴雨表"变化的影响，抵抗国际经济风险的能力较弱。而且，一些国家在对外开放过程中，也存在经济主权被侵蚀的情况，在对外开放中的"资源市场换技术"的效果方面似不尽如人意。这与国家经济发展方位理论的不系统性有很强的正相关性。

---

①　［埃及］萨米尔·阿明：《不平等的发展》，高铦译，商务印书馆 2000 年版。

②　Juliet Love edited, *The Middle East and North Africa* 2014, Routledge: Taylor & Francis Group, London and NewYouk, 2013, pp. 964–966.

③　Iain Frame edited, *Africa South of the Sahara* 2015, Routledge: Taylor & Francis Group, London and NewYouk, 2014, p. 5.

八 经济发展前提条件：塑造和平与稳定的内外经济发展环境

中国是一个幅员辽阔的多民族国家，这种特点也形成了中国人担心"乱"的一种集体心理。只有稳定，才有发展，中国要实现自己的经济发展目标，安定的国内环境与和平的国际环境是必不可少的前提条件。1989年2月26日，邓小平明确指出："中国的问题，压倒一切的是需要稳定。没有稳定的环境，什么都搞不成，已经取得的成果也会失掉。"① 1990年12月24日，他又强调："我不止一次讲过，稳定压倒一切。"② 以江泽民为核心的党的第三代中央领导集体产生后，更将"稳定""改革""发展"作为我国改革开放和社会主义现代化建设事业三个有机统一的组成部分进行考虑：没有稳定，改革和发展都无从进行。③ 在这里，"稳定"的内涵主要包括两个层面内容：其一是保持国内政治稳定，处理与协调好各种社会矛盾，减少社会动荡。其二是缔造和平和外部发展环境，利用好战略机遇期，一心一意搞建设。正如邓小平所言："我们的现代化建设要取得成功，决定于两个条件。一个是国内条件，就是坚持现行的改革开放政策。……还有一个是国际条件，就是持久的和平环境。"④ 进入21世纪以来，以胡锦涛为核心的党的第四代中央领导集体与时俱进，创造性地提出了"和谐世界"发展理念，对内强调"从解决人民群众最关心、最直接、最现实的利益入手"，进行和谐社会建设；⑤ 对外"尊重各国自主选择社会制度和发展道路的权利，加强不同文明的对话和交流，维护文明的多样性，促进国际关系民主化，协力构建各种文明兼容并蓄的和谐世界"⑥。全面夯实大国、周边、发展中国家及多边外交等中国外交，由此使中国外交逐步形成

---

① 邓小平：《压倒一切的是稳定》（1989年2月26日邓小平会见美国总统布什时谈话），《邓小平文选》第3卷，人民出版社1993年版，第284页。

② 邓小平：《善于利用时机解决发展问题》（1990年12月24日邓小平同几位中央负责同志的谈话要点），《邓小平文选》第3卷，人民出版社1993年版，第364页。

③ 《把握好改革、发展、稳定的关系》（1994年5月5日江泽民同志在上海市考察工作时讲话），江泽民《江泽民文选》第1卷，人民出版社2006年版，第365页。

④ 邓小平：《在中央政治局常委会上的讲话》（1986年1月17日），《邓小平文选》第3卷，人民出版社1993年版，第156页。

⑤ 胡锦涛：《论构建社会主义和谐社会》（2005年12月15日胡锦涛于在青海考察工作结束时的讲话），中央文献出版社2013年版，第79页。

⑥ 参见吴绮敏、何洪泽《胡锦涛主席在联合国首脑会议上发表重要讲话》（2005年9月15日胡锦涛在联合国总部发表演讲），《人民日报》2005年9月16日，第1版。

对中国和平发展总体有利的大格局。因此，稳定的国内外环境使中国的经济建设顺利且持续进行成为可能。

　　与此形成反差的是，西亚非洲地区是世界上最不稳定的地区。该地区既有边界争端、群族争斗、宗教矛盾、教派冲突等历史遗留问题，又交织着政权更迭、资源开发冲突、恐怖袭击等新问题，残冰未消，宿怨与新仇叠加。因此，国内政治逢选易乱、外部冲突引发国内动荡、逊尼派与"什叶派新月带"政治博弈时热时冷，严重影响国家经济发展战略的可持续性，部分国家因战乱和冲突使正常的经济活动难以为继。近些年，尤其是2010年年底中东变局以来，变局发生国及其动乱溢出效应使西亚非洲地区部分国家承受动荡不安之苦。短短3年多时间，埃及政权三度易主，国家领导人经历了从穆巴拉克到穆尔西再到塞西的变化；"伊斯兰国"强势崛起，在伊拉克和叙利亚攻城略地，迅速扩张，给地区安全构成严峻挑战；也门萨利赫政府在2011年11月被迫交权后，该国进入政治转型与哈迪执政期，面临国内胡塞武装组织的反对力量逐渐坐大的威胁，终于在2015年起势占领总统府，当下正引发以沙特为首的中东逊尼派各国空袭也门什叶派胡塞武装的乱局。试想：在埃及近年政权频繁更迭中，在叙利亚内战和伊拉克内战的兵戈相见中，在也门政治力量暴力冲突中，在苏丹的国家裂变中，在巴以冲突久拖不决中，在索马里国内政治分治中，在中非共和国军政争斗中，何谈发展经济？

　　总之，洞察从毛泽东到习近平为核心中央领导集体经济思想发展轨迹，呈现以下特点：第一是内生性，经济发展思想根源于中国特殊的国情，是在没有任何外在压力及受到其他任何理论约束情况下努力探索的结果，当然其中并不排除吸收、借鉴其他经济运行机制的有益成分。第二是内在逻辑性，对于旨在摆脱贫困落后的发展中国家来说，没有经济的发展、实质上的经济增长，综合国力和人民生活水平的提高只能是无源之水、无本之木，因此，"发展是硬道理"始终是中国几代领导人经济发展的基本共识，并在实践中不断被赋予新的含义。第三是承继性，中国共产党长期执政使中国历代领导人坚定不移地推进中国经济发展长远目标，经济发展思想由此保持一定的定力，能够克服西亚非洲国家与选举政治伴生的经济发展战略短期性、功利性的特点。当然，经济发展思想不是简单的重复，每位领导人都会根据时代特点变化、中国经济发展阶段性特征，不断地丰富、发展、修正、创新与超越，体现了马克思主义理论在中国的新应用、新发展。

第二节 中国经济发展实践内涵：针对西亚
非洲国家基于要素层面的分析

中国经济的快速发展根源于自毛泽东以来一代又一代领导集体经济发展思想的指导，得益于经济发展政策与制度的调整，来自于从理论思想到付诸实践的过程。通过诊断西亚非洲国家当下普遍存在的经济发展问题，从经济发展要素①视角，以下几方面中国发展经济的做法值得关注。

一 发展农业促减贫

农业是国民经济的基础产业，是解决人们最基本的吃、穿、用等消费需求的关键，其中作为农业最重要产品的粮食是人类赖以生存的首要条件，同时它是工业发展的基础。对于具有农业国属性的中国来说，农业在国民经济中具有不可替代的特殊地位和作用。基于当时中国绝大部分贫困人口生活在农村的情势，中国改革充分尊重农民的首创精神，从农村起步，以农业为突破口。

第一，启动农村土地经营制度改革，保障土地使用者权益。从 1979年安徽凤阳小岗村 18 户农民把土地承包给家庭经营伊始，逐渐终结了人民公社体制，从根本上改变了中国农业中的基本经营制度，并得到中央政府的认可，这体现在 1980 年中共中央印发的《关于进一步加强和完善农业责任制的几个问题的通知》中。2014 年 1 月，中央发布一号文件——《关于全面深化农村改革加快推进农业现代化的若干意见》进一步提出，完善农村土地承包政策，即在坚持和完善最严格的耕地保护制度前提下，赋予农民对承包地占有、使用、收益、流转及承包经营权抵押、担保权能。② 第二，构建国家粮食安全体系。粮食是人民最基本的生活资料，攸

---

① 根据发展经济学理论框架，经济发展需要从国家经济发展所具备的发展条件（如人口、资源与环境、产业结构、资本积累、技术进步等方面）和面临的国际经济环境（如对外贸易和国际投资等方面）加以分析，通过分析上述发展要素的开发利用状况，可以探求发展中国家经济发展要素相适应的经济发展途径。

② http://news.hsw.cn/system/2014/01/19/051842943_ 01.shtml, 2014 – 07 – 21.

关国计民生，从毛泽东时期的"以粮为纲"①到邓小平时期的"农业，主要是粮食问题"②，"农业要全面规划，首先要增产粮食"③，再到胡锦涛时期的"粮食问题始终是头等大事"④，中国农业发展政策的核心是保证国家粮食安全。中国现实施以我为主、立足国内、确保产能、适度进口、科技支撑的国家粮食安全战略，以实现口粮绝对安全。⑤为此，中国政府采取的措施有：加强以农田水利为重点的农业基础设施建设，改善农业生产条件；确立严格的粮食作物种植面积底线，保障粮食产业；建立主要粮食品种（如稻谷、小麦等）的最低收购价格（从 2004 年起），保证农民收益；大力推进农业科技进步，提升粮食作物单产；合理利用国际农产品市场，建立可靠的农产品进口来源地。第三，健全国家对农业的支持保护体系。目前，中国政府认真贯彻落实《中国农村扶贫开发纲要（2011—2020年）》要求，一方面通过税收优惠、财政贴息、持续加大综合扶贫投入力度等方式，引导金融资本和社会资本加大对农村贫困地区的投入。⑥另一方面，取消农业税、牧业税和除烟叶外的农业特产税，实行种粮农民直接补贴、良种补贴、农资综合补贴、农机购置补贴、畜牧良种补贴等政策，对弱质农业给予更多的保护。此外，政府还加大对粮食主产区的财政转移支付力度，增加对商品粮生产大省的奖励补助，对于退耕还林地区则可享受生态补偿金。第四，调整农业产业结构，构建新型农业经营体系。为提升农业发展的整体绩效，农民需要寻求除种植业以外的多种经营。于是，中国农村从 20 世纪 80 年代初开始进入调整农业产业结构、农村经济多元化时代。乡镇办企业、村办企业、农民联营的合作企业、农民合作社等新型农业经营体系逐渐形成，农村的个体经济、私营经济以及外部私有资产

---

① 薄一波：《若干重大决策与事件的回顾》（修订本），人民出版社 1997 年版，第 723 页。

② 邓小平：《在听取经济情况汇报时的谈话》（1986 年 6 月 10 日邓小平在听取中央负责同志汇报当时经济情况时的谈话），《邓小平文选》第 3 卷，人民出版社 1993 年版，第 159 页。

③ 邓小平：《各项工作都要有助于建设有中国特色社会主义》（1993 年 1 月 12 日邓小平同国家计委、国家经委和农业部门负责同志谈话），《邓小平文选》第 3 卷，人民出版社 1993 年版，第 22 页。

④ http：//news. xinhuanet. com/mrdx/2008－11/01/content_ 10290703. htm.

⑤ 参见 2013 年 12 月 13 日《习近平在中央经济工作会议上发表重要讲话》，载新华网：http：//news. xinhuanet. com/politics/2013－12/13/c_ 125857613. htm，2014－11－11。

⑥ 2012 年，中央财政用于农村贫困地区使贫困农民直接受益的综合扶贫投入 2996 亿元，比上年增长 31.9%。参见中央政府网站：http：//www. gov. cn/gzdt/2013－03/29/content _ 2365239. htm，2014－07－21。

和外资进入农业，农民就业和收入来源以及农业和农村的所有制结构也出现了多元化态势。第五，以农业、农村、农民协调发展为目标，开展社会主义新农村建设。我国政府基于中国现已跨入工业反哺农业阶段的研判，在基础设施、农业生产、社会保障、乡村治理等层面，进一步改善"三农"的整体面貌，农民温饱问题得到解决。

而对于西亚非洲国家而言，大多为农、矿资源国，"三农"问题亦很突出，而且同样存在贫困人口分布与农村地理区位相重叠的情况，因此国家减贫的支点在很大程度上源于农业领域。第一，在农业资源开发潜力方面，相较于西亚地区，非洲大陆幅员辽阔，发展农业潜力巨大。世界银行于 2013 年 1 月发表了《成长中的非洲：释放涉农产业的潜力》（*Growing Africa*：*Unlocking the Potential of Agribusiness*）称，目前非洲有一半以上（约为 4.5 亿公顷）的肥沃土地尚未被开发，在苏丹、南苏丹、刚果（金）、莫桑比克、马达加斯加、赞比亚、安哥拉和坦桑尼亚 8 国未开发耕地更是占到国家可耕地面积的 2/3。[①] 若有效利用这些土地资源，非洲农业经济将会成为国家经济发展与减贫的重要引擎。第二，在土地问题上，目前，非洲国家在土地分配中存在着多重冲突：规模化土地拥有者与无地或少地农民对土地资源的争夺；同一地域空间内不同用地的纷争，如农用地与牧用地、农用地与林地、农用地与城市工业化用地等；传统土地使用类型与现代农业发展需求的错位，如部落土地、小农家庭用地、现代大种植园各自对土地的控制与觊觎对他者土地扩张的角力，等等。可以说，非洲国家的农村土地类型既有历史发展惯性的传承，又有现代因素的渗入，处于"不完全市场化"状态。[②] 非洲国家需要探索农村土地使用方式的多样化，规范土地开发行为，以期保障农民在土地开发与投资中充分受益。第三，在粮食安全问题上，由于粮食作物生产较之出口创汇的经济作物生产处于弱势（源于经济条件、基础设施、粮食生产组织情况、政策保障等因素），粮食短缺局面在非洲国家普遍存在。据联合国粮农组织统计，虽然非洲食物不足发生率已从 1990—1992 年间 27.3% 降至 2011—2013 年间的 21.2%，但同期该地区缺粮人口数量却有增无减，从 1.78 亿人增至 2.26

---

① The World Bank, *Growing Africa*：*Unlocking the Potential of Agribusiness*, AFTFP/AFTA, January 2013, pp. 16 - 17.

② 安春英：《非洲农业发展与减贫——兼论〈非洲农业综合发展计划〉》，载舒运国、张忠祥主编《非洲经济评论（2013）》，上海三联书店 2013 年版。

亿人，仍是世界上食物不足发生率最高的地区。在西亚北非地区，由于农业经济资源匮乏，特别是优质耕地和可再生水资源的匮乏，限制了该区域粮食生产潜力的发挥。这些区域主要依靠大量进口谷物来满足快速增长人口的粮食需求，粮食自给率远远落后于中国。由于近些年来受到食品价格上涨和政局不稳等负面因素影响，西亚地区食物不足人口由 1990—1992 年间 840 万人增至 2011—2013 年间的 2060 万人，食物不足发生率亦由 6.6% 升至 9.8%。[1] 由此，贫困人口无法解决口粮问题。一些西亚非洲国家，若能提高农业增长率，增加农业产出和农民收入，就会发生经济增长范式的变化——实现亲贫式经济增长。

二　改善经济结构低度化状况

产业结构是国民经济结构的核心。在国民经济中，无论是出于促进经济增长和效益，还是扩大就业的考虑，优化产业结构是极为重要的方面。中国产业结构调整与演进依据国内经济发展情势，具有明显的阶段性特征，体现为政府在不同经济发展阶段采取了不同的措施。1952—1978 年间，国家实行通过重工业发展带动国家经济现代化的发展战略，虽然重视农业的基础地位，但却通过工农业产品价格"剪刀差"全力支援工业发展，奠定了国民经济工业发展的基础。1978—2000 年间，在市场经济体制下，中国实行以工业为重点、进一步壮大第二产业、提高制造业在国际分工中地位的举措。在这一时段，政府采用大力推动劳动密集型产业的大发展（如服装、鞋、家电等轻工行业）；推进企业所有制改革，引导和鼓励非公经济发展；倡导发展中小企业；[2] 大规模引进国外成套设备，提高产业发展技术水平；利用劳动力资源丰富优势，发展加工贸易。2001—2012 年间，政府注重继续发挥工业对经济发展的高强发展作用，维系工业对国家经济现代化的贡献，并关切农业和服务业的协调发展。为此，在农业领域，政府大力发展现代农业，加快转变农业发展方式。在工业领域，加速

---

① FAO, *The State of Food Insecurity in the World: The multiple dimensions of food security* 2013, Rome, 2013, p. 12.

② 邓小平认为，在发展工业中，确实需要的骨干项目、重点企业，必须集中资金，加快速度全力搞好，就整体工业而言，大多数必然是中小企业，所以，绝不可以对中小企业发展问题掉以轻心，"还是要两条腿走路"。参见中共中央文献研究室编《邓小平思想年谱》，中央文献出版社 1998 年版，第 196 页。

能源、电力、煤炭、钢铁、机械制造、汽车、电子、冶金等重化工业发展，培育发展战略性新兴产业（如重大装备自动化控制系统、海洋工程装备等）。在服务业领域，除了改造商贸流通、交通运输、公用基础设施、市政服务等传统服务业以外，开发现代物流化（包括电子商务等）、通信服务业（包括互联网企业等）、文化体育产业和教育健康产业等新门类，为第三产业发展注入新活力。2012 年中共十八大以来，中国已进入新一轮经济结构调整时期。这一时期，政府政策导向集中体现为继续推进农业现代化、塑造新型工业化、激活服务业增长潜力三个方面。因此，政府鼓励技术创新、产品创新、组织创新、品牌创新及商业模式创新，淘汰落后及过剩产能，大力开发绿色低碳产业，政府投资亦转向现代农业、高新技术研发创新和应用、先进制造业、战略性新兴产业等。经过 4 个阶段的经济结构调整与转型，中国国民经济产业结构发生了很大变化。

　　从经济地理来看，如前所述，西亚非洲国家大多为农业国或矿产国。虽然这一地区国家努力进行经济多元化调整，但很多国家经济结构低度化情况仍很突出，从执政理念和经济发展实践看，优化产业结构的契机正在到来。第一，以政策驱动，一些国家将重构工业化置于经济发展战略的重要方向。近期，随着非洲国家经济持续十几年经济的稳步中高速增长，但其中工业对经济持续增长的贡献偏低，有鉴于此，非洲开始进行新一轮的产业结构调整，促进国家经济的结构转型，将工业化视为国家实现包容性增长和可持续发展的重要路径。例如，加纳制定了《新一轮工业改革和经济增长方案》，乌干达在《2040 远景规划》中提出将三次产业在国内生产总值中的比重从 2012 年的 22.2%、25.7% 和 46.6% 提高到 2040 年的 10.4%、31.4% 和 58.2%。① 第二，在全球金融危机和粮食危机发生后，西亚非洲国家亟须深化经济结构调整。在非洲，平均而言，目前农业仍在国内生产总值和劳动就业中占据很大的比重，分别是 46.3% 和 49.9%，第二产业在国内生产总值结构中所做出的贡献（占比为 28.6%）和其吸纳的劳动力数量（占比为 13.4%）是不成比例的。② 在西亚产油国，部分由于"资源诅咒"的原因，非油气产业发展总体迟缓。沙特阿拉伯在 1980 年至 2013 年间，第一产业、第二产业、第三产业在国内生产总值中

---

① UNECA and AU, *Economic Report on Africa* 2014, Addis Ababa, 2014, p. 58.

② Ibid., pp. 37, 41.

所占比值由 1.0∶71.6∶27.4 变化为 1.8∶60.6∶37.6。[1] 从中可以看出，沙特 30 多年来经济结构变化缓慢，产业结构未向绩效显著的方向转化、进入"三、二、一"发展阶段，产业发展空间也没有出现突飞猛进的拓展。第三，高新技术产业正在成为西亚非洲国家新的经济增长点。产业结构水平低还体现在高新技术产业没有得到充分发展，在国家各个产业的技术装备和技术水平比较低。与中国发展情况类似，当前，在西亚非洲地区通信服务业的跨越式迅猛发展，对资源加工业的更加倚重，以及太阳能、风电等新能源开发，都会成为国家新兴产业。

三　化解资本不足困境

国民经济的快速发展需要持续且高强度的资金投资，中国经济的快速发展与快速资本形成相关。中国在改革开放之初，同样面临经济发展资金不足的困境。为此，中国资本形成主要有以下路径：第一是储蓄动员。基于中国传统文化中节俭因素以及对个人生活保障等方面的考虑，自 20 世纪 70 年代以来中国一直是世界上居民储蓄率位居前列的国家之一。随着经济发展效应的释放，中国居民存款高速增长，银行吸收的大量储蓄遂成为中国企业获得资本的最重要渠道，成为支撑中国高投资的基础。第二是出口创汇。这主要体现为发展出口订单农业、加工贸易等外向型经济活动，可以增加国家外汇收入。第三是吸引外资。尤其是中国设立经济特区、沿海开放区和沿江开放区、工业园、内陆开放型经济实验区、上海自由贸易区等，成为吸引外资的重要平台，当然也带动中国本土企业竞争力的加强。第四是利用外援。中国从 1978 年以来开始大规模接受世界银行、联合国开发计划署、亚洲开发银行等多边援助以及日本、德国、法国、美国等双边援助，注重对援外资金的主导性原则，主要流向教育、交通基础设施、农业、社区发展等领域，发挥"种子资金"及资金的积聚效应，在一定程度上弥补了国内发展资金缺口。[2] 第五是侨资。旅居海外总数约达 5000 万人[3]的华侨华人拥有丰厚的侨资，他

---

① 世界银行统计数据库：http：//data. worldbank. org/country/saudi-arabia，2015 - 03 - 16。

② 张敏：《世界银行对华援助理念及实践经验》，载宋泓主编《中国经济发展经验》，社会科学文献出版社 2011 年版，第 25 页。

③ 《侨资西进方兴未艾 海外侨领纷纷"试水"》，载中国新闻网：http：//www. chinanews. com/zgqj/2013/04 - 08/4712256. shtml，2014 - 07 - 23。

们依据得天独厚的语言文化优势，面对改革开放后中国日益宽松的政策环境、活跃的创新氛围、广阔的市场前景，充分把握商机，来华投资创业，主要向制造业、服务业等行业投资。目前，侨资企业数量在中国大陆外商投资企业中约占70%，投资额约占中国利用外资总额的60%，①是中国重要的海外资金源。

除了西亚地区油气资源拥有大量石油美元以外，经济发展资金短缺问题在非洲国家更为突出，这与资本形成能力低下有关。从内部资源动员看，基于消费文化传统以及居民收入的有限性，撒哈拉以南非洲地区居民储蓄率长期保持较低水平，2013年为19.4%，②进而影响了国内投资的比例，对于资本形成的速度与强度均有不利影响。不仅如此，非洲大多数国家是重债穷国，政府每年需要从外汇收入中拿出很大一部分资金用于偿还外债。据国际货币基金组织统计，2013年，撒哈拉以南非洲整体负债率为31%，高于20%的国际警戒线，其中低度、中度、高度和危机级别债务风险的国家数量（南苏丹除外）分别为19个、18个、5个和2个。③ 由此，外资、外援和侨汇则成为非洲国家获得外部资金的主要渠道。值得注意的是，近些年非洲国家注重经济特区对于吸引外国直接投资的特殊作用。在全球视野看，撒哈拉以南非洲地区设立的各类经济特区仅占全球总量的4%，④ 而且除肯尼亚、毛里求斯、加纳等极少数国家以外，经济特区运行效果欠佳。当下，埃塞俄比亚、赞比亚、肯尼亚、马里都在积极建设工业园区或特别经济区，以期吸引更多的外国公司进行绿地投资，分享东亚国家的经济发展经验。此外，在利用外援方面，非洲大陆虽然是接受国际援助的主要区域，但在援助资金管理、使用成效方面有待进一步提高，需要改变"死亡的援助"状况。

非盟"非洲发展新伙伴关系计划"提出，非洲国家有潜力实现靠自身解决70%的发展基础，主要源于：每年国内税收收入5200亿美元；每年矿产品、燃料收入1900亿美元；源于中央银行的国际储备金4000亿美

---

① 《侨资西进方兴未艾 海外侨领纷纷"试水"》，载中国新闻网：http：//www. chinanews. com/zgqj/2013/04–08/4712256. shtml，2014–07–23。

② IMF，*Regional Economic Outlook：Sub-saharan Africa*，April 2014，p. 73.

③ Ibid.，p. 11.

④ Thomas Farole，*Special Economic Zones in Africa：Comparing Performance and Learning from Global Experience*，The World Bank，2011，p. 43.

元；每年源自主权财富基金 1600 亿美元。① 另外，非洲国家还可以从侨汇获得约 640 亿美元，500 亿—600 亿美元的国际资金流入。

四　开发劳动力资源

中国有 13 亿人口，拥有丰富的劳动力资源。劳动力资源具有生产性的作用，决定创造社会财富的能力。为使中国的人口优势最终能转化为经济优势，我们在开发劳动力资源方面主要通过以下两个路径来实现：第一，进行人力资源积累。在改善劳动力身体素质方面，中国政府不断加大医疗卫生开支，注重重大疗病防控工作，儿童可免费接种卡介苗、麻疹疫苗、百白破三联疫苗等 8 种疫苗；健全城乡各级医疗服务网络，包括乡镇卫生院、社区卫生中心、诊所、村卫生室、疾病预防控制中心等医疗卫生机构，且数量不断扩大，截至 2013 年年末，中国共有医疗卫生机构 973597 个；② 2007 年起，在全国建立最低生活保障制度，保证贫困人口在吃饭、穿衣、用水、用电等基本生活需求方面得到满足；新型农村合作医疗实现了全覆盖，有效地保障了人民的健康。在提升劳动力知识水平和劳动技能方面，构建基础教育、中等职业技术教育、普通高等教育和成人教育多层次教育体系；实行九年制义务教育；确立职业教育在国家人才培养体系中的重要位置，2014 年 2 月国务院常务会议召开，确定中国加快发展现代职业教育措施（包括高等院校在专业设置、支持社会力量兴办职业教育等内容）；实施"雨露计划"，对农村贫困劳动力进行劳动技能和文化素质的培训，引导部分农民向非农产业转移，提升劳动力资源的创业能力、就业能力和产业素质。第二，推进劳动力资源参与经济活动。劳动力资源若要真正实现生产力发展，需实现劳动力供给，即就业。为此，中国政府实施了一系列积极的就业政策及其政策手段，包括：鉴于经济活力与就业的正相关性，加速经济增长，在经济发展中创造就业岗位，这是解决就业问题的根本途径；推动制度变革，大力扶植民营中小企业、集体企业、外资企业等多种经济体的发展，发挥它们在吸纳就业方面的独特作用，经过 30 多年改革开放的蓬勃发展，民营经济已占我国国内生产总值的 65%，

---

① 参见全非网：http://allafrica.com/stories/201406241771.html? aa_ source = mf-hdlns, 2014 - 07 - 26。

② 参见《2013 年国民经济和社会发展统计公报》，载中国国家统计局网站：http://www.stats.gov.cn/tjsj/zxfb/201402/t20140224_ 514970.html, 2014 - 07 - 21。

其就业量占全国非农就业的 80% 左右。[①] 截至 2012 年年底，仅全国登记注册的私营企业和个体企业创造了 26% 的就业岗位；[②] 采用产业导向模式，大力发展资本密集、技术密集和知识密集的第三产业，尤其是新兴服务业，如咨询、广告、技术服务等，扩张其就业容量。目前，第三产业现已超过第一产业和第二产业，成为吸收劳动力资源最强的产业；对于农村剩余劳动力庞大的群体，则通过农业本身深度开发、推进城市化进程和流向经济发达地区等方式，实现再就业。

相比较而言，非洲地区与中国在开发劳动力资源方面面临着诸多相似问题。第一，劳动力资源虽丰富，但整体素质尚不能满足深度参与经济活动的要求。世界银行 2014 年发布了题为《撒哈拉以南非洲地区年轻人就业问题》的研究报告，认为该地区大多数国家存在着劳动力资源的健康风险问题，[③] 这是因为撒哈拉以南非洲地区是世界上艾滋病、疟疾等传染病高发地区，加之该地区还有 2.23 亿人处于食物饥馑状态，[④] 这种堪忧的身体状况造成劳动生产率的下降，甚至无法正常工作。第二，在劳动技能方面，据非洲开发银行统计，2005—2011 年间全非总体成人识字率为 53.8%，其中在南苏丹、尼日尔和贝宁成人文盲率均在 80% 以上。[⑤] 因此，低知识水平的劳动力在选择就业岗位方面会因此受到局限，无法承担技术密集或知识密集型工作。第三，在劳动力资源实现就业方面，目前很多与中国情况类似的非洲农业国的第一产业是吸收劳动力的主渠道，由于工业化水平较低，第二产业的就业空间远未得到充分利用，制造业吸收就业占比仅为 8.3%。[⑥] 如果非洲国家能够尽快提升劳动力资源素质，伴随着工业化进程的推进，将会大大促进劳动力资源的开发利用。

---

① http://theory. people. com. cn/n/2014/0530/c40531 – 25084012. html, 2014 – 08 – 29.

② 中国国家统计局网站：http://data. stats. gov. cn/workspace/index？ m = hgnd, 2014 – 07 – 23。

③ Doon Filmer, Louise Fox and others, *Youth Employment in Sub-saharan Africa*, Washington D. C. , 2014, p. 60.

④ FAO, *The State of Food Insecurity in the World：The multiple dimensions of food security* 2013, Rome, 2013, p. 12.

⑤ AFDB, "Gender, Poverty and Environmental Indicators 2014", http://www. afdb. org/fileadmin/uploads/afdb/Documents/Publications/Gender_ _ Poverty_ and_ Environmental_ Indicators_ on_ African_ Countries_ 2014_ – _ Gender_ Indicators. pdf, 2014 – 07 – 25.

⑥ UNECA and AU, *Economic Report on Africa* 2014, Addis Ababa, 2014, p. 41.

五　培育发展国内消费市场

一般说来，消费、投资、出口是拉动经济增长的三驾马车，其中消费是最主要的马车，是国内生产总值增长的主导因素。国内大消费市场的形成，可以提高国民经济增长的稳定性以及抵御对外部经济环境变化的冲击。中国经济发展实现了从外向型经济向开放型经济发展的转化，其中内质变化之一即重视国内消费市场。第一，加强基础设施建设，建设畅达性的交通运输系统，包括机场、港口、桥梁、通信等基础设施。截至 2013 年年底，铁路总营业里程为 10.31 万公里，高速公路 10.44 万公里，内河航道 12.59 万公里，国际航线线路总长 15.03 万公里，管理输油（气）9.85 万公里。① 即使在最边远的农村，也实现了村村通公路。基础设施网络覆盖面的扩大，有利于促进区域内贸易，降低交易成本，并可在空间上搭建其与外部市场的贸易通道。第二，因地制宜，合理规划区域市场格局。西部大开发、振兴东北老工业基地、长三角地区、珠三角地区、京津冀环渤海经济圈、辽东半岛等区域一体化经济的发展，带动了地区经济快速发展，刺激了地区消费市场活力。第三，政府通过实施积极财政政策和适度宽松货币政策，采用政府补贴方法（如家电下乡、摩托车下乡政策等），增强居民特别是中低收入者消费能力。这些举措使得中国在全球金融危机冲击波到来之时，能够用国内消费市场的增容，化解对经济增长的负面影响。2013 年，中国国内社会消费支出总额对国内生产总值的贡献率为 50%，拉动经济增速 3.9 个百分点。②

对于西亚国家而言，由于政治纷争、经济结构的相似性，区域内部有一些贸易、投资量，但十分有限。在非洲，由于该地区国家众多，塑造地区内部一体化相互贸易与投资的消费市场的格局尚在努力建设中。目前的发展现状是：第一，非洲大陆内部互联互通的交通、通信基础设施仍不发达，成为制约非洲国家之间以及与域外世界发展贸易条件的重要因素。非洲面积虽占世界陆地总面积的 23%，但铁路总长度仅为世界的 7%，甚至还有 13 国根本不通铁路；非洲普通公路和高速公路的密度也仅为世界平

---

① 中国国家统计局网站：http://data.stats.gov.cn/workspace/index? m = hgnd, 2014 - 07 - 23。

② 同上。

均水平的 1/4 和 1/10；非洲航空市场需求快速发展，但机场、航线尤其是支线运营等方面供给缺口很大。① 第二，伴随着非洲国家经济发展和区域基础设施的改善，非洲大陆内部贸易额呈缓慢上升态势。非洲大陆内部区域内贸易占非洲货物出口的比例由 2008 年的 9.6% 上升到 2012 年的 12.8%。在中东地区，2012 年区域内贸易仅占地区货物出口的 8.6%。② 这两个地区市场空间都尚待挖掘。第三，非洲大陆消费需求提振。得益于持续的经济增长以及城市人口的扩张，非洲大陆中产阶级群体发展壮大，消费需求增长。据非洲开发银行统计，从 1980 年起，非洲中产阶级人口增长率为 3.1%，超过 2.6% 的总人口增长率。目前，非洲已有 3.5 亿中产阶级，占总人口的 34%。③ 面对这股消费能力提振浪潮，政府采取何种政策手段、国内产业结构如何进行调适性变化，进而形成"消费增加—生产增加—就业增加—收入增加—消费增加"的良性循环，唯其如是，方能牢牢把握扩大内需、拓展国内以及地区市场空间的发展方向。

以上中国经济发展实践充分体现了马克思主义认识论的要义：一个理论的正确与否需要实践来检验。中国经济发展道路既需要党和国家领导人顶层设计、思想与理论驱动，也需要勇于付诸实践，转化为具体且务实性举措，不断探索与创新，彰显中国经济发展经验的实践性特点。

第三节 几点思考

从西潮到东风，世界各国对经济发展道路的探索从未止步，实践发展永无止境，对于发展中国家而言尤为如此。疏理正在发展中的中国经济发展动态经验，旨在从经济层面解析马克思主义中国化理论的丰富与发展；结合中国发展实践，深入探究发展经济学的理论创新；客观展示中国经济发展道路的有效性以及对于国家经济发展问题的独特价值与贡献，为他国适当借鉴与分享中国经验提供"他山之石"。而不是向西亚非洲广大发展中国家着力推介中国经验、希望这些国家亦步亦趋复制中国之路。笔者认

---

① 李克强：《共同推动非洲发展迈上新台阶——在第 24 届世界经济论坛非洲峰会上的致辞》，《人民日报》2014 年 5 月 9 日，第 2 版。

② 参见世界贸易组织网站：http://www.wto.org/english/res_e/statis_e/its2013_e/its13_world_trade_dev_e.htm, 2014 - 07 - 25。

③ http://finance.ifeng.com/roll/20130109/7535408.shtml, 2014 - 07 - 24。

为，以下三方面问题值得关注：

一　如何理性认知中国经济发展经验

第一，中国经济发展成就与经验不是孤立造就的，而是历史发展与现实多个方面发展努力的表现。从纵向视角看，改革开放后中国经济的迅猛发展离不开之前 30 年的发展积淀，社会主义道路的确立、完整工业体系的建立、农本经济思想的历史惯性等，均构成中国经济发展乃至腾飞的起点，系继往开来、与时俱进与创新之结果，本质上都是我们党领导人民进行经济建设的实践探索。从横向视角看，中国经济向纵深发展，离不开相伴进行的政治建设、文化建设、社会建设的支撑，经济的发展势必催生社会方方面面的变迁。试想一下：没有政治层面治理能力的提升、学习型政府的构建、干部用人体制的改革、决策体制的改善，没有文化层面开拓进取、自强不息、自力更生、勤劳节俭社会风尚的倡导，没有社会层面社会服务网的逐渐完善、生态文明环境的塑造以及注重储蓄积累现象的蔚然成风，中国的经济改革难以顺利推进，经济发展成就源于多方面的综合与集成。本章由于篇幅有限，更加侧重于经济维度，但横向层面不容忽视。

第二，经济发展道路的选择具有主观选择性，执政者具有举足轻重的决策作用。选择计划经济体制，还是市场经济体制？选择数量扩张型经济增长模式，还是质量提高型经济增长模式？选择优先发展农业，还是优先发展工业？选择外资投资领域限制，还是扩大对开放投资领域？这需要执政者科学判断经济社会发展规律与特点，进行主观选择和做出科学决策。执政者的经济发展思想源于其个人的成长历程，对于社会经济发展的研判、观察与思考，更重要的是国内民众尤其是该领域专家学者的思想学说的影响。因此，践行马克思主义中国化的毛泽东、邓小平、江泽民、胡锦涛、习近平等中国数代领导人的经济发展思想，是指涉及中国国民经济增长和发展问题的原理、学说以及由此而做出的决策推论。因此，研究中国历代领导人的经济发展思想，对于把握与深度认识中国当代经济发展脉络，探索执政者通过经济思想领导经济发展的规律与成效，是一个重要标尺。

第三，需辩证地看待中国经济发展经验。本章虽然列举论证了中国经济发展取得的显著成效，但并不意味着它是完美无憾的。我们在讨论中国经济发展经验的同时，也不回避当下出现的"中国烦恼"。例如，中国经济的高速增长给资源和环境造成了巨大的压力，这种资源消耗过大、生态环境恶化、高投入和高排放的经济行为不可持续。在经济发展整体水平向前推进的同时，贫富差距扩大和地区发展不平衡问题仍然突出。制造业发展存在资源和市场方面的大进大出现象，产业结构的脆弱性亟须改变。这些问题需要我们认真对待，但不能因为中国经验的不完美性就否定它的核心价值。

二 西亚非洲国家如何分享中国经济发展经验

第一，基于本土国情，关注经济发展的内在约束性条件及与中国经济发展诸要素的差异性，有选择地借鉴中国经济发展经验。中国经济发展经验不是依靠从外部"引进"的政策和规则，而是产生于中国独特的历史和文化条件，无法模仿和复制，但可以有选择地借鉴。西亚非洲有 70 多个国家和地区，无论是历史发展，还是地形气候、政治体制、政党政治、宗教信仰、传统文化习俗，抑或经济资源禀赋、经济体量、市场环境等，均存在很大的差异性，经济发展战略亦会大相径庭。因此，在干旱少雨、石油资源丰富的海湾国家，恐怕只能选择以生产石油为主的资源主导型经济发展道路。在埃塞俄比亚、坦桑尼亚、肯尼亚等光热条件得天独厚的国家，农业发展在国民经济中的基础地位需要夯实。在阿联酋、毛里求斯等拥有地理区位优势的国家，发展转口贸易、金融中心可以使之经济发展享受地尽之力。虽然中国经济发展取得了一些可资借鉴的经验，但当今世界是复杂性与独特性的统一，没有一个国家的整体发展经验具有普适性，需要每一个国家立足国情，吸收适合自身发展的经验，逐步实现国家的新制度安排，也就是创造内生型经济制度。

第二，重视经济发展外部条件，抓住战略机遇期，乘势发展。西亚非洲国家要将自身经济发展置于纵横全球的大坐标中来思考，其经济发展与国际环境分不开，在强调经济发展自主性的同时，也要注重吸收域外他国适合的经济发展经验。基于对当今国际环境大潮流——和平与发展的判断，充分利用发展中经济体在世界经济体系中日益活跃的情势，思考印度高技术制造业发展经验，以及中国发展农业与减贫、坚持经济发展速度、改革力度与社会可承受程度相统一等做法中，哪些对于西亚非洲国家经济发展有所启示，从而兼容并蓄，为其所用，助力于经济发展。

第三，处理好后发优势与后发劣势之间的关系。后发优势和后发劣势是发展中国家经济发展问题的两个不同侧面，前者侧重强调在经济与社会发展过程中，后进国家可以观察先进国家行之有效的制度、政策和经验，少走弯路，加快自身的快速发展；后者则强调后进国家常常通过模仿先进国家的技术和工业模式，在短期内取得较好的发展成效，但却可能给国家长期发展带来隐患，甚至失败。事实上，上文提到的后发优势与后发劣势中的技术与制度因素两者是可以共生、互动的：良好的制度安排可以使新技术发挥更大的效能；西亚非洲国家在引进域外先进技术、设备乃至经济发展某些具体做法的同时，可以逐步以恰当的节奏催生自身制度与管理的改善，从而扬长避短，推动本国经济的长期可持续发展。

第四，西亚非洲国家经济发展最终目标是寻求符合各个国家国情的经济发展模式。当下，西亚非洲国家通过适度"向东看"，探寻推动经济发展的合理内核。笔者认为，相对于中国经济发展的具体做法，西亚非洲国家若能从中国经济发展理念或思想中有所裨益，则更为重要。西亚非洲国家通过反观自身，思考自己的经济发展模式和道路，经过自身的努力与实践，创造"沙特模式""伊朗模式""以色列模式""卢旺达模式""加纳模式""南非模式""毛里求斯模式""博茨瓦纳模式"等，这样的图景可期可待。

三　中国经济发展经验对于西亚非洲国家而言是否具有单向性

囿于研究议题，本章以大篇幅笔墨评介了中国经济发展经验，并提出了西亚非洲分享中国经验的若干思考，但这里必须指出的是，中国与西亚非洲国家经济发展经验的学习不是单向的，而是双向的，即西亚非洲国家在经济发展过程中也积累了独特的经验，有些方面同样值得中国学习与借鉴。

第一，在绿色发展观方面，非洲人强调天人合一、尊重自然的观念，珍视其生产、生活环境，环保意识深入人心，注重创造"绿色GDP"。早在1984年，48个非洲国家在卢萨卡召开的非洲地区环境保护会议上就通过了《非洲环境保护行动计划》，呼吁非洲各国高度重视荒漠化、水资源污染以及森林资源乱砍滥伐现象，并把每年的4月10日定为非洲环境保护日。一些国家还通过调节税收和市场机制，保护生态系统。例如，2006年，坦桑尼亚政府宣布，免除液化石油气的增值税，以期减少煤和木材的使用；与此类似，肯尼亚也决定免征太阳能板和相关设备税，倡导使用清洁能源。卢旺达为保护环境，规定该国全境都不能使用塑料袋，也不允许携带塑料袋入境。非洲人的绿色发展观还体现在自然资源开发方面，非洲石油、森林、渔业等农矿资源和动植物、人文旅游资源十分丰富，对此，非洲人没有以牺牲环境为代价发展经济，而是采用谨慎和有限开发利用的做法，实现了可持续并创造性地利用资源。而在中国，有机废水、二氧化碳等污染物排放居世界首位，经济发展存在过度开发与消耗资源情况，造成中国各类污染物排放量"基数大、增长快"的特点，人们正在承受雾霾等环境污染的苦果。毋庸置疑，非洲人低碳发展和生态环境保护的理念，值得中国人学习。

第二，在利用知识发展生产方面，西亚非洲地区是人类文明的发祥地之一，人们在生产生活中积累了丰富的经验。例如，非洲人用发酵方法保存各类蔬菜，以及土壤、间种、自然混合肥制备等民间做法，方便实用，且具有环境友好性，契合当下人们对于纯天然农作物的需求。这些对于中国解决食品安全问题有重要的启示。

第三，在科学技术方面，西亚非洲国家并非乏善可陈。例如，以色列虽然是一个既缺水又缺耕地的沙漠之国，但却成为世界上农业最发达的国家之一，拥有世界上最先进的灌溉技术，即采用深度滴灌施肥方式，浇水和施肥同时进行，创造了资源节约型农业的典范。该国的精细农业发展经验不仅可以被我国农业生产区域尤其是西部缺水干旱区所借鉴，而且该国建立的高效完善的农业科研、开发和推广体系做法应该对中国农业发展有所启示。又如，南非是世界上著名的矿业大国，有百年的矿业经济发展史，现拥有世界先进的采矿技术和矿业管理经验。该国在深层采矿方面的技术和设备均居世界前位，而且在矿井深部通风和地压管理等方面积累了丰富的经验，矿工安全与管理体系健全（1996 年南非颁布了《矿山健康与安全法》），重视维护矿工利益，这方面做法需要我们学习与借鉴。

（安春英）

第八章　北非国家的民主转型

在过去的几年里，北非地区发生了很多始料不及和令世人瞠目的变化。2010 年年底，始自突尼斯的北非政治变革浪潮以摧枯拉朽之势迅速终结了突尼斯、埃及和利比亚等北非三国的长期威权统治。先是中东变局的起源地突尼斯，该国执政 23 年的前总统本·阿里在 28 天的群众抗议后下台流亡沙特，接着是执政 30 年的埃及前总统穆巴拉克在民众抗议 18 天后黯然下台并被囚禁审判。结局最惨的利比亚"沙漠强人"卡扎菲，其长达 42 年的铁腕统治则是在近 7 个月的利比亚血腥内战后以他本人的死亡而画上句号。

中东变局初起之时，一些西方舆论认为北非国家的民主进程将由此开启。然而，4 年半时间过去了，上述三国中除了突尼斯的转型过程尚属基本顺利和稳定，[①] 其余两国的民主转型则遭遇重大挫折、陷入困境。利比亚迄今仍基本处于各部族武装"占山为王"、国家机构的建立都没有完成的混乱阶段。埃及在过去几年里则经历了过山车般的政局逆转和血雨腥风式的抗议与镇压。穆巴拉克的出狱以及首任民选总统穆尔西被判死刑引起很大的国际争议，一些人认为这是"埃及革命的惊人倒退达到了登峰造极的地步"，"'阿拉伯之春'革命已经死亡"。[②] 那么，为何埃及和利比亚两国的长期威权统治和强人的倒台并未迎来自由和稳定，反而陷入民主转型困境？当我们尝试用马克思主义的民主理论视角来仔细梳理这两国的经

---

① 突尼斯自 2011 年末起草新宪法以来，党派纷争和政治暗杀不断。直至 2014 年 1 月，该国制宪议会才通过新宪法，并于同年底成功举行了总统选举。88 岁的突尼斯呼声党领袖埃塞卜西成为该国首位民主选举产生的领导人。突尼斯当前除了面对振兴经济和降低失业率的挑战（2015 年第一季度，突尼斯经济增长仅 1.7%，国内生产总值同比下滑 0.2%），而且安全层面也有隐忧。据悉，超过 3000 名的突尼斯人前往伊拉克与叙利亚参加伊斯兰国（IS）领导的"圣战"，是"伊斯兰国"外籍武装人员中人数最多的来源国。

② ［美］奥马尔·穆罕默德：《"阿拉伯之春"革命已经死亡》，载［美国］"石英"财经网站 2015 年 5 月 20 日刊发文章，参见《参考消息》2015 年 5 月 22 日。

济、社会、文化等民主转型所依附的基础与条件时，答案似乎并不难找到。

第一节　有关"民主"理论及"民主转型"的概念界定

在人类文明史上，民主概念最早起源于古代希腊。英文 democracy（"民主"）一词即起源于古希腊文 demokratia，由 demos（意为"人民"和"地区"）和 kratos（意为"权力"和"统治"）合成，其基本含义就是"人民的权力""人民的政权"或"人民进行统治、治理"。① 由于古希腊时期的城邦国家很小，一个城市基本上就是一个国家，其推行的仅仅适用于小国寡民的直接民主制随着城邦自身生产力的不断发展以及疆域和人口的扩大和增长而日益暴露出其局限性并走向衰亡。在此后的两千多年里，在经历了与神权、王权的激烈斗争之后，近代西方资产阶级民主才随着三次重要的资产阶级革命（1640—1688 年的英国革命、1776—1783 年的美国革命和 1789—1794 年的法国革命）得到了发展，近代及其后的现代西方民主思想也才得以随之产生和发展。

经过长期的学术争辩、耕耘与积淀，西方民主理论学界创造了大量、庞杂和名目繁多的民主理论。虽然不同理论流派的研究路径和关注点不同，但目前基本认同的西方式民主要素大致有如下几点：定期的选举（包括确保成年人的选民资格、选民投票的平等和透明等一系列选举和竞争制度）、保证公民充分和有效的政治参与（包括选民充分的知情，以及集会与结社自由、言论与新闻自由等）、司法独立和分权制衡（立法、行政和司法三权分立）、实行政党政治（如两党轮流执政等，发挥反对党或在野党的监督机制）、完善的法治机制（包括宪法至上、司法独立、违宪审查、法律面前人人平等）、开放和多元的市民社会，等等。

事实上，马克思主义民主理论也是马克思、恩格斯对资本主义制度及西方民主实践深刻观察和剖析的产物。包括马克思主义民主理论在内的马克思主义意识形态理论产生于 19 世纪中叶，这一人类历史上重要思想理论的诞生就是建立在马克思、恩格斯长期考察和分析资本主义生产力发展

---

① 参见《中国大百科全书》（政治学），中国大百科全书出版社 1992 年版，第 251 页。

及其内在矛盾以及对已有的西方资产阶级思想的分析和批判基础之上的。马克思主义意识形态理论的产生主要有三大背景,即"经济事实"状况、政治环境状况和"已有的思想材料"。①正是依据对"(资本主义)在一定历史时期生产力的发展水平和在此基础上的生产关系"的精辟分析,马克思和恩格斯于 1847 年发表了《共产党宣言》,后又于 1867 年出版了《资本论》第一卷。

和西方现代民主理论注重分析和解构实现民主的"程序"或"要件",并一般把民主视为选举、议会、法治等一系列制度的分析视角相比,马克思主义民主理论则注重从更深层意义上的国家、阶级和社会的角度来阐述民主的起源和实质,强调民主的"人民性"和"多数人意志",强调从民主实践的"结果"或"效果"来判断民主的真伪和优劣。马克思主义民主理论还从历史唯物主义的哲学视角,通过对不同历史阶段社会经济和政治结构的科学分析,在人类历史上首次揭示了民主的阶级属性,阐明了民主与专政、民主与经济发展的辩证统一关系。因此,相对于西方民主理论从政党、选举等制度性安排来设计和评判"民主转型"成功与否,马克思民主理论则从经济基础、阶级属性、文化属性等推动社会发展的根本要素里来辨析"民主"的真伪,这一思辨和思想武器对于我们考察 2011 年中东变局后的北非国家政治转型具有重要意义。

另外,本章之所以使用"民主转型"来指称突尼斯、埃及和利比亚等北非国家自 2011 年中东变局以来的政治转型过程,还主要基于两方面的考虑:一是本章的立足点是用马克思主义的民主理论来分析这一转型困境的深层原因,力图用马克思主义民主理论中的经济、社会和文化属性来阐述北非国家在尝试从威权政体时代走向民主政体时代所面临的结构性制约和挑战;二是 2011 年中东变局后的北非国家在结束威权政体和"强人政治"时代后,虽然历经四年多还仍处在摸索阶段,但其政治转型的取向是基本沿着建立多党制、制宪、选举等西式民主的模式前进的。只是在这个进程中,由于内部的基础、条件及所面临的挑战不同,转型的快慢、程度的强弱都出现了很大的个体差异,将其总体概述为"民主转型"也即强调的是这一转型的过程和取向,而不是已完成的既有形态。

---

①　卢晓勇:《马克思主义意识形态理论产生背景及形成历程》,《人民论坛》2014 年 6 月 23日。

第二节　经济不平等：民主基石缺乏

无论是作为政治集权国家，还是转型后发国家，突尼斯、埃及和利比亚等北非诸国在2011年中东变局后所发生的多米诺骨牌般的快速政权崩盘在非洲地区乃至世界近现代史上都是十分罕见的。北非政治社会动荡伊始，一些西方媒体便难掩兴奋，迅速将其冠名为北非阿拉伯国家人民争取民主和自由的"阿拉伯之春"，但这场抗议活动的起源其实并非主要针对"政治不平等"，而是"经济不平等"。而经济发展的滞后和失业率的居高不下等"民生"问题又是构成上述国家"民主"转型陷入困境的主要原因。

一　"经济不平等"导致民怨沸腾

突尼斯、埃及、利比亚等国的街头抗议活动，起因均为民众对低收入和高物价所带来的经济冲击的不满。如在中东变局的起源地突尼斯，大规模示威的火种源自一位失业、生活无着落，并因父亲早亡而承担着对弟妹的养育责任的大学毕业生，他用自焚的极端方式抗议城管和警察用粗暴手段没收其街头零售摊，而且几经交涉仍无法索回这一几乎全部家当之后的绝望之举。它反映的是2008年后全球经济危机冲击下突尼斯所出现的高物价和高失业率（大学毕业生的失业比率高达50%以上）现象以及执法失当所致的警民冲突的社会矛盾。另外，抗议群众喊出的口号也主要是"要面包，要工作，不要本·阿里"，目标指向主要为经济问题以及应该对这些问题负责、并因长期执政而招致不满的总统本·阿里本人。虽然在骚乱爆发前，突尼斯一直被认为是非洲和阿拉伯国家中最稳定、经济最具活力的国家之一，全球经济竞争力还数度被世界经济论坛排列在非洲以及马格里布地区之首，但经济危机特别是欧洲主权债务危机和欧元汇率的大幅波动暴露了突尼斯经济过度依赖欧洲市场的脆弱一面。对欧洲市场出口的萎缩、旅居欧洲突尼斯侨民侨汇收入的下降以及旅游业的不景气，使得突尼斯经济增长乏力、物价上涨，老百姓生活品质下降。本·阿里执政期间重视教育，突尼斯教育普及率很高，但如今许多受过高等教育的青年找不到工作，有限的工作机会又往往被任人唯亲、权势部门的人把持，因而加深了这些受过良好教育的年轻人对社会不公现象的不满。

埃及的情况也是如此。从表面看，穆巴拉克的倒台是突尼斯"茉莉花革命"的蝴蝶效应使然，但深究原因，突尼斯所发生的一切不过是压垮穆巴拉克政权的最后一根稻草。在长达30年的执政时间里，穆巴拉克政权已经积聚了太多的沉疴和民怨。拥有逾100万平方公里土地以及9000多万人口的埃及本是世界文明的发源地和中东地区较先进和发达的国家，但进入现代社会之后，埃及迅速走向衰落，成为一个主要依靠老祖宗留下的文明古迹吃"旅游饭"的国家。笔者在2007年5月赴埃及考察时曾亲眼看到首都开罗城郊成片的烂尾楼群以及众多追逐游客讨要零花钱的埃及孩童。一方面，埃及人口迅速增长；另一方面，国民经济增长的速度无法创造足够的就业岗位。如埃及2009年第一季度的失业人口为234.6万，失业率达9.4%。城市通货膨胀率在20%以上，为近20年来的最高水平。美国国会的研究报告则称，埃及半数成年男性没有工作，90%的埃及妇女在毕业两年之后仍然失业。美联社2010年5月6日的报道称，埃及8500万人口中有40%的人口生活在贫困线以下或接近贫困线（联合国规定的标准贫困线为每天生活花费不足两美元）。[①]

拥有丰富石油资源但人口规模尚不及埃及1/10的利比亚，则是典型的国富民穷、贫富悬殊的国家。虽然该国人均国民生产总值（GDP）已高达上万美元，但下层老百姓的实际收入很低，巨额的石油收入并未惠及普通民众，尤其是长期处于发展边缘的利比亚贫困的东部地区（反对卡扎菲的示威抗议就是从利比亚东部城市班加西开始，并逐渐向全国蔓延的）。2008年全球经济危机的爆发加上国际经济制裁对利比亚经济的不利影响，致使利比亚社会福利开支削减、通货膨胀率上升（油、蛋等基本食品的价格涨幅超过了50%，甚至100%）、失业率也连年攀升，达到20%—30%。[②] 而卡扎菲及其八子一女则把利比亚国家银行变成了其家族的提款机，不仅涉足国内的石油、燃气、酒店、媒体、流通、通信、社会基础设施等产业，而且经常豪掷上亿美元购买国外的别墅或者足球俱乐部，等等。

经济不景气、人民生活品质下降和贫富分化差距的日益扩大，再加上

① 安维华：《埃及：尼罗河畔的"大饼革命"》，马晓霖主编《阿拉伯剧变：西亚、北非大动荡深层观察》，新华出版社2012年版，第142—143页。

② 参见大公网《利比亚及它的"卡扎菲时代"》，http://news.takungpao.com/world/brexpo/2013-08/1871509.html，2015-06-01。

上述北非国家长期积累的强人长期执政、高压和专制统治、裙带关系以及政治体制僵化、统治阶层的腐败行为等（和卡扎菲家族一样，本·阿里和穆巴拉克下台后均曝光了总统家族敛集的巨额国家财富），终使长期积累的矛盾和民怨因突尼斯小贩"自焚事件"的刺激而喷发。

二 经济发展和民生改善才是民主建立和巩固的基石

马克思和恩格斯在《共产党宣言》中曾指出："每一个历史时代的经济生产以及必然由此产生的社会结构，是该时代政治的和精神的历史的基础。"[1] 由此可见，马克思主义唯物史观的基本观点是经济基础决定上层建筑，上层建筑是经济基础的反映，并且服务于经济基础。民主在社会结构中属于上层建筑，因此，民主的存在与发展、民主的性质与形式，归根结底都是由社会的经济基础决定的。民主发展的真正动力，是生产力和生产关系、经济基础和上层建筑的矛盾运动。列宁曾明确指出：任何民主，和一般的任何政治上层建筑一样，归根结底是为生产服务的，并且归根结底是由该社会中的生产关系决定的。[2] 原始社会的生产力及生产资料的共同占有，决定了原始劳动的平等性质，并导致原始社会中自然形成的民主制。而奴隶所有制和封建所有制的生产关系，是以人身占有、依附和严格的等级制度为基础的，因此一般建立的是以特权等级制为特征的专制政治制度。现代民主制度则是随着资本主义生产方式的确立和商品经济的发展而逐步建立和完善起来的。

马克思还指出，商品生产本身就隐含着平等的因素，"商品是天生的平等派"[3]。商品经济在发展的过程中必然要求取消妨碍其发展的人身依附关系和等级制度以及封建专制特权，实行劳动力、生产资料的自由买卖。商品经济的发展还促使越来越多的社会成员参与到社会经济生活中来，并使每一个社会成员、社会阶层、社会集团拥有了自身的经济利益，而且自然产生了参与决定其经济利益的政治生活的要求，即要求平等参与政治决策过程的民主权利、要求经济利益的政治保障。因此，经济自由、商品经济的发展是政治参与和平等的基础，而后者是前者在政治上的自然反映。

---

① 马克思、恩格斯：《共产党宣言》第3版，人民出版社2005年版，第39页。
② 列宁：《再论工会、目前局势及托洛茨基同志和布哈林同志的错误》，中共中央马克思恩格斯列宁斯大林著作编译局编《列宁选集》第4卷，人民出版社1995年版，第405页。
③ 《马克思恩格斯全集》第23卷，人民出版社1972年版，第103页。

马克思曾精辟地指出："平等和自由不仅在以交换价值为基础的交换中受到尊重，而且交换价值的交换是一切平等和自由的生产的、现实的基础……作为在法律的、政治的、社会的关系上发展了的东西，平等和自由不过是另一次方的这种基础而已。"① 由此可见，民主的建立是与资本主义商品经济的发展密切相连的。价值规律、等价交换、契约关系、自由竞争、供求关系等商品经济范畴在民主政治中都有相应的体现。等价交换反映在政治上的要求是平等；自由竞争反映在政治上的要求是自由；平等、自由用法律规定出来就是权利，而实现权利的形式就是民主。因此，没有商品经济的充分发展，就不可能有个人权利观念与自由、平等和民主观念的普遍产生，也不可能有民主政治制度的建立。

马克思主义的民主理论告诉我们，没有充分发展起来的商品经济做基础，民主这个上层建筑的根基就是不坚实和不牢固的。同样，指望通过建立民主的政治制度而一举解决严峻的经济问题则更是痴人说梦。威权政府可以在一夜间被推翻，但经济发展和发展的红利却难以在短期内实现并使民众享受到。当人民走上街头并带着对新时代的美好憧憬和对民主的极大热情积极参与投票和选举时，他们希望的是新的民选政权能够给人民带来"面包""工作"和"自由"，新政权需要通过经济发展和民生改善来为这些"信任选票"背书和强化自身的合法性。否则，民众的"信任选票"甚至等不及到下一次选举就要强制收回。埃及穆斯林兄弟会（简称"穆兄会"）及其领导人穆尔西的命运就是这一定律的生动诠释。

埃及在 2011 年推翻穆巴拉克后的次年 6 月，选举产生了近 60 年来埃及首位非军方出身的民选总统——穆兄会下属"自由与正义党"主席穆尔西。然而，在其后一年多的政治转型过程中，由于各利益相关方和各大政治力量（如世俗和宗教势力、前政权残余和新兴政治势力等）均把主要精力和资源用于政治利益和权力的博弈，穆尔西及穆兄会也表现出极强的权力占有欲，不仅屡屡打破自身约束权力的既往承诺，而且在经济发展和社会管理方面亦毫无建树、交不出让人民满意的任何"成绩单"。埃及的经济发展在政治变革之后反而呈现的是加剧下滑的态势，经济增长率从 2010 年的 5.1% 猛烈下滑到 2011 年的 1.8%，2012 年则继续下探到 1.5%。居高不下的通货膨胀率、失业率和贫困率粉碎了一些人的寄希望于政治变革

① 《马克思恩格斯全集》第 46 卷（上册），人民出版社 1995 年版，第 197 页。

带来民生改善的梦想。① 很多人终于明白，民主并不能自动带来面包和工作。资本和投资总是喜欢与稳定的政治环境比邻而居。可以说，正是人们梦想的破碎和民生状况的不升反降最后导致仅仅上台一年的穆尔西早早结束了其短暂的政治生命。

另外，从大规模抗议活动产生的实际效果看，社会大动荡非但没有带来自由民主以及经济发展，反而使国家走上了动荡—衰弱—再动荡的恶性循环。卡扎菲之后的利比亚，不仅远未迎来"民主"与"自由"，甚至稳定与安全环境都没有保障，更谈不上经济和社会发展。自从卡扎菲政权倒台后，利比亚乱局从未停止。目前，该国东、西部甚至出现了两个平行的"国民议会"和两个"政府"相互对立的乱象，有进一步滑向"失败国家"的危险。

近些年来的北非政治变革浪潮还揭示了一个简单但却深刻的真理，那就是"民可载舟，亦可覆舟"。其实，不管是威权国家，还是民主政体，都必须把人民的福祉放在首位。说到底，不管是"变革"也好，"革命"也罢，其终极目的都应当是改善和提高人民的生活水平及经济与政治权利。当尘埃落定，热闹的街头抗议和"革命"过后，如果这些国家的人民生活不进反退，没有"民生改善"支持的"民主诉求"则会很快蜕变为无本之木、无源之水，很快就会凋零和枯竭。

第三节　社会分化：民主的阶级属性尚未形成

虽然和一些撒哈拉以南非洲国家相比，北非国家的经济发展程度和社会阶层分化程度都相对要更高一些，但距离现代民主制度建立所需要的阶级构成和政治组织架构形成（如资产阶级和无产阶级以及建立在阶级基础上的政党制度建设等）仍有较大的距离。在利比亚，卡扎菲40多年的家族统治基本建立在部族社会以及部族忠诚的基础之上。埃及社会的构成要素也并非现代意义的阶级、阶层或政党，而是军方、世俗派力量和以穆兄会为代表的宗教力量。

---

① 埃及近年来的经济发展数字可参见《英国经济季评》及中国外交部和商务部埃及国别网站。如 http：//www. fmprc. gov. cn/mfa_ chn/gjhdq_ 603914/gj_ 603916/fz_ 605026/1206_ 605052，2015 – 06 – 02。

一　民主作为一种国家形态具有阶级性

在阶级社会中，国家和民主具有阶级性，不存在超阶级的国家和民主，这是马克思民主理论的一个最根本的观点。列宁曾直截了当地指出，"民主是国家形式，是国家形态的一种"①。作为一种国家形式、国家形态的民主制，在人类历史上是随着私有制、阶级和国家的产生而产生的。在阶级社会中，民主政治制度无非是统治阶级意志的体现，它在本质上反映的是居于国家政权统治地位的统治阶级的利益、意志和愿望，构成统治阶级行使权力的机关和手段。民主的阶级性主要指民主代表哪个阶级的利益，它由国体的性质所决定。只要国家政权为哪个阶级所掌握，民主就归哪个阶级支配。因此，考察一种民主政治制度，最根本的就是要揭示其阶级统治的实质，认清谁是统治阶级，谁是被统治阶级。马克思、恩格斯在《德意志意识形态》中明确指出："国家内部的一切斗争——民主政体、贵族政体和君主政体相互之间的斗争，争取选举权的斗争等等，不过是一些虚幻的形式，在这些形式下进行着各个不同阶级间的真正的斗争。"②列宁也指出，掩盖现代民主的资产阶级性质，把它说成是超阶级的"一般民主"或"纯粹民主"，是对群众的欺骗。③列宁还把那种认为资产阶级民主共和国就是"纯粹民主""自由的人民国家""非阶级或超阶级的民权制度"或"全民意志的纯粹表现"等观点，斥责为小资产者的幻想。④总之，马克思主义认为，所谓"一般民主""纯粹民主"的西方民主理论是虚伪的，实质是抹杀民主的阶级性质。超越具体社会历史条件和阶段、区域、民族、阶级的抽象民主、普遍民主和绝对民主是从来不存在的。不论是古希腊雅典城邦的民主制，还是现代资产阶级国家的民主制概不例外。

马克思主义在充分肯定资产阶级民主在资本主义上升时期反封建斗争中所表现出的历史进步性的同时，还深刻揭示了它的阶级实质及其历史局

---

① 列宁：《国家与革命》，载中共中央马克思恩格斯列宁斯大林著作编译局编译《列宁选集》第 3 卷，人民出版社 1995 年版，第 201 页。

② 马克思、恩格斯：《德意志意识形态》，中共中央马克思恩格斯列宁斯大林著作编译局编译《马克思恩格斯选集》第 1 卷，人民出版社 1995 年版，第 84 页。

③ 列宁：《国家与革命》，《列宁选集》第 3 卷，人民出版社 1995 年版，第 600—601 页。

④ 同上书，第 581 页。

限性。① 由于生产资料的私人占有，资产阶级民主只能是人格化的资本的特权，是生产资料私人占有者的民主。对于广大无产者和劳苦大众来说，资产阶级民主不过是金钱的统治，是"资本项下的权利"，是"金钱笼子里的自由鸟"。资产阶级民主的局限性和虚伪性还表现在，国家政权形式上的权力分立与实际上国家政权仍然凌驾于社会之上。立法权、行政权和司法权的三权分立是资产阶级民主的典型权力制衡模式。但在实践中，这三者的权力难以做到真正的均衡和平等。马克思就批评资产阶级议会的"清谈馆"地位，指出"议会形式只是行政权用以骗人的附属物而已"②。另外，从对外政策看，资产阶级民主的虚伪性还体现在，在国际上打着"民主、自由、人权"的旗号，干涉别国内政，进行扩张、侵略和掠夺，推行殖民主义、帝国主义和霸权主义。马克思在揭露英国对印度的殖民统治时曾尖锐地指出："当我们把目光从资产阶级文明的故乡转向殖民地的时候，资产阶级文明的极端伪善和它的野蛮本性就赤裸裸地呈现在我们面前，它在故乡还装出一副体面的样子，而在殖民地它就丝毫不加掩饰了。"③

其实，民主的阶级属性是建立在资本主义商品经济的发展以及生产的社会化大分工基础之上的，是生产力发展到一定阶段的产物。但在卡扎菲统治下的利比亚以及穆巴拉克统治下的埃及，既无充分发展的资本主义商品经济，也没有形成强有力的阶级及其政党，民主阶级属性的先天缺失使得后强人时代的民主转型缺乏强有力的社会政治基础。

二 "利比亚是一个部落国家"

与欧洲、亚洲大多数国家和地区先有民族，然后在与民族范围大致一致的基础上建立民族国家的政治发展秩序不同的是，由于殖民化的结果，非洲大陆是现代意义的国家先于民族而生成。不少非洲国家独立后虽然有了"国家"的外壳，有了国际法概念上的、对外具有符号和象征意义的国家以及被共同"国籍"联系在一起的国民，但在其内部，部族主义的重要性并没有随着殖民主义的结束和国家的建立而减少。家庭、氏族、部族仍

---

① 关于"资产阶级民主历史局限性"的详细分析可参阅李铁映《论民主》，人民出版社、中国社会科学出版社 2001 年版，第 59—67 页。

② 同上书，第 94 页。

③ 《马克思恩格斯选集》第 1 卷，人民出版社 1995 年版，第 772 页。

是非洲社会的基本组成单位，大部分非洲人的身份界定和归属认同仍是与部族而不是与国家相连。与古老的部族认同相比，与现代国家相呼应的"民族主义"在非洲不过是只有30年历史的新概念，它的含义还没有为大众所熟知。非洲各国的领导人在使人民相信组成一个国家要比部族主义有更多好处方面做的工作也很不够。① 部族意识的根深蒂固和广泛存在，以及统一民族意识的淡薄，不仅使部族冲突容易发生，而且这种冲突往往对脆弱的"国家"形成巨大的冲击，容易造成国家政权的瘫痪、无政府甚至解体和分裂。

虽然卡扎菲统治时期利比亚的国名全称为"大阿拉伯利比亚人民社会主义民众国"②，但利比亚社会的基本单位和利比亚民众的社会归属其实仍是传统意义上的"部落"。卡扎菲的儿子曾说过，"利比亚是一个部落国家"③，短短几个字就点明了利比亚的政治现状和社会结构。④ 部落不仅是构建利比亚社会的基本单位，也是利比亚民众的社会归属。据统计，分布在利比亚各地的部落大大小小共有几百个，中等规模的约有30多个，主要分成三大部落联盟：即在东部地区占据主导地位的萨阿迪部落联盟（The Sa'adi Confederation）；在中部地区占据主导地位的阿瓦拉德—苏莱曼部落联盟（The Saff Awlad Sulayman Confederation），卡扎菲所属的卡扎法部落（Qadadfa）和利比亚最大的部落瓦法拉部落（Warfalla）就属于该部落联盟；在西部和南部地区占据主导地位的巴哈尔部落联盟（The Saff al-Bahar Confederation）。"由于利比亚在历史上并未形成国家层面的公共权力，因此，以血缘关系和共同祖先凝结而成的家族和部落，以及伊斯兰传统始终是处理政治和社会问题的主要方式和依据，致使利比亚在历史上有部落而无国家（statelessness），呈现出'碎片化'的政治地理特征。"⑤

卡扎菲执政初期，曾一度试图打破利比亚社会中的这一"部落等级

---

① ［美］戴维·拉姆：《非洲人》，上海译文出版社1992年版，第62—65页。

② 卡扎菲政权被推翻后，利比亚国民大会（议会）于2013年1月9日正式批准停止使用"大阿拉伯利比亚人民社会主义民众国"名称，改国名为"利比亚国"。

③ 参见新华网刊发："利比亚及它的'卡扎菲时代'"，http://news.takungpao.com/world/brexpo/2013-08/1871509.html。

④ 参见大公网《利比亚及它的"卡扎菲时代"》，http://news.takungpao.com/world/brexpo/2013-08/1871509.html，2015年6月1日。

⑤ 闫伟、韩志斌：《部落政治与利比亚民族国家重构》，《西亚非洲》2013年第2期。

制"结构，但效果不佳。20 世纪后期，内外交困的卡扎菲政权为巩固统治，又刻意回归和使用"以部落制部落"的方式来强化利比亚的"部落等级制"结构。卡扎菲家族、卡扎菲所属的卡扎法部落，以及由西部和南部的瓦法拉部落和马加哈部落组成的部落联盟成为维护卡扎菲统治的 3 个同心圆。这些部落控制了利比亚政府的主要机构和安全部门，在国家财富的分配上占据主导地位。利比亚东部地区的部落和少数民族则备受打压。①因此，东部区域及部落人员也是最早揭竿而起反对卡扎菲统治的。

浓厚的部落色彩不仅体现在权力、财富占有以及安全和军队构成等政治、经济和军事的宏观层面，也体现在人们的社会交往和人际圈等微观层面。姑且不论农村地区普遍存在的对部落酋长的效忠强于对国家的认同，即便在大城市，由于"利比亚的城市化源于农村的家族和部落向城市的整体性迁徙"，"来自于同一部落的人往往居住在相同或相近的街区，他们在安全和就业等方面相互帮助，邻里关系只是部落关系的延伸"。②

正是由于前资本主义的传统部落因素在利比亚政治与社会生活中的强势主导地位，加之在强人卡扎菲专制统治的 42 年里，利比亚的国家政治生活中既没有宪法，也没有政党。因此，当危机爆发时，利比亚的政治前途也由部落自由决定，部落便成为未来国家转型和新秩序构建的关键参与者。卡扎菲倒台后，利比亚各部落联盟拥兵自重，互不买账，冲突不断，目前统一国家架构的组建都成了问题，出现了两个"议会"、两个"政府"和两个"总参谋部"的混乱局面。不同部落联盟又被不同意识形态裹挟，并得到不同境外力量支持。具有伊斯兰色彩的东部"政府"目前为国际社会所承认，并得到土耳其、卡塔尔和苏丹的强力支持；西部"政府"则由世俗化的部落联盟领导，并得到埃及和阿联酋的扶持。两个"政府"在过去的一年里相互攻讦，政治上千方百计巩固地位，军事上持续攻城略地。伊斯兰国（IS）等国际恐怖势力则利用当前利比亚乱局，趁势在利比亚集结和扩张，已成为影响利益安全和政治转型的重要因素。如 2014 年11 月，攻占利比亚地中海海滨城市达尔纳的伊斯兰武装"阿布·萨利姆烈士旅"宣誓效忠"伊斯兰国"领导人巴格达迪，直接加入了这一远在1600 公里之外的"哈里发国"。

---

① 闫伟、韩志斌：《部落政治与利比亚民族国家重构》，《西亚非洲》2013 年第 2 期。
② 同上书，第 127 页。

三　埃及社会存在以军方为主的三大主导力量

埃及自 2011 年 1 月以来，作为"风暴之眼"和重要政治晴雨表的开罗解放广场就几乎没有平静过，只是每次人们游行示威所针对的对象在变换，要被赶下台的"独裁者"在换人。在过去几年的政治转型期中，虽然表面上埃及也涌现出了名目各异的各个政党，但实际上埃及社会以及政坛上的真正"玩家"仍然是军方、穆兄会、世俗派势力这三大主导力量。而且三大力量在中东变局后的权力博弈中不断交替变换权力舞台上的主角和正反方。

穆兄会和世俗派力量联手，通过声势浩大的百万人以上的大游行，终于以 18 天的超级速度赶走了前总统穆巴拉克，但取而代之的却是在过渡时期把持权力的埃及最高军事委员会的将军们。在随后一年多的政治转型过渡期内，军方与迅速崛起的以穆兄会为代表的埃及伊斯兰势力间的矛盾和对抗日益激化，双方围绕着议会选举、制宪委员会的组成等政治过渡"路线图"争执不断。军方在 2012 年 6 月总统大选之前甚至解散了由穆兄会控制的议会，并把立法权、制宪权、预算制定权，以及对外宣战权等权力悉数收入囊中。虽然此后依照政治过渡"路线图"，埃及依次举行了议会和总统选举，经历两轮总统选举之后，民选总统穆尔西最终仅以微弱优势获胜。他在上任时就存在"先天不足"的情况，因为他既没有军队的强大后盾，而且因议会和总统选举倒置性地放在了新宪法产生之前，新总统上任后尚不知在其后产生的宪法将赋予他何种权力。因此，为尽快成为"名副其实"的总统，穆尔西联手世俗派与军方展开了较量，并在 2012 年 8 月 12 日借助西奈半岛事件成功解除了原军方领导人国防部长坦塔维和总参谋长阿南等军队高级官员的职务，并任命了塞西等新生代的军方高层。

然而，遗憾的是，穆尔西及其穆兄会在与军方争权的过程中走得过急和过远。多少具有讽刺意味的是，在上台执政的短短一年里，经"民主"手段产生的民选总统穆尔西及穆兄会却一直以"不民主"的手段来实现对权力的垄断和集中，表现出了极强的权力占有欲。2012 年 11 月 22 日，穆尔西颁布赋予其自身更多权力的新宪法声明，规定总统有权任命总检察长，强调在新宪法颁布和新议会选出前，总统发布的所有总统令、宪法声明、法令及决定都是最终决定，任何方面无权更改。该声明一发布，立刻引来反对党和世俗力量如潮的抗议，认为穆尔西的这一"扩权声明"妨害了司法独立，是大权独揽的独裁行为。人们再次潮水般地走上街头，掀起了大规模的抗议浪潮。

穆尔西及穆兄会对集权的贪欲以及对治国理政的无能，加上日益表现出的伊斯兰政策倾向，使得原本支持穆尔西及穆兄会的一些知识阶层和自由派及世俗力量，甚至包括一些持自由化思想的穆斯林力量均开始站在了穆尔西的对立面。他们认为，以民主方式上台的穆尔西及穆兄会正在蜕变为埃及新的"法老"，其所推行的政策已经与"民主"的本意相去甚远。

随着抗议浪潮的不断扩大，埃及三大力量之间的合纵连横又出现了新的组合。2013年7月初，国防部长塞西领导的埃及军方以强力再次介入政治，与世俗派力量联手把执政刚刚一年的民选总统穆尔西赶下了台，并开始上演全力剿灭穆兄会的大戏。军方不仅把穆尔西软禁和收押，而且大力抓捕穆兄会高层领导人。8月14日，埃及军方还不顾国际舆论的压力，对开罗几个广场上的穆尔西支持者进行武力清场，造成了上百人死亡和数千人受伤的新的流血和伤亡。此后，埃及军方再出重拳，取缔有87年历史的穆兄会并宣布其为"恐怖组织"，没收其资产。据统计，自2013年7月以来，已有约2.4万名穆兄会成员被捕入狱。①

2014年6月，脱下军装并以压倒性多数票当选埃及总统的塞西宣誓就职，成为继穆尔西之后的埃及新总统。与此同时，穆巴拉克和穆尔西的命运也出现了乾坤大逆转。2013年8月，即军方逼穆尔西"下课"和收押他的次月，埃及法庭立即宣布释放前总统穆巴拉克。这前后两位总统"一进"和"一出"的节奏被媒体解读为"埃及政治时钟的倒拨"②。2014年12月，埃及开罗刑事法院宣布穆巴拉克及其两个儿子等人涉嫌"谋杀示威者"和"经济贪腐"案罪名不成立，这一无罪判决使得舆论普遍认为埃及革命"死了"，这个国家又回到了穆巴拉克时代的"原点"③。2015年5月16日，同一个埃及开罗刑事法院以"越狱"和"谋杀"罪名判处穆尔西死刑。消息传出仅两个小时后，埃及西奈半岛3名法官即遭枪击身亡。

埃及政治图谱在过去两年里所发生的令人眼花缭乱的变化与其说是

---

① 雷东瑞：《"重拳"打击穆兄会，埃及当局意欲何为？》，载新华网：http://news. nen. com. cn/system/2014/03/26/012058304. shtml，2014 – 03 – 27.

② 社评《穆巴拉克出狱，埃及政治时钟倒拨》，《环球时报》2013年8月22日。

③ 参见王晋《穆巴拉克，有罪无罪已不重要》，参见中国国际广播电台《国际在线》，http://gb. cri. cn/42071/2014/12/02/2165s4788121. htm，2014年12月3日。

"民主"转型的"成功"或"必经阶段",不如说是"威权政治"的"回归"。埃及军方的"强硬之手"以及在埃及社会三大主导力量博弈中的决定性作用已经展现无遗。虽然塞西将军本人脱下了军装华丽转身为"民选总统",但埃及军方对中央和地方行政机构、司法系统、媒体以及经济领域的控制却日益加强。如今,在埃及被任命的27个省的省长中,17个由军队将领担任,其余或由警官统领,或采取文官与军官共管。一系列大型工程项目要么最终花落军方之手,要么跳过公开招标程序,要么直接承包给力挺军队的海湾国家大型企业。①

总之,不管埃及军方此次走上政治前台的背景如何具有特殊性,但军人干政毕竟是发展中国家政治不成熟的表现,也不是民主政治的题中应有之义。在成熟的民主社会中,军队本应该与政治相分离。而且,军人干政一旦反复上演并形成一种制度化的遗产,就会不可避免地对民主政治构成一种惯性冲击,使民主化的建设更为艰难。

第四节 包容精神缺失:民主政治文化尚待培育

任何政治现象的发生、任何宪法规定的政府机构的运行,都不可能在真空中存在,都必须与特定的历史、社会和文化因素相结合。文化因素是分析一个社会、一个民族和一个政治共同体不可忽略的基础和条件。而每个政治共同体在其特定的物质和精神生态环境下必然会形成与之相符合、相平衡的政治文化。

发展中国家的民主转型除了制度建设,更重要的还有民众素质的提高以及民主政治文化的培育。打破旧制度、推翻威权领导人以及举行"民主选举"似乎并不难,但公民素质的提升以及"民主政治文化"的培育则十分不易,甚至需要好几代人的时间。民主政治文化的培育既需要针对大众的思想启蒙运动,也需要政治精英摒弃"胜者全得"(winner takes all)的旧思维,用包容和妥协的精神与政治对手打交道。

一 民众的公民文化和民主素质需要引导和提升

民主政治的发展以及民主转型的成败与否与民众公民意识及民主素质

---

① 参见王丁楠《判决穆尔西,革命的终结还是开始?》,载观察者网:http://www.guancha.cn/WangDingZuo/2015-05-18_319899.shtml,2015年5月19日。

的高低密不可分，并且互为基础和条件。《马克思恩格斯选集》中的一段话就强调了民众素质以及公民教育的重要性，认为现代民主的"先决条件是必须有受过教育的人，而不是毛坯状态的人，也就是经过培养而超越了作为纯粹生物存在的个人。……因为民主不单纯是一项保证多数人做决定的技术，而是一种以全体公民都负起个人责任为前提的管理制度。因此，实现政治自由的最大危险不在于宪法不完备或者法律有缺陷，而在于公民对政治的漠不关心"①。

另外，在马克思主义民主理论有关商品经济与自由、平等与民主关系的大量论述中，也多次谈到了经济发展对促成人的全面发展的推动作用。如马克思在《关于费尔巴哈的提纲》一文中就指出，"人的本质并不是单个人所固有的抽象物。在其现实性上，它是一切社会关系的总和"②。马克思还指出，任何人都是"经济范畴的人格化，是一定的阶级关系和利益的承担者。……不管个人在主观上怎样超脱各种关系，他在社会意义上总是这些关系的产物。"③ 我们从人类经济发展演进所产生的各种社会关系发展中不难看到，发展到一定规模和水平的商品经济不仅直接促成了自由、平等、法制等基本民主原则的形成和出现，而且更重要的是促成了民主主体，即人的发展和成熟。在自然经济或不发达的商品经济状态下，人与人之间的关系不是由商品货币关系决定，而是由血缘关系或统治与服从的人身等级和依附关系决定的。这种人身等级和依附关系极大地束缚了人的自主发展，容易使人陷入狭隘的地域观念、等级观念和民族偏见之中。而商品经济的高度发展则打破了这一切，通过参与商品化的社会经济生活和建立跨地域的广泛经济联系，人的平等意识、自主意识和参与意识都不断提高和强化，并逐渐产生了一支具有相同或相似的经济地位、持有相同或相似政治诉求的强大中产阶级队伍，进而内生出建立资产阶级民主政治的需要。

当我们考察中东变局后的北非国家民主转型时，不难发现：由于资本主义商品经济的发展还不充分，不论是本·阿里对突尼斯经济实行的家族

---

① 《马克思恩格斯选集》第1卷，人民出版社1972年版，第121页。
② 马克思：《关于费尔巴哈的提纲》，中共中央马克思恩格斯列宁斯大林著作编译局编译《马克思恩格斯选集》第1卷，人民出版社1995年版，第56页。
③ 马克思：《〈资本论〉第一卷（节选）》，中共中央马克思恩格斯列宁斯大林著作编译局编译《马克思恩格斯选集》第1卷，人民出版社1995年版，第102页。

式垄断管理，还是卡扎菲在利比亚推行的"部落等级制"结构，以及穆巴拉克执政时期对军方控制埃及经济空间的放纵，这些具有封建专制性质的威权统治，客观上抑制了上述国家现代民族工业的发展以及民主政治的推动力量——中产阶级和市民社会的形成。中东变局的爆发并不是上述国家自身内部因素（包括有产阶级的壮大及其民主政治诉求的增长）发育成熟的结果，而是由华尔街金融危机和世界经济危机（特别是与北非国家经济联系紧密的欧洲国家的债务危机）而引发并加剧的北非国家经济挑战催生的。

高失业率和物价上涨等日益严峻的经济挑战促使人们对现状说"不"，但对国家未来向何处去并没有多少思考和理论准备。当中东变局在猝不及防的节点爆发，这些北非国家的社会各个层面只是在"不要什么"（如旧政权和强人统治）方面能够迅速达成共识，但在"要什么"（伊斯兰主导的神权体制还是世俗体制，有伊斯兰特色的民主体制还是西方自由民主体制）方面不能凝聚意志，无法形成社会的最大公约数。

长期的威权统治、不发达的商品经济、复杂的教派冲突、缺乏充分民主信念的精英阶层、民众普遍缺乏的公民教育和民主意识，所有这些都构成了北非国家民主转型的巨大阻力。对于普罗大众民主素质的不足，阿拉伯国家的知识精英其实也早有洞察。出生于叙利亚的当代阿拉伯世界最杰出的诗人和思想家阿多尼斯就曾对参与中东变局的街头示威者的民主素质提出过尖锐质疑，他说："今天阿拉伯大街上的示威者，是否正是这样一些人：他们认同一夫多妻制，只把宗教理解为许可、禁忌、责难，只用疑虑、排斥、回避、弃绝的眼光看待与自己见解不同的他者？这样的阿拉伯人能被称为'革命者'吗？他们真的是在为民主和民主文化而抗争吗？"阿多尼斯还进而提出了确立公民观念和建立公民社会的设想。[1]

公民文化及其民主素质的提高，既需要通过商品经济发展实践的催生，也需要通过社会思想的启蒙运动和开展公民教育来引导。当2013年夏天埃及开罗街头愤怒的抗议者们呼吁和欢呼军方采用"非民主"的"军事政变"手段，用武力将"民选"总统穆尔西赶下台时，我们的确看到了

---

① 转引自薛庆国《阿拉伯剧变的文化审视》，马晓霖主编《阿拉伯剧变：西亚、北非大动荡深层观察》，新华出版社2012年版，第438页。

上述的民众民主意识的缺失。

二 政治精英需摒弃"胜者全得"旧思维

在推翻旧政权和建立新制度的转型过程中,领导这一"破旧立新"进程的政治精英自身的民主素质比起普罗大众而言更为关键和重要。在以往长期的威权政体统治下,"赢者通吃""胜者全得"的旧思维和专权意识给社会的政治精英们打下了太强的思想烙印和文化记忆。当变革的浪潮来临,他们也有机会从幕后走到前台,从"被统治者"变身为"统治者"时,他们往往忘记了当初作为"被统治者"对专权统治的痛苦记忆,在权力的诱惑面前把既往的承诺迅速抛到脑后,不断扩充自己的权力和权利,拼命挤压甚至打压反对派的活动空间,最后导致"玩火者自焚"的可悲下场。

埃及的穆兄会及其领导人穆尔西就是这样的一个可悲例证。穆尔西2012年夏天在第二轮总统大选中胜选的得票率为51.7%,仅比其竞争对手沙菲克48.3%的得票率多出3.4%。如果再算上刚刚过半的投票率,实际上穆尔西不过是仅仅获得总计9000多万埃及人口中约1/4人的支持。按理,以微弱多数险胜并且既无强势的军队支持又无执政经验的穆尔西及其穆兄会,应该对其他政治力量采取低调、尊重和包容的政策,接受他者和保护失败者的利益,团结一切可以团结的力量,带领埃及走出穆巴拉克威权政权留下的阴霾,走上发展、民主和自由的康庄大道。然而,令人遗憾的是,以民主选举方式上台的穆尔西和穆兄会其实并没有掌握民主政治的真谛和民主政治文化的精髓。他们不断打破自身竞选时许下的约束自身权力的承诺,急切地向军队、司法等埃及旧有权力架构中最坚实的堡垒开炮,最后反而使自己沦为了"炮灰"。

不难想象,在利比亚这样的部落社会以及军人势力强大的埃及等政治传统文化浓厚的国家中,要培育和形成一种新型的、与现代政治民主相适应的、强调个性的、自由和平等的政治文化将会是一个多么艰巨而漫长的历程。对此,阿尔及利亚总统布特弗利卡在回应西方要求非洲加快民主化进程时就曾精辟地指出过,"民主国家并不是通过一项法令所建立起来的。民主是需要几十年,甚至几个世纪才能争取到的一种文化。……请不要指望我们在几周、几个月或几年的时间里就做出欧洲用了几百年时间才建立和巩固起来的东西"①。相比西方国家从容走过的民主发展道路（西方各国处于专制主义时代达两个多世纪，处于"民主化时代"达一个半世纪，处于"福利时代"达一个世纪），后起的发展中国家则必须设法把这三个时代缩短为一个。如此，其在发展道路上所面临的挑战自然也最为严峻。

另外，民主政治文化建设的艰巨性和漫长性还体现在，由于包括北非国家在内的许多非洲国家是"国家"的形成先于"统一民族"和"同质性文化"的出现，民族文化一体化的任务在独立后基本上一直是借助国家和政府的权威及集权来努力实现的。而如今，民主的政治已排斥了集权的可能，在政治文化日益呈现多元性的今天，要想脱离国家的权威完成统一民主政治文化的建设可谓任重道远。

突尼斯、利比亚、埃及等北非国家近年来的政治转型实践已经证明，举行"民主选举"易，培育"选举文化"和"民主政治文化"难。真正的"民主政治文化"必须有包容、宽容与妥协的精神内涵。民主的"选举文化"也要求"输者"能够承认失败，"胜者"能够兼顾并且保护"输者"及少数人的利益，而不是与之相反。正如沙特著名作家图尔基·哈麦德所指出的："民主不仅是选举和投票箱，它更代表了文化与社会价值观，理应在人们走进投票箱之前深入人心。这些价值观包括宽容、接受他者、承认选民的意愿，即使这种意愿让你失望。由于长期的专制统治，这些价值观在阿拉伯世界、在阿拉伯的政治文化中是匮乏的。"② 正因匮乏，才更显珍贵，也才更急需弥补和培育。

第五节　军人干政：后起民主转型国家"永远的痛"

马克思、恩格斯认为，军队与战争一样，是在阶级社会和国家形成与发展的过程中产生的。恩格斯指出，原始社会的武装力量是指全体居民为夺得和保护赖以生存的自然条件而集合在一起的"自动的"武装组织；社会分裂为敌对阶级之后，"军队是国家为了进攻或防御而维持的有组织的

---

① 法国《热带与地中海市场》周刊2001年12月17日刊登的阿尔及利亚总统布特弗利卡的一篇讲话，题为"不可分割的非洲"。

② 转引自薛庆国《阿拉伯剧变的文化审视》，马晓霖主编《阿拉伯剧变：西亚、北非大动荡深层观察》，新华出版社2012年版，第438页。

武装集团"①。与任何事物都有其发展和消亡的过程一样，军队也不例外，也将随着阶级的消亡而消亡。马克思、恩格斯还揭示了军队的社会本质。认为军队是阶级统治的工具，具有鲜明的阶级性，在剥削阶级统治的国家中，军队是"寡头统治集团的政策工具"，是"以实行寡头政治的对外政策和反动的对内政策为目的"的；② 而在无产阶级取得胜利的国家中，军队则是无产阶级专政的工具。"无产阶级专政的首要条件就是无产阶级的军队。"③ 马克思、恩格斯还揭示了军队的发展与社会生产以及社会政治制度之间的关系，认为生产力的发展是完善军队组织的前提，军队的发展归根结底是由社会物质生产的状况决定的。可见，如同民主具有阶级性以及民主的产生需要充分发展的商品经济一样，军队也是阶级的产物，是阶级统治的工具。在商品经济未得到充分发展、社会阶级分化尚不清晰的上述北非各国，军队往往成为统治者和统治集团用于维护自身统治的工具，并且军队的权力构成也往往与家族、部落等宗派统治手法相联系。

无论是 2011 年 1 月穆巴拉克的倒台还是 2013 年 7 月初穆尔西的被解职，人们都在背后看到了埃及军方的"强硬之手"。很多人由此感叹，在转型中的非洲发展中国家，似乎仍是"枪杆子里面出政权"。其实，非洲军事政变的先河的确始于 1952 年埃及纳赛尔上校所发动的推翻法鲁克封建王朝的"革命性政变"。当年，以纳赛尔为首的"自由军官组织"发动七月革命，推翻了延续一个半世纪的法鲁克封建王朝旧势力，建立了阿拉伯埃及共和国，使埃及走上了现代化之路，因而具有历史的进步意义。

2011 年埃及军方在扳倒穆巴拉克的最后一击中的发力也基本不存在任何"政变"的嫌疑，原因很简单，因为当时的埃及几乎众志成城，就连穆兄会和世俗派都团结在一起，以推翻穆巴拉克为共同目标。执政长达 30 多年的穆巴拉克已成为专权和独裁的象征，推翻其政权则意味着埃及的新生和走向民主的开端。然而，当 2013 年 7 月，埃及军方以强力再次介入政治，把民选总统、执政刚刚一年的穆尔西拉下马时，埃及国内以及外部

---

① 《马克思恩格斯军事文集》第 1 卷，中国人民解放军军事科学院编辑，战士出版社 1981—1982 年版，第 342 页。

② 《马克思恩格斯军事文集》第 5 卷，中国人民解放军军事科学院编辑，战士出版社 1981—1982 年版，第 196、218 页。

③ 《马克思恩格斯军事文集》第 2 卷，中国人民解放军军事科学院编辑，战士出版社 1981—1982 年版，第 362 页。

世界对埃及军方行动的界定则出现了严重的分化甚至对立。欢呼"革命"者有之，痛斥"政变"者有之。非洲联盟为体现对联盟宪章权威的尊重和捍卫，做出了暂停埃及非盟成员国资格的决定。叙利亚欢呼穆尔西政权的垮台，土耳其则痛斥埃及军方的武力夺权……那么，究竟如何理解非洲后起民主转型国家中出现的"军人干政"现象呢？什么是判断进步与倒退的标准？

从理论和实践的角度看，军人干政往往是因文官政府的腐败、无能及其引发的社会动荡为条件和前提。在政府或任何一派政治势力都无法控制局势的情况下，军队往往被群众运动推向了前台，通过列举文官政府的种种罪责而出面干预政局，以快刀斩乱麻之势收拾残局，恢复秩序，以防止情况进一步恶化甚至失控。正因如此，这样的政变刚开始往往能获得群众的拥戴和支持。但如果军队贪恋权力，军队自身的劣根性又会使军政权同样滑入专制腐败的泥潭，结果又往往是被另一场军事政变所推翻，由此形成恶性循环。

军人干政和军政权的广泛出现被西方学者称为一种普力夺[①]主义（praetorianism）或普力夺社会（praetorian society），指的是在一个社会中，军人发挥了与其地位不相称的巨大作用，因此与西方民主制国家相比，军队倾向于干预政治并在行政机关实际上已不掌管国家时通过军人（临时）政府来驾驭行政机关。[②] 对于第二次世界大战后在亚、非、拉发展中国家普遍出现的这种普力夺主义，一直以来人们对其的看法也不统一。一种看法认为，军队作为社会中一支组织化、机制化较强的力量，在发展中国家的体制转型时期比起优柔寡断、孱弱的文官政府更能有效地动员社会力量、推进民主进程。另一种看法则认为，军人干政是发展中国家政治不成熟的表现，军政权上台本身就意味着对民主政治的反动。[③] 美国当代已故著名政治学家塞缪尔·亨廷顿（Samule P. Huntington）在主要解析了第二次世界大战后拉美出现的普力夺社会后认为，"政治化的军官团在政治上

---

① 普力夺，英文"praetor"原系指古罗马时期的执政官，其基本含义是依靠军事实力执掌政治大权。后演变为泛指军人政权。"普力夺"是最早的中文直译，因形成习惯而沿用至今。

② Amos Perlmutter, "The Praetorian State and the Praetorian Army: Toward a Taxonomy of Civil-Military Relations in Developing Countries", *Comparative Politics*, vol. 1 (April 1969), pp. 382 – 404.

③ See Bobin Luckham, "The Military, Militarization and Democratization in Africa: A Survey of Literature and Issues", *African Studies Review* 37 (1994), pp. 13 – 76; and Jendayi Frazer, "Conceptualizing Civil-Military Relations during Democratic Transitions", *Africa Today*, 36 (1992), pp. 39 – 48.

起的保守或改革作用的程度，是社会上政治参与职能扩大的函数效应"，军队角色和作用的变化是与社会结构的变化紧密联系的。"在寡头统治的世界里，军人是激进派；在中产阶级的世界里，军人是参与者和仲裁人；当群众社会出现在地平线上的时候，军人就变成现存秩序的保守的护卫者。"换言之，"社会越落后，军队扮演的角色就越进步；社会变得越进步，其军队的角色就变得越加保守和反动"①。

当然，后起和转型的非洲发展中国家由于国情不同，不同国家发生军事政变的社会政治背景自然不同，作用也不一样，有时甚至同一场政变在其初期、中期或后期的效果和性质都会有所不同。撇开具体的、个案的利弊研究，从宏观和非洲的总体上看，笔者认为，随着独立近半个世纪以来非洲的社会进步和政治发展，尤其是多党民主化运动以来的社会转型和开放，非洲国家的宪政政治体制已开始逐步走向健全，人民的政治参与热情也日益高涨。在社会总体走向进步、民主成为政治合法性基础的潮流下，军人干政和普力夺社会的出现自然是一种对社会进步的反动，对非洲政治民主化进程有不利影响。主要表现在：（1）与民主原则相违背，对政治民主而言是一种制度上的反动。在民主社会中，军队本应与政治相分离。军队的主要职责是抵御外敌，属于"忠于为国家提供外部安全职守的职业组织"②。除了军队自身和涉及国防的事务，军队在国家政治、经济和社会发展战略决策中的作用应控制在最低限度上。③ 但在非洲的军政权国家，军队独揽大权，成为凌驾于社会之上并主宰国家政治发展的唯一力量。在军政权统治下，宪法被终止，议会被解散，政党活动被禁止。原本趋于活跃的非洲政党政治如同刚出芽的幼苗被无情践踏。而且，军人干政一旦形成一种制度化的遗产，则会对民主政治造成一种惯性的冲击。这就是为什么有军人干政传统的国家民主化进程格外艰难，以及一些军事政变的高发国家和地区为何会一而再、再而三出现政变和反政变的原因。

但愿埃及军方能够在埃及的民主转型过程中发挥积极进步引领作用，

---

① ［美］塞缪尔·P. 亨廷顿：《变化社会中的政治秩序》，生活·读书·新知三联书店1989年版，第201—202页。

② ［美］塞缪尔·P. 亨廷顿：《第三波——20世纪后期民主化浪潮》，上海三联书店1998年版，第285页。

③ See Hussein Solomon and Ian Liebenberg（eds.），*Consolidation of Democracy in Africa: a View from the South*，Ashgate Publishing Limited，2000，p. 142.

以"国家利益捍卫和保护者、民主建设的推动者"的历史作用载入埃及现代历史的发展史册。

第六节　结语

西方民主化是历经二三百年的演进、在西方社会文化土壤上开出的花朵，不可能在其他基础上简单移植。它不仅拥有资本主义商品经济高度发展的经济基础，有参与政治要求的庞大稳健的中产阶级队伍，以及不断壮大成熟的市民社会，而且在政治发展上也先后历经了国家统一、政府权威再到政治平等的几个阶段。和内生的西方式民主相比，由经济危机引发以及通过外力推动（如通过北约轰炸利比亚的方式推倒卡扎菲政权）的北非国家"民主转型"不仅历史短，而且由于不发达的商品经济和前资本主义的社会结构，使得民主政治的推动力量——中产阶级和市民社会的基础相当薄弱。在政治发展上，包括北非国家在内的许多非洲国家是在国家整合、民族认同尚未彻底完成，政府权威未曾确立的情况下就跳跃式地进入了政治平等阶段，使得以往阶段未解决好的民族、部族、宗教等问题和政党政治纠缠在一起，制约了民主政治的发展。

例如，从埃及的民主转型看，几年来的跌宕起伏充分说明埃及民主之路的漫漫征途还处于刚刚起步的阶段。之所以艰难，是因为其独特的民主政治转型道路以及制约这一转型的历史、经济、宗教以及文化等因素。集阿拉伯国家和非洲国家属性为一身的埃及在政治发展的道路上同样兼具阿拉伯与非洲这两大地域的特质。长期的个人或家族威权统治一旦被推翻，过去被打压的政治势力如穆斯林兄弟会则迅速异军突起。当变革的大浪迎头打来，埃及国家与社会的各层面只是在"不要什么"（如旧政权和穆巴拉克的统治）方面迅速达成共识，但却在"要什么"（伊斯兰主导的神权体制还是世俗体制）方面不能凝聚意志。这便也决定了埃及的民主之路必然是充满荆棘的。

总之，北非国家"民主转型"产生的基础、背景决定了其民主化过程的复杂性、艰难性和脆弱性。民主是一个政治变革的长过程，不可能一步到位。马克思主义民主理论的经济属性、阶级属性和文化属性告诉我们，民主的产生、建设与巩固，必须有与之相应的经济基础、社会结构以及政治文化。走向衰败的经济和民生，日益分裂的社会，缺乏宽容、尊重和容忍的政治文化，都会对北非国家民主制度的建设构成严重的制约甚至阻碍。对大多数转型中的发展中国家而言，"尽管发展的逻辑意味着国家建设和经济建设要先期进行，但发展的政治却迫使这些国家同时面临人们对于参政和分配的要求及期望"。如今"阿拉伯之春"已演变成"阿拉伯之冬"，利比亚的内乱还未有穷期，突尼斯和埃及的社会政治变革仍在艰难的转型过程中。希望和祈愿北非国家能够抓住此次社会和政治变革的历史契机，化挑战为机遇，尽快走出民主转型的困境。

（贺文萍）

第九章　阿拉伯民族主义运动中的
巴勒斯坦

民族主义运动的研究长期以来是学术界的一大热点问题，有关的著作可谓是汗牛充栋。一般认为，民族主义运动是西方的产物，它起源于 17、18 世纪的欧洲，美国独立战争和法国大革命是早期的民族主义运动的代表；19、20 世纪时传播到亚非拉地区，其直接后果是建立了一系列的民族国家和以民族国家体系为基础的国际政治格局，这基本上是学术界的共识。

但是，对于民族主义的理论研究则充满了争论，难有定论。许多学者从不同的角度出发定义民族主义，提出了各自的关于民族主义的理论。应该说，这些定义都有其合理的方面，因为民族主义本身是动态的、处于不断的发展变化过程中，正如有人说："民族主义是一个最成问题的问题，简直就像一条变色蜥蜴一样，不断地改变它的肤色，以适应不同的政治环境。"[①] 因此，存在不同的，甚至相对立的民族主义的理论是很正常的现象。

在关于民族主义的众多理论中，伦敦政治经济学院的安东尼·史密斯的理论颇具特色。他把民族主义归纳为 4 种用法：（1）民族形成的一般进程，也称为"民族构造"（nation building）；（2）民族情绪或属于一个民族的情绪、态度与意识，以及对自己的幸福、力量和安全的渴望；（3）一个为民族的地位的达到和保持之政治目的而开展的运动，而这又意味着与之相关的组织与活动；（4）把民族置于自己关注的中心并寻求团结与同一的一种教条或原则或更广义是一种意识形态。而作为意识形态的民族主义又有"核心"与"次要"成分。其中核心成分包括：（1）世界分为民族，每一个民族都有自己的特征；（2）政治权力起源于民族；（3）对民族的

---

① 　余建华：《民族主义——历史遗产与时代风云交汇》，学林出版社 1999 年版，第 3 页。

忠诚高于一切；（4）真正的自由的实现只有通过与一个民族的认同；（5）全球和平与自由取决于所有民族的自由与安全；（6）各民族只有在他们自由的主权国家内是自由的。① 这一定义揭示了民族主义的两个重要方面，即意识形态的民族主义和社会政治运动实践的民族主义，后者就是一般所称的民族主义运动。卡尔顿·海斯提出民族主义的含义之一，便是作为一种历史进程的民族主义，在这个过程中，民族主义成为创建民族国家联合体的政治力量。② 所以，我们可以发现所有的民族主义运动基本上有一个共同的运行轨迹：民族主义通过历史、文化和政治的运动实践唤醒或构建某一特定地域内的某一特殊人群的民族意识，进而形成共同的民族认同感，即对本民族给予至高无上的忠诚和热爱，其最终的政治目的则是以这一政治认同为基础建立独立自主的民族国家。

民族认同是个人将自己归属于某个民族，并对这个民族给予至高无上的忠诚和热爱的感情。其基本职能在于族属上我群与他群的主观区分。民族认同意识在与异民族及异文化的相互关系中显露、强化和发挥作用。民族差别是民族认同意识产生的根源，在民族交往和民族接触过程中，当民族差别为民族心理所感知时，便会产生民族认同意识。而民族认同意识的出现也是某民族形成过程的终结，它是民族形成这一社会事实最终反映到该民族心理层面并被主体所知觉的必然结果。③ 正如安东尼·史密斯认为的"政治权力起源于民族"。因此，民族认同是民族国家政治合法性的来源，这具有两个方面的含义：一是民族国家成员对国家认同，以及在认同基础上的支持；④ 反过来，民族国家必须采取种种手段巩固和加强这种认同感，以延续和维护自己的政治合法性。两者之间是相互促进，也会相互削弱的互动关系。

马克思经典作家对民族问题进行了非常深刻的研究，提出了系统的民族理论，在学术界具有非常广泛的影响和重要地位。其中斯大林对于民族概念的界定和列宁对于民族运动的论述尤为重要。1912 年底至 1913 年初，斯大林在维也纳完成了他的著名的《马克思主义和民族问题》⑤。斯大林提

① 庞中英：《民族主义与国际关系》，《欧洲》1996 年第 1 期。
② 余建华：《民族主义——功史遗产与时代风云的交汇》，学林出版社 1999 年版，第 13 页。
③ 周星：《民族政治学》，中国社会科学出版社 1993 年版，第 154 页。
④ 徐迅：《民族主义》，中国社会科学出版 1998 年版，第 37 页。
⑤ 《斯大林选集》（上卷），人民出版社 1979 年版，第 59—117 页。

出了对后世影响重大的关于民族的概念，即民族是人们在历史上形成的一个有共同语言、共同地域、共同经济生活以及表现在共同文化上的共同心理素质的稳定的共同体。这一界定深刻揭示了"民族"的发展过程和基本特征，成为马克思主义民族观的理论基础。列宁反对帝国主义对殖民地人民的统治压迫，支持殖民地人民反帝反封建的正义斗争，他在《论民族自决权》一文中指出："资本主义使亚洲觉醒过来了，在那里到处激起了民族运动，这些运动的趋势就是要在亚洲建立民族国家，也只有这样的国家才能保证资本主义发展有最好的条件。"① 这一论述阐明了民族主义运动的一般规律，即通过民族解放运动建立独立自主的民族国家。

以上简单考察了有关民族主义的理论、民族主义运动的一般形态及民族认同的问题，本章将以此为基础，探讨巴勒斯坦民族主义运动是如何产生的，它是如何唤醒或构建巴勒斯坦人的民族意识的，如何在此基础上打造巴勒斯坦人对巴勒斯坦的认同感的。

综观巴勒斯坦民族主义运动的发展轨迹，其间大体经历了三个不同的发展阶段：从奥斯曼统治后期到第一次世界大战爆发前夕，巴勒斯坦民族主义者基本上属于奥斯曼主义者；从1914年到第一次世界大战开始到20年代初期，它基本上从属于阿拉伯民族主义，即所谓的"南叙利亚认同"；从20年代初期、特别是从英国委任统治巴勒斯坦开始和费萨尔大马士革政府垮台之后，巴勒斯坦民族主义同阿拉伯民族主义分离，尽管还保留着泛阿拉伯主义的色彩，但巴勒斯坦的地方特色更加凸显，真正地进入了巴勒斯坦民族主义的阶段。

第一节　巴勒斯坦民族主义运动的起源

奥斯曼帝国末期，巴勒斯坦社会逐渐形成了掌握各级权力的"城市精英家族"，其中许多精英人物作为阿拉伯民族的一员参加了统一的阿拉伯民族主义运动，并成为巴勒斯坦民族主义运动的先驱。阿拉伯民族主义运动与青年土耳其党人有共同的目标，即振兴奥斯曼帝国，维护奥斯曼帝国的完整和统一，并要求阿拉伯人在奥斯曼帝国统一的范围内提高政治地

---

① 《论民族自决权》，载自中国社会科学院民族研究所编《列宁论民族问题》，民族出版社1986年版，第314页。

位，阿拉伯省份实行自治。

"谈阿拉伯民族主义运动离不开青年土耳其革命"，同样，谈巴勒斯坦民族主义运动也离不开青年土耳其革命和阿拉伯民族主义运动。因此，从某种程度上说，巴勒斯坦民族主义运动的母体是青年土耳其革命和阿拉伯民族主义运动。

19世纪末20世纪初，奥斯曼帝国已日趋衰落，面临着西方列强瓜分的亡国危险，这时帝国的许多有志之士纷纷行动起来，从事各种各样的政治活动，以挽救帝国危机四伏的命运。1874年建立的"统一与进步委员会"是这一时期一个最重要的政治组织，也称其为"青年土耳其党"，虽然其成员以土耳其人为主，包括军官、医生、小官吏等阶层的人物。但是，阿拉伯人也发挥了某种重要作用。它的纲领是恢复1876年6月宪法、反对素丹专制、建立君主立宪政府。

1876年宪法是米德哈特任奥斯曼帝国首相时制定并颁布的。宪法规定：设置内阁和由素丹任命议长与议员的参议院以及由选举产生的众议院；并按照欧洲的形式授予各族人民以按比例的代表权；素丹的所有臣民，不分种族或教派，一律平等；以伊斯兰教为国教，但同时宣布宗教信仰、教育和出版的自由。这部宪法不仅在当时得到了普遍的欢迎，而且成为土耳其帝国自由派政治家奋斗的目标和理想，并且为阿拉伯民族主义者与青年土耳其党人的合作提供了政治基础。

基于这一政治基础和共同的伊斯兰信仰，阿拉伯民族主义者积极参加了统一与进步委员会领导的青年土耳其党。在这场革命中，青年土耳其党人和阿拉伯民族主义者都希望复兴奥斯曼帝国，但阿拉伯人同时希望提高阿拉伯人在奥斯曼帝国的政治地位，阿拉伯省份取得自治地位。更为重要的是，巴勒斯坦民族主义运动的先驱穆罕默德·伊扎特·达尔瓦扎和拉菲克·塔米米先后参加了青年土耳其党的纳布卢斯支部，成为该党的成员。

1908年，青年土耳其革命取得了胜利，统一与进步委员会上台执政，阿拉伯人和土耳其人的关系也迎来了一个蜜月时期，1908年9月在伊斯坦布尔成立的"奥斯曼阿拉伯友好协会"是这种友好关系的象征。

但是，青年土耳其革命胜利后不久，青年土耳其党人开始推行土耳其民族主义。实际上，早在青年土耳其革命胜利前，青年土耳其党人中间就存在着某种种族优越感。20世纪初的统一与进步委员会重要人物的私人通信中，他们就流露出对阿拉伯人的藐视，将阿拉伯人称为"土耳其民族的狗",认为阿拉伯人是劣等种族。[1] 土耳其民族主义的最重要的理论家是吉雅·高卡尔普（1876—1924），他曾编写过土耳其民族主义理论的奠基著作《突厥主义与泛突厥主义》。[2] 他主张土耳其利益至上，伊斯兰必须土耳其化，必须用土耳其语讲授《古兰经》，阿拉伯人必须接受土耳其民族的传统和仪式。

在土耳其民族主义理论的指导下，青年土耳其党人开始推行土耳其化政策。他们号召中亚地区使用土耳其语的各个民族结成联盟，将土耳其民族置于其他民族之上；强调土耳其语言和文化的优越地位；规定土耳其语为帝国的唯一的官方语言；对内主张土耳其族的统治地位，解除了许多阿拉伯人的行政职位，并且对阿拉伯人的政治运动进行严厉的镇压。

青年土耳其党人推行的土耳其民族主义毁坏了阿拉伯民族主义者与土耳其人合作的政治基础，双方关系迅速恶化，导致阿拉伯民族主义者抛弃了奥斯曼帝国统一的理想，促使他们提出从奥斯曼帝国中脱离出去，建立独立自主的"阿拉伯祖国"。与此同时，阿拉伯民族主义者也与青年土耳其党人分道扬镳，巴勒斯坦民族主义者穆罕默德·伊扎特·达尔瓦扎和拉菲克·塔米米退出了"统一与进步委员会"，从组织上脱离了青年土耳其党。

为了捍卫阿拉伯民族的权利，阿拉伯民族主义者建立了许多政治组织，其中最重要的是法塔特（青年阿拉伯党）和地方分权党，它们对阿拉伯民族主义运动的发展产生了重要影响。

1911 年，在巴黎留学的七位阿拉伯青年创建了法塔特，其最初的政治目标是争取阿拉伯土地在行政上的独立，要求阿拉伯民族和土耳其民族联合起来，两个民族在奥斯曼帝国同时享有平等的权利和义务。1913 年，法塔特将总部迁到了贝鲁特，次年又迁到了大马士革。由于土耳其民族主义的兴起和奥斯曼帝国对阿拉伯民族主义者的镇压，法塔特也修改了它的纲领，提出阿拉伯土地从奥斯曼帝国中完全独立出来并建立统一的阿拉伯国家的要求。1916 年，在阿拉伯大起义的前夕，费萨尔也加入了法塔特，受其影响，费萨尔迅速接受了阿拉伯民族主义思想。后来，费萨尔统治叙利

---

[1] Muhammad Y. Muslih, *The Origins of Palestinian Nationalism*, Columbia University Press, 1988, p. 64.

[2] 彭树智：《东方民族主义思潮》，西北大学出版社 1992 年版，第 331 页。

亚时，法塔特是叙利亚最重要的政治组织，对叙利亚的政局起了举足轻重的影响。

巴勒斯坦人积极参加了法塔特的政治活动。在法塔特的创建过程中，来自巴勒斯坦纳布卢斯地区的阿瓦尼·阿卜杜·哈迪和拉菲克·塔米米起了重要的作用。1916 年，来自巴勒斯坦的阿拉伯民族主义者穆罕默德·伊扎特·达尔瓦扎参加了法塔特，并且于 1919 年 5 月到 1920 年 3 月期间任法塔特总书记。

1913 年 1 月，一批深受开罗浓厚的文化氛围吸引的叙利亚人在开罗创建了地方分权党。其章程要求在阿拉伯省份实行地方分权，阿拉伯语为省内官方语言，任命更多的阿拉伯地方官员，给予省议会更广泛的权力等。地方分权党在巴勒斯坦的纳布卢斯、杰宁、图勒卡姆和雅法等地建立了支部，巴勒斯坦的一批重要人物参加了这个组织。

1913 年 7 月，在巴黎召开了对阿拉伯民族主义运动产生了重要影响的阿拉伯人大会。这次大会是由法塔特发起的，分权党的许多成员参加了大会。参加大会代表分别来自伊拉克、叙利亚、黎巴嫩和巴勒斯坦，包括穆斯林和基督徒。与会代表主张各省自由，阿拉伯省份实行行政自治，使用阿拉伯语为官方语言，并要求实行民主政治。[1]

这次大会在阿拉伯人中引起了广泛的反响。许多阿拉伯人向大会发表了表示支持的电报和书信，而其中巴勒斯坦人发去的至少有 130 份。[2] 巴勒斯坦著名的律师、法塔特的创建人阿瓦尼·阿卜杜·哈迪也参加了这次大会。他是参与早期阿拉伯民族主义运动的第一个巴勒斯坦人，后来他成为费萨尔的幕僚，任他的政治顾问一职，并与费萨尔一起出席了巴黎和会。至此，从总体上说，巴勒斯坦民族主义从奥斯曼主义者彻底转变为阿拉伯民族主义者。

第二节　巴勒斯坦民族主义运动的萌发

第一次世界大战爆发以后，阿拉伯民族主义运动开始迅速发展起来，

---

① Muhammad Y. Muslih, *The Origins of Palestinian Nationalism*, Columbia University Press, 1988, p. 65.

② Ibid.

而巴勒斯坦民族主义运动也逐渐从其母体——阿拉伯民族主义运动中脱离出来。但是，它们的总的政治目标仍然是相同的，就是建立统一和独立的阿拉伯祖国，摆脱外来的侵略和压迫。但是，巴勒斯坦的阿拉伯民族主义者在追求阿拉伯民族主义目标的同时，比较关注巴勒斯坦的形势。这个时期一个重要的政治现象是出现了巴勒斯坦民族主义运动史上的第一个认同观念，即独特的"南叙利亚"认同。因此，也可以把这个时期称为巴勒斯坦民族主义运动史上的南叙利亚时期。

所谓南叙利亚认同，就是巴勒斯坦人自认为他们属于大叙利亚的一部分①，要求在费萨尔的领导下，与黎巴嫩、叙利亚共同组成统一的叙利亚。

南叙利亚认同是巴勒斯坦民族主义者努力打造的结果，是巴勒斯坦民族主义运动史上的一个重要现象，其标志是 1919 年 9 月巴勒斯坦一名律师 M. Hasa al-Badyri 在耶路撒冷创办了《南叙利亚》这份报纸。《南叙利亚》是"一战"后初期在巴勒斯坦出现的第一份新报纸，它是由巴勒斯坦著名的民族主义者阿里夫·阿里夫负责主编。阿拉伯著名的学者拉希德·哈里德高度评价了这份报纸具有的重要意义：在其短暂的存在期间（1920 年 4 月遭到英国军政府的取缔）成为巴勒斯坦最有影响的舆论工具；它带有高度的政治色彩和强烈的民族主义色彩；刊发的文章文采极为优美，而且视角非常敏锐，对巴勒斯坦人民具有强大的号召力，这一点是巴勒斯坦的其他报纸难以比拟的。② 该报取名为《南叙利亚》，即明确反映了巴勒斯坦当时的政治大趋势：许多巴勒斯坦人希望整个叙利亚，包括叙利亚、黎巴嫩、外约旦和巴勒斯坦在内，团结在费萨尔领导的大马士革政府周围，建立统一独立的阿拉伯国家，并在此基础上向全部阿拉伯的统一前进。

一　南叙利亚认同出现的背景

（一）第一次世界大战后的政治形势

第一次世界大战完全改变了中东地区的政治面貌，奥斯曼土耳其帝国解体，阿拉伯新月地带基本上被英、法军队控制，其中巴勒斯坦地区被英军占领。英国在巴勒斯坦设立了一个军政府进行统治，使巴勒斯坦成为一

---

① 大叙利亚这个概念起源于地理概念，包括今日的叙利亚、黎巴嫩、巴勒斯坦、以色列和约旦。

② James Jankowski and Israel Gershoni：*Rethinking Nationalism in the Arab Middle*，Columbia University Press，1997，p. 181.

个事实上的独立行政区域和政治实体。这对巴勒斯坦人来说是一个巨大的变化。

在叙利亚，1918 年 9 月，费萨尔率领的阿拉伯军队占领了大马士革，建立了以他为首的隶属于英国远征军最高司令部的军政府，叙利亚成为一个由阿拉伯人统治的独立行政区域。这是阿拉伯民族主义运动史上的标志性事件，在阿拉伯民族主义者看来，这为建立独立、统一的阿拉伯国家奠定了基础；对于由英国军政府统治，对面临犹太复国主义运动威胁的巴勒斯坦也产生了重要的影响。

1918 年 11 月 7 日，英军耶路撒冷军事长官罗纳多·斯托尔斯（Ronald Storrs）公布了一项英法联合宣言。该宣言声明，英国和法国在东方作战的目的是解放受压迫的人民，并使他们建立由他们自由选择的不受外部干涉的政府，为了达到这个目的，英法政府同意在已解放的叙利亚和伊拉克等国支持和帮助建立民族政府，而在其他国家，两国将继续致力于实现自由。[①] 该宣言中没有单独提到巴勒斯坦，引起了在耶路撒冷的阿拉伯人领袖的注意，立即要求斯托尔斯说明巴勒斯坦是否包括在宣言中称的叙利亚中，如果是，巴勒斯坦人是否有权选择自己的政府。斯托尔斯没有明确回答这个问题。而在巴勒斯坦人看来，叙利亚与巴勒斯坦之间在地理上、经济上、历史上、语言和宗教上有密切的联系，巴勒斯坦就是叙利亚的一部分，即南叙利亚，既然如此，叙利亚得到了自由选择政府承诺，巴勒斯坦人当然愿意与叙利亚实现统一。因此，这一宣言是巴勒斯坦要求与叙利亚统一的直接原因。

（二）南叙利亚认同的历史渊源

在历史上，巴勒斯坦与叙利亚长期处在一个行政区域内，同属一个省，在诸多方面有着紧密的联系，如商业、宗教、文化教育、政治方面等。在商业上，叙利亚拥有一些著名的内陆商贸中心，包括阿勒颇、大马士革等，还有诸如亚历山大勒塔、塔拉吉亚、贝鲁特和西顿这样的港口城市；同样，巴勒斯坦也有类似的商业城市，如纳布卢斯、港口城市阿克和雅法等。叙利亚和巴勒斯坦的这些商业城市间历来有稳定而频繁的商业往来。

---

① Y. Porath, *The Emergence of the Palestinian-Arab National Movement* 1918 – 1929, Frank Cass, 1974, p. 71.

宗教方面，每年的朝觐季节，来自奥斯曼帝国各地的穆斯林在大马士革聚集，然后向麦加出发，大马士革成为朝觐者的集合地和出发点。朝觐活动同时也是一次重要的交流活动，商人们交换商品，而学者们则进行学术思想交流。此外，到耶路撒冷和比尔谢巴朝觐的来自俄罗斯帝国和亚美尼亚的基督徒通过陆路到达阿勒颇，或者通过海路从希腊到达到雅法。如此大规模的群众活动只有存在非常完善发达的交通系统的保障下才能顺利进行。在奥斯曼帝国的最后几十年中，出现了现代化的铁路运输系统及其他的通信手段，使朝觐活动变得更加顺利，更加促进了各地区间的交流和联系。

叙利亚和巴勒斯坦之间的文化联系相当密切。两地区居民基本上都为阿拉伯人，通用阿拉伯语，这为文化联系提供了最便利的前提条件。大马士革和贝鲁特的印刷业非常发达，受过教育的巴勒斯坦人读的书大多是在大马士革和贝鲁特印刷出版的。18世纪以来，西方国家在大马士革、贝鲁特等地开办了许多教会学校，其中以贝鲁特美国大学最为著名，受其吸引，富有的巴勒斯坦家庭常把他们的子女送到大马士革或贝鲁特学习，甚至送到伊斯坦布尔和欧洲国家。奥斯曼帝国末期经历了一个图书报刊业兴盛发达的时期，这大大刺激了贝鲁特、大马士革、的黎波里、耶路撒冷、海法和纳布卢斯等这些重要城市间的文化交流，加强了它们之间的联系。

奥斯曼帝国末期，叙利亚人和巴勒斯坦人在政治上建立了相当密切的联系，特别是在伊斯坦布尔的奥斯曼议会活动的叙利亚和巴勒斯坦的政治家之间形成了相当紧密的团结。譬如，叙利亚议员参加了巴勒斯坦人反对犹太复国主义移民和犹太复国主义者在巴勒斯坦夺取土地的活动，他们也共同参加了奥斯曼帝国末期出现的阿拉伯人的政治组织及其活动。

值得一提的是，叙利亚和巴勒斯坦人之间也存在着通婚关系，这种关系主要发生在两地区间的精英家族中间，如巴勒斯坦的著名家族哈利德家族与贝鲁特的撒拉马家族，纳沙西比家族和萨勒赫家族（Sulh）等。如果考虑到从事民族主义活动的政治家大多出自于这些大家族，那么，他们之间的婚姻关系可能对他们的政治活动产生了一定的影响。[1]

---

① Muhammad Y. Muslih, *The Origins of Palestinian Nationalism*, Columbia University Press, 1988, pp. 12–13.

（三）南叙利亚认同面临的挑战

法国在历史上与叙利亚的基督教社团有密切的联系，并将叙利亚一带视为自己传统的势力范围，希望控制包括巴勒斯坦在内的叙利亚、黎巴嫩和基里基亚的广大地区。直到第一次世界大战时，法国政府的外交政策用语中，叙利亚和巴勒斯坦这两个词之间没有明确区别，[①] 这就意味着法国提到它在叙利亚的利益时也包括了巴勒斯坦地区。

第一次世界大战以前，英国在中东以保障苏伊士运河的安全为头等目标，而在叙利亚的利益相对次要；但第一次世界大战则改变了这一状况，英国为了维护在埃及和波斯湾的既得利益，确保其通往印度和远东的生命线，竭力要求控制战略要地——巴勒斯坦到伊拉克的广大地区。

1916 年 3 月，英、法、俄三国达成了臭名昭著的《塞克斯—皮科协定》，划分了三国在中东的势力范围。据此协定，法国得到了西叙利亚、黎巴嫩、基里基亚及南安纳托利亚，并把东叙利亚和伊拉克的摩苏尔地区作为法国的势力范围；英国得到了包括巴格达和巴士拉在内的中、南部伊拉克及海法和阿克，而基尔库克至亚喀巴和从地中海到波斯湾的区域为英国的势力范围；规定巴勒斯坦的其他地方为国际共管区域。[②]

但是，《塞克斯—皮科协定》并没有约束英法在中东的野心，它们竭力扩大在中东的势力范围，特别是叙利亚和巴勒斯坦，双方都想占有，极力排挤对方在此的影响。

英法的利益冲突的外在表现是，一方面英国军政府或明或暗地支持费萨尔的大马士革政府，鼓励其反法的宣传活动；另一方面，法国人在巴勒斯坦人中散布反对犹太复国主义的宣传，并指责是英国把犹太复国主义者带到了巴勒斯坦，以此激起巴勒斯坦人的反英情绪，鼓励巴勒斯坦人要求与叙利亚统一的诉求。双方对阿拉伯人开出的药方都一样，就是统一叙利亚和巴勒斯坦，[③] 这恰好符合巴勒斯坦人的利益和愿望，也与正在高涨的阿拉伯民族主义运动的目标相一致，刺激了巴勒斯坦人要求与叙利亚统一的愿望。

---

① Y. Porath, *The Emergence of the Palestinian-Arab National Movement* 1918 – 1929, Frank Cass, 1974, p. 73.

② 彭树智主编：《阿拉伯国家简史》（修订版），福建人民出版社 1999 年版，第 326 页。

③ Y. Porath, *The Emergence of the Palestinian-Arab National Movement* 1918 – 1929, Frank Cass, 1974, p. 18.

二　巴勒斯坦民族主义的政治组织及其活动

这一时期，出现了一些著名的民族主义政治组织，致力于宣传叙利亚统一的思想，如文学俱乐部，阿拉伯俱乐部等，它们为南叙利亚认同的发展进行了不懈的努力。

1919年和1920年初在巴勒斯坦最活跃的政治组织是文学俱乐部。文学俱乐部最初是1909年夏由伊斯坦布尔的阿拉伯职员，文学家和学生共同创立的，在阿拉伯世界各地拥有数千名成员，1915年遭到取缔。1918年1月，哈桑·西德基·达贾尼（Sidqi al-Dajani）和尤素夫·哈提卜在耶路撒冷重建了文学俱乐部。该组织以文化活动为掩护，进行民族主义的政治宣传活动，并且得到法国的经济援助而受到法国的影响。在英国军政府的压力下，其领导层进行了调整，纳沙西比家族的成员，如法赫里·纳沙西比、福阿德·纳沙西比、伊萨夫·纳沙西比进入领导层，控制了文学俱乐部。

文学俱乐部的活动和组织的中心是耶路撒冷的阿拉伯语学校，并在雅法、图勒卡姆、加沙等地建立了支部，其主要成员包括教师、退伍军人和警察。

文学俱乐部的活动具有两个重要的特征。一是认为英国和犹太复国主义是阿拉伯人最大的对手，并主张使用暴力手段反对它们；但是，由于它的成员大多是知识分子，其活动带有较浓厚的文化色彩，譬如他们举办一些体育活动、组织乐队、举行音乐会以及宣传阿拉伯文化的活动。二是文学俱乐部的章程对成员的要求很严，家族色彩浓厚。[①]

文学俱乐部提出了"我们为阿拉伯而生，也为阿拉伯而死"的口号，要求巴勒斯坦与叙利亚统一。1919年至1920年间，文学俱乐部的积极分子努力在巴勒斯坦宣传阿拉伯统一的思想，大大加强了费萨尔在巴勒斯坦的支持率。他们对犹太复国主义运动有比较清醒的认识，认为犹太复国主义不仅仅对巴勒斯坦造成了威胁，而且对整个阿拉伯世界构成了威胁。在这种思想的指导下，1919年夏，他在贝鲁特的穆斯林和基督徒中发起了一场反犹太复国主义的运动。[②]

---

① Y. Porath, *The Emergence of the Palestinian-Arab National Movement* 1918 – 1928, Frank Cass, 1974, p. 15.

② Muhammad Y. Muslih, *The Origins of Palestinian Nationalism*, Columbia University Press, 1988, p. 165.

另一个重要的政治组织是 1918 年建立的阿拉伯俱乐部，其成员主要是来自侯赛尼家族的青年人，巴勒斯坦著名的民族主义者哈吉·阿明·侯赛尼任该组织的主席。阿拉伯俱乐部与著名的民族主义报纸《南叙利亚》关系密切，该报的创办者 al-Budayri 及其主编阿里夫都是其重要的成员；甚至阿拉伯俱乐部的会议经常在该报的办公室中举行。[①] 阿拉伯俱乐部的活动中心是耶路撒冷，在巴勒斯坦的主要城市，如加沙、希伯伦、纳布卢斯、图勒卡姆和加利利都有其支部。

阿拉伯俱乐部的政治目标与文学俱乐部基本相同：主张叙利亚和巴勒斯坦统一；反对犹太复国主义。但是阿拉伯俱乐部的活动更温和，并且有较明显的亲英倾向，这与其主席阿明的影响分不开。哈吉·阿明是个著名的温和派领导人，而且他有较深的英国背景。1918 年，他曾与英国官员一起帮助谢里夫·侯赛尼招募志愿军，后来又在英军的耶路撒冷司令部中任职。哈吉·阿明的家族背景也是一个重要因素。他出身于巴勒斯坦著名的侯赛尼家族，该家庭许多成员在地方政府中担任高级官员，如耶路撒冷穆夫提卡米尔·侯赛尼（Kamil al-Husayni）是阿明的异母兄弟，穆撒·卡齐姆·侯赛尼（Musa kazim al-Husayni）是耶路撒冷的市长。由于这种背景，他们与英国军政府维持着密切的联系，对军政府有较强的依赖性，从中他们可以得到现实的好处，譬如由于卡米尔·侯赛尼对英国军政府的友好和帮助，军政府加强了他们的权力以资奖励。

基于共同的政治目标，文学俱乐部和阿拉伯俱乐部共同在巴勒斯坦各地宣传大叙利亚统一的思想，并在一些重大事件上进行了合作。1919 年 1 月在耶路撒冷举行的第一届巴勒斯坦阿拉伯人大会上，通过他们紧密的合作最终促使大会通过了赞成叙利亚和巴勒斯坦统一的决议。

值得一提的是，1919 年 7 月它们在比尔谢巴地区的活动。在阿拉伯世界，贝都因部落一向被认为是最落后、最封闭、最保守的社会阶层，但是，它们说服了比尔谢巴地区最有影响力的贝都因首领谢赫·苏菲，使他相信了部落面对着来自英国和犹太复国主义的威胁，并向他指出，避免这种威胁的最有效的办法是为实现以费萨尔为首的大叙利亚的统一而斗争。谢赫接受了它们的观点，在比尔谢巴地区的贝都因人中宣传阿拉伯民族主

---

① Y. Porath, *The Emergence of the Palestinian-Arab National Movement* 1918 – 1929, Fran Cass, 1974, p. 76.

义运动的纲领，并与大马士革的费萨尔建立了联系。1919 年 7 月 17 日，谢赫·苏菲在会见金—克兰委员会时，宣布赞成费萨尔领导下的全部叙利亚实现统一。[①]

此外，金—克兰委员会在巴勒斯坦调查期间，它们进行了积极的活动，安排主张叙利亚和巴勒斯坦统一的人会见委员会的代表，并组织了支持统一的请愿活动和反对犹太复国主义运动的示威游行，最终促使金—克兰委员会得出了巴勒斯坦人赞成叙利亚和巴勒斯坦统一的结论。

穆斯林和基督徒协会也是当时在巴勒斯坦活动的一个重要组织。1918 年 11 月，它成立于雅法，不久后即发展到了耶路撒冷及巴勒斯坦各地，陆续成立了各地穆斯林和基督徒协会委员会，并且各地的委员会组成了一个松散的联盟，其中，耶路撒冷穆斯林和基督徒委员会的影响最大。1919 年 2 月初，在耶路撒冷举行了穆斯林和基督徒协会的第一届大会，大会确定协会的目标是"保护人民的物质和精神权利；改善国家的农业、工业、经济和商业状况；振兴学习之风和加强对新一代民族主义者的教育"[②]。

穆斯林与基督徒协会的民族主义色彩不太浓厚，但是它也强烈反对犹太复国主义移民和英国军政府的犹太民族家园政策，而在斗争策略上，采取了比较温和的手段，极力与英国军事当局保持联系，尽量避免与之发生公开的冲突。该协会还主张巴勒斯坦人独立自主的原则，但是在 1919 年和 1920 年受到要求叙利亚和巴勒斯坦统一思潮的影响和压力，也向阿拉伯民族主义者靠拢，1919 年 2 月，它公开承认巴勒斯坦为阿拉伯叙利亚的一部分。[③] 1919 年 3 月 11 日，耶路撒冷穆斯林和基督徒协会甚至授权费萨尔在巴黎和会上代表巴勒斯坦，并保卫巴勒斯坦的利益。

为了迎接金—克兰委员会的到来，该协会向全国散发了准备呈交给金—克兰委员会的请愿书。请愿书要求：（1）北起陶鲁斯山脉，东至幼法拉底河、西临地中海、南达红海在内的叙利亚实现完全独立；（2）巴勒斯坦包括在上述的范围中，但是享有内部事务的自主权，而且统治者将从本地居民中选举出来，并拥有独立的立法权；（3）坚决反对犹太民族之家和

---

① Muhammad Y. Muslih, *The Origins of Palestinian Nationalism*, Columbia University Press, 1988, p. 198.

② 杨辉等：《巴勒斯坦民族主义起源及早期实践》，《西亚非洲》2002 年第 2 期。

③ Muhammad Y. Muslih, *The Origins of Palestinian Nationalism*, Columbia University Press, 1988, p. 163.

犹太复国主义移民，但是承认本地犹太人在各项事务上拥有平等的权利。[①]
由于这份请愿书在全巴勒斯坦广为散发，对巴勒斯坦民意产生了重要的
影响。

1919 年 6 月 16 日，金—克兰委员会会见了 40 名耶路撒冷穆斯林与基
督徒协会的成员，向他们询问了巴勒斯坦人对于委任统治、犹太复国主义
运动及犹太移民等问题的态度。他们的回答包括三个要点：（1）因为巴勒
斯坦是叙利亚的一部分，因此谁有托管权的问题应由叙利亚大会决定；
（2）巴勒斯坦阿拉伯人反对犹太移民和把巴勒斯坦变成犹太民族家园的企
图；（3）巴勒斯坦阿拉伯人坚持完全独立。[②] 这些要求比较全面地反映了
穆斯林和基督徒协会的政治诉求，也在一定程度上反映了广大巴勒斯坦人
民的愿望，对金—克兰委员会起到了一定作用。

巴勒斯坦人的各民族主义组织也尝试联合起来，为共同的政治理想奋
斗。1919 年 11 月 27 日，在海法举行了一次民族主义组织的全国大会。参
加会议的有来自耶路撒冷和雅法的文学俱乐部，来自耶路撒冷、纳布卢斯
和图勒卡姆的阿拉伯俱乐部，太巴列的穆斯林和基督徒协会以及海法的穆
斯林协会和拿撒勒的地方代表。这次会议是试图把各个组织团结起来形成
一个联合阵线的第一次努力，但是由于耶路撒冷和雅法的穆斯林和基督徒
协会的缺席，这一努力归于失败。最后，会议建立了巴勒斯坦协会最高委
员会，它成为主张大叙利亚统一的各个组织的协调机构。该组织以耶路撒
冷，纳布卢斯和海法为活动中心，并与大马士革的巴勒斯坦民族主义者有
紧密的联系。其主要工作是在巴勒斯坦积极为民族主义活动募集资金，甚
至试图将巴勒斯坦青年输送到费萨尔的军队中去。[③]

三 南叙利亚认同的确立

1919 年 1 月，在耶路撒冷举行了第一届巴勒斯坦阿拉伯人大会，这次
大会在巴勒斯坦民族主义运动史上有重要的意义。共有 27 名代表出席了

---

① Y. Porath, *The Emergence of the Palestinian-Arab National Movement* 1918 – 1929, Frank Cass, 1974, p. 90.

② Muhammad Y. Muslih, *The Origins of Palestinian Nationalism*, Columbia University Press, 1988, p. 195.

③ Y. Porath, *The Emergence of the Palestinian-Arab National Movement* 1918 – 1929, Frank Cass, 1974, p. 94.

这次大会，包括除了比尔谢巴、阿克和希布伦三个地区之外的巴勒斯坦各地的代表。在政治态度上，他们分别属于坚定的民族主义派、亲英派和亲法派。27 名代表分别属于不同的政治组织。总之，这次大会具有较强的政治代表性。

会议期间，各方势力经过激烈的争论，最终主张叙利亚和巴勒斯坦统一的民族主义力量和亲英派取得了胜利，通过了一项带有亲英色彩的主张泛叙利亚统一的最终决议书。决议书第一条开宗明义地肯定了叙利亚和巴勒斯坦的不可分割性，称："我们认为巴勒斯坦是阿拉伯叙利亚的一部分，并且永不分离。我们与叙利亚在民族、宗教、语言、精神、经济和地理上存在不可分割的联系。"然后，决议书第三条表达了巴勒斯坦人要求与叙利亚统一的强烈愿望："我们的愿望是，巴勒斯坦与象征阿拉伯团结和独立的阿拉伯叙利亚政府永不分离，并摆脱任何外部势力的干涉和保护。"①大会决议用法律形式肯定了巴勒斯坦人要求与叙利亚统一的愿望，对巴勒斯坦民众产生了重要影响。由于这次大会广泛的政治代表性，这项决议反映了巴勒斯坦社会政治大趋势，表明南叙利亚认同已在巴勒斯坦深入人心。

在第一届巴勒斯坦阿拉伯人大会的鼓励下，巴勒斯坦人掀起了一场轰轰烈烈地要求与叙利亚统一的运动。特别是金—克兰委员在巴勒斯坦活动期间，巴勒斯坦人通过递交请愿书、示威游行、举行会面等各种形式向他们表达了巴勒斯坦人反对犹太复国主义运动和英国统治的愿望，从而在巴勒斯坦形成了一次民族主义运动高潮。

1918 年 9 月，费萨尔率领阿拉伯军队占领了大马士革，到 1920 年 3 月，他被第一届叙利亚大会选举为叙利亚国王，并宣布叙利亚独立；同年 7 月，费萨尔即被法国军队赶下了台。在费萨尔统治叙利亚的约两年时间，叙利亚成为阿拉伯独立的象征，来自阿拉伯各地的民族主义者云集大马士革，特别是来自巴勒斯坦、伊拉克的民族主义者在费萨尔政府中扮演着重要角色。

费萨尔的军队中有许多巴勒斯坦士兵，也有不少巴勒斯坦人在费萨尔政府和军队中担任要职。如：曾一度任外交部部长的塞义德·侯赛尼；前

---

① Y. Porath, *The Emergence of the Palestinian-Arab National Movement* 1918 – 1929, Frank Cass, 1974, pp. 181 – 182.

面提到的巴勒斯坦著名律师、最早的巴勒斯坦阿拉伯民族主义者阿瓦尼·阿布都·哈迪是希加兹代表团的成员，并代表费萨尔出席了巴黎和会，后来又担任费萨尔的政治顾问；穆哈麦德·阿里·塔米米任大马士革宪兵部队的司令；阿明·塔米米担任费萨尔的兄弟、埃米尔扎伊德的顾问，后又任 1920 年 1 月建立的指导委员会（Director's Council）的主席，阿赫麦德·阿布都·巴齐任该委员会的财政部长；穆伊因·麦迪是情报部门的首脑，后又任外约旦卡拉克地区（karak）（位于约旦西部）的行政长官；阿布都·卡迪尔·穆扎法任驻土耳其的外交使节；穆哈麦德·阿里·塔米米是大马士革的警察局局长；阿布都·拉提克·萨拉赫和伊扎特·达尔瓦扎是叙利亚大会的书记；拉夫齐·塔米米和伊扎特·达尔瓦扎轮流担任法塔特的总书记。① 这些巴勒斯坦人身居叙利亚政府的高位，拥有很大的政治影响力，对费萨尔的政治决策及政府的运作产生了重要的影响。

更为重要的是，1920 年 4 月，两位重要的巴勒斯坦人来到了大马士革，他们就是著名的民族主义者哈吉·阿明和《南叙利亚》编辑阿里夫。他们在大马士革建立了一个名为 Jamiyyah al-Arabiyyah al-Filastiniyyah 的组织，从事反犹太复国主义运动的宣传和保卫阿拉伯人在巴勒斯坦的利益的活动。②

来自巴勒斯坦的阿拉伯民族主义者在叙利亚的政治活动对以大马士革为活动中心的阿拉伯民族主义运动产生了重要影响，使其逐渐凸显了争取包括巴勒斯坦在内的大叙利亚的完全独立，由此实现"阿拉伯祖国"的完全独立和统一这一主题。1919 年 6 月，第一届叙利亚大会在大马士革召开，出席会议的代表约有 90 人，他们来自大马士革、阿勒颇、哈马、贝鲁特、黎巴嫩山区、的黎波里和巴勒斯坦等地区，其中来自巴勒斯坦的代表有 15 名。大会通过决议，要求包括巴勒斯坦在内的地理意义上的叙利亚完全独立，并建立立宪君主制政府；反对《塞克斯—皮科协议》和《贝尔福宣言》；反对托管体制下的政治保护和任何形式的法国帮助。③ 第一届

---

① Muhammad Y. Muslih, *The Origins of Palestinian Nationalism*, Columbia University Press, 1988, p. 119.

② Y. Porath, *The Emergence of the Palestinian-Arab National Movement* 1918 – 1929, Frank Cass, 1974, p. 88.

③ Muhammad Y. Muslih, *The Origins of Palestinian Nationalism*, Columbia University Press, 1988, p. 128.

叙利亚大会的决议从法律意义上确立了阿拉伯民族主义运动争取阿拉伯统一和独立的政治目标，因而在阿拉伯民族主义运动史上具有重要的意义。它要求"包括巴勒斯坦在内的地理意义上的叙利亚完全独立"，与第一届巴勒斯坦阿拉伯人大会要求巴勒斯坦与叙利亚统一的决议遥相呼应，表明巴勒斯坦人的统一要求得到阿拉伯民族主义者的重视和同意。这两次大会标志着巴勒斯坦人的南叙利亚认同的形成。

为了进一步巩固叙利亚统一的纲领，巴勒斯坦的民族主义政治家于1920年2月在大马士革举行了一次会议。在会上，一些与会者提议再不要提"巴勒斯坦"这个词，应当采用"叙利亚土地"的名称。大会再次确认了巴勒斯坦与叙利亚的不可分割性和叙利亚大会的决议。①

1920年3月，叙利亚大会选举了费萨尔为叙利亚国王，这在巴勒斯坦引起了强烈的反响。

3月8日，除了阿克之外的巴勒斯坦各城市举行示威游行，著名的穆斯林和基督徒协会领导人和贵族参加了游行，其中包括耶路撒冷穆斯林和基督徒协会主席阿里夫·帕夏·达贾尼，耶路撒冷市长穆萨·卡齐姆·侯赛尼和市政委员伊斯玛·侯赛尼，还有耶路撒冷希腊正教社团的领袖雅古拜·法拉吉。示威的目的是支持费萨尔就任统一的叙利亚的国王。这次示威的许多口号和演讲表示支持费萨尔的统治，要求独立和反对犹太复国主义。示威活动带有浓厚的暴力色彩，号召杀死犹太人，说"巴勒斯坦是我们的土地，犹太人是我们的狗"。这次示威活动同时也表明巴勒斯坦人的政治组织已有了很大的进步，可以组织和举行各组织共同参加、相互合作的全国性的运动了。② 4月4日，再次发生了一次示威游行，来自巴勒斯坦各地的朝觐者在耶路撒冷举行了穆萨先知节的游行。游行群众高举着费萨尔的巨幅画像，演讲者号召人们为建立包括巴勒斯坦在内的叙利亚王国而斗争。游行群众还与犹太人发生了暴力冲突。③

大规模的群众运动表明群众对民族主义政治目标的认可。巴勒斯坦群

---

① Muhammad Y. Muslih, *The Origins of Palestinian Nationalism*, Columbia University Press, 1988, p. 189.

② Y. Porath: *The Emergence of the Palestinian-Arab National Movement* 1918－1929, Frank Cass, 1974, p. 97.

③ 李平民:《英国的分而治之与阿—以冲突的根源》，上海社会社学院出版社2000年版，第15页。

众积极参加支持费萨尔和大叙利亚统一的示威游行，表明他们已接受了巴勒斯坦与叙利亚统一的民族主义目标，也表明南叙利亚认同在巴勒斯坦社会的确立。

第三节　巴勒斯坦民族主义运动的形成及巴勒斯坦认同的进程

一　南叙利亚认同的失败

1920 年 3 月费萨尔登基为大叙利亚的国王，就在来自伊拉克、巴勒斯坦、黎巴嫩等地的阿拉伯民族主义者弹冠相庆时，巴勒斯坦人也为叙利亚和巴勒斯坦实现统一的美好前景而感到欢欣鼓舞时，协约国最高理事会于 1920 年 4 月召开了圣雷蒙会议。这次会议决定将叙利亚和黎巴嫩交给法国托管，把巴勒斯坦和伊拉克交给英国托管。同年 7 月，法国军队便迫不及待地占领了大马士革，将费萨尔赶下了王位，绞灭了阿拉伯民族主义者视为阿拉伯统一的象征的叙利亚政府，聚集于叙利亚的阿拉伯民族主义者纷纷逃亡，叙利亚人跑到了埃及，巴勒斯坦人回到了巴勒斯坦，伊拉克人也回到了伊拉克，继续从事阿拉伯民族主义运动，法国则"名正言顺"地控制了叙利亚。

随着费萨尔在叙利亚的失败，中东很快形成了新的政治格局：法国控制了叙利亚，并实施分而治之的政策，逐渐出现了叙利亚和黎巴嫩两个独立的政治实体。①

英国在伊拉克扶持了以费萨尔为国王的傀儡政权；在外约旦扶持了以阿卜杜拉为国王的哈希姆王国；在巴勒斯坦，英国在战时军政府的基础上，于 1920 年 7 月成立了托管政府，委派高级专员进行单独统治。由于英法殖民者在各自所控制区域实行不同的政策，使各地区间的经济、社会差别日渐产生和扩大，逐渐形成相互独立的政治实体，并最终变成了独立的国家。因此，这一格局奠定了现代中东国家体系的基础。

这一格局沉重打击了阿拉伯民族主义运动，它使中东各地区面临各自独特的危机，从而产生了不同的利益追求，这样，各地的民族主义者更多

---

① ［叙］伊萨特·阿尔－奴斯：《叙利亚地理与历史概要》，马肇椿译，生活·读书·新知三联书店 1958 年版，第 189 页。

地将目光转向了本地区，而阿拉伯统一的目标退而居次要地位；同时，由于各政治实体间建立了现代的边防检查制度，阻碍了地区间人员的自由流动和思想的交流，从而严重妨碍了阿拉伯民族主义思想的传播。这一切直接导致了中东地方民族主义的兴起。

费萨尔在叙利亚的失败和英国正式实施对巴勒斯坦的托管使巴勒斯坦民族主义者遭到了严重挫折，与叙利亚统一的思想作为一种政治生活的组织形式已经失败了，正如巴勒斯坦民族主义者穆斯萨·卡齐姆所言："南叙利亚已经不存在了，我们必须保卫巴勒斯坦"，巴勒斯坦人现在处于完全的孤立境界，这种状况迫使他们重新思考认同问题。

南叙利亚认同已不能解决他们面临的重大问题了，即犹太复国主义运动对巴勒斯坦日益增长的威胁，他们必须寻找新的认同意识动员和组织巴勒斯坦人民对付犹太威胁。思考的结果是他们提出了以独立的巴勒斯坦为首要的斗争目标，他们知道，现在只有依靠自己才能解决他们面临的重大问题。

二　巴勒斯坦认同的出现

法军占领大马士革后，在大马士革的巴勒斯坦民族主义者回到了巴勒斯坦，经过短暂的低沉后，巴勒斯坦重要的三个政治组织，即文学俱乐部、阿拉伯俱乐部及穆斯林和基督徒协会于 1920 年 7 月底、8 月和 9 月连续在耶路撒冷举行了三次联席会议。这几次会议决定，由于特殊的形势，巴勒斯坦运动从叙利亚分离出来，巴勒斯坦阿拉伯人必须把所有的精力集中到巴勒斯坦，以对付犹太复国主义运动对巴勒斯坦的野心。[①] 这些会议表明，巴勒斯坦民族主义者已开始将巴勒斯坦的利益摆到了第一位，他们所关注的焦点转向了巴勒斯坦这一特定的领土和巴勒斯坦人这一特殊的人民。

以此为基础，1920 年 11 月 13 日，由穆斯林与基督徒协会召集在海法召开了第三次巴勒斯坦阿拉伯人大会。共有四十多位代表出席了大会，他们分别来自海法、耶路撒冷、利达、腊马拉、雅法、太巴列、阿克、杰宁和纳布卢斯等地区，代表了穆斯林与基督徒协会、基督教青年协会、穆斯

---

① Y. Porath, *The Emergence of the Palestinian-Arab National Movement* 1918 – 1929, Frank Cass, 1974, p. 105.

林青年协会、阿拉伯俱乐部、文学俱乐部、民族俱乐部等巴勒斯坦重要的政治组织。由此可见，大会具有广泛的代表性。

大会第一天，代表们一致同意大会的三个主题是：（1）建立民族政府；（2）反对犹太民族之家的思想；（3）组织巴勒斯坦阿拉伯民族主义运动。[①] 以后，大会围绕着这三个主题进行了长达一周的讨论，并通过了一系列的决议。就巴勒斯坦的政治未来，决议正式要求"如同在伊拉克和外约旦那样，在巴勒斯坦建立一个向代议机构负责的民族政府，其成员应从战前就在巴勒斯坦居住的讲阿拉伯语的居民中选出来"[②]。决议强烈反对《贝尔福宣言》，称其违背了所有的"上帝和人类的法律"。大会要求英国政府废除所有的犹太复国主义政策，包括承认犹太复国主义组织为官方机构、接受犹太移民、希伯来语为官方语言、默许犹太复国主义旗帜的存在及犹太复国主义领袖在政府中担任高级职位。[③] 大会最后成立了巴勒斯坦阿拉伯人大会执行委员会作为常设机构，由大会主席穆萨·卡齐姆·侯赛尼担任主席，阿里夫·帕夏·达贾尼任副主席，执行委员会成为巴勒斯坦民族主义运动最重要的组织机构。

值得注意的一点是，大会根据一位代表的提议，决定发行一份代表巴勒斯坦运动的报纸，并使其免受欧洲人的控制。这说明，巴勒斯坦的领导人已认识到大众传媒的重要性，意识到大众传媒在影响公众舆论和组织群众运动中所起的重要作用。

综观这次大会，并与第一次大会进行比较，再考虑到肥沃的新月地带被英法分割占领这一大背景，我们可以发现这次大会的一个显著特点是没有了阿拉伯统一的要求和南叙利亚的提法，而是只关注巴勒斯坦的问题。巴勒斯坦是他们关注的焦点和斗争的首要目标，这表明巴勒斯坦民族主义运动正式从阿拉伯民族主义运动中分离出来，进入了巴勒斯坦民族认同的时代，成为中东一支重要的、颇具特色的民族主义流派。这次大会全面反映了巴勒斯坦流行的政治趋势，对巴勒斯坦社会和政治的发展产生了重要的影响。

---

① Muhammad Y. Muslih, *The Origins of Palestinian Nationalism*, Columbia University Press, 1988, p. 207.

② Y. Porath, *The Emergence of the Palestinian-Arab National Movement* 1918 – 1929, Frank Cass, 1974, p. 109.

③ Ibid.

三　巴勒斯坦认同的背景

（一）历史渊源

尽管巴勒斯坦与叙利亚之间在历史上就有非常密切的宗教、文化、经济等方面的联系，但这并不排斥巴勒斯坦历史发展的独特性。

希腊人称巴勒斯坦为"腓力斯丁"，即腓力斯人的土地。罗马帝国镇压了公元 132 年至 135 年的犹太人起义后，将巴勒斯坦地区划分为三个行政区域：一为第一巴勒斯坦（Palestine Prima），包括犹地阿、撒马利亚等地；二为第二巴勒斯坦（Palestine Secunda），包括约旦河谷，加利利中东部等；三为第三巴勒斯坦（Palestine Terita），包括外约旦南部、内格夫以及西奈。阿拉伯穆斯林征服巴勒斯坦后，在罗马帝国时期的行政区划的基础上建立了腓力斯丁军区和约旦军区。腓力斯丁军区的辖区范围时有变化，最大的时候向东到达了安曼，向南达到阿喀巴；最小的时候只包括耶路撒冷到沿海平原的地区。腓力斯丁军区的这一名称对于以后的巴勒斯坦人产生了重要的影响，巴勒斯坦人对腓力斯丁这一名称的感情如同中国人对中华或九州的感情。1911 年伊萨两兄弟在雅法创办了一份有重要影响的报纸，取名为《腓力斯丁》。

奥斯曼帝国统治时期，以前的腓力斯丁军区被分成了三个桑贾克（县），即加沙、耶路撒冷和纳布卢斯，它们同属于大马士革省。但是这一区划并不稳定，有时，一个总督同时管理两个桑贾克，于是在 1525 年，加沙和耶路撒冷合并为一个桑贾克，纳布卢斯也一度并入了耶路撒冷。因此，尽管划分出了几个小的地区，这儿仍存在一个比较大的行政单位，它基本上与腓力斯丁军区相一致，以此为基础，逐渐形成了以耶路撒冷为中心的"圣地"巴勒斯坦。19 世纪后半期，奥斯曼帝国进行了行政改革和现代化运动，1887 年设立耶路撒冷省，直属于伊斯坦布尔。

圣地的地位对巴勒斯坦产生了重要的影响。由于耶路撒冷的崇高地位，耶路撒冷卡迪（即伊斯兰教的法官）的辖区远远超出了耶路撒冷，一直扩展到了加沙、纳布卢斯，甚至达到海法。1910 年，在耶路撒冷新设立了上诉法庭，其管辖区包括了纳布卢斯地区，这样，以前需要提交到大马士革的上诉案件转到耶路撒冷解决，这大大加强了耶路撒冷在司法上的重要性。

民间信仰和圣地崇拜也加强了巴勒斯坦各地区间的联系。除了耶路撒冷著名的阿克萨清真寺和岩石清真寺外，巴勒斯坦境内有许多著名的圣地和圣墓，如在腊马拉的先知萨里哈墓和加沙的先知哈希姆墓，许多巴勒斯坦阿拉伯人每年都要去这些圣墓朝圣，并举行大规模的纪念活动。其中，最盛大的纪念活动是每年的先知穆萨纪念会。按照巴勒斯坦穆斯林的传统，每年都要在杰里科附近的穆萨墓清真寺举行为期一周的纪念会，这就使巴勒斯坦各地的群众每年有一次机会进行相互交流，在客观上，大大促进了巴勒斯坦各地区的联系。

巴勒斯坦的部落势力很大，长期存在着凯斯和也门两大部落间的对立。双方长达几个世纪的斗争在巴勒斯坦造成了社会分裂和不和，使巴勒斯坦人民因之分裂为两大派，这种状况直到 19 世纪下半期时还没有完全结束。凯斯和也门两大部落对立局面虽然给巴勒斯坦人民反对英国委任统治和犹太复国主义的斗争产生了巨大的影响，但是两大部落联盟对巴勒斯坦的认同却是一致的。

巴勒斯坦也是基督徒的圣地。巴勒斯坦境内自古就居住着大量的基督徒人口，他们对巴勒斯坦历史的发展起了重要作用。耶路撒冷的希腊正教教会是巴勒斯坦最古老的，也是最重要的基督教教会，掌管着巴勒斯坦西部和外约旦的教务。它最初建立于罗马时期，从一开始就掌管着罗马时代巴勒斯坦的三个行政区域的基督教事务。1847 年重新设立耶路撒冷拉丁派教会和1841 年设立的耶路撒冷圣公会教会也管理着各自在整个巴勒斯坦的教务。[1] 这些教会组织反映了耶路撒冷及圣地在基督教中的崇高地位，也使巴勒斯坦的基督徒居民与穆斯林一样，产生了对巴勒斯坦的特殊感情，并接受了巴勒斯坦所具有的独特地位，加上他们在语言、文化上的同一性，他们甚至认为自己是信仰基督教的巴勒斯坦阿拉伯人。

（二）巴勒斯坦民族主义者与费萨尔政府的冲突

在巴勒斯坦的阿拉伯民族主义者与伊拉克、叙利亚的阿拉伯民族义者的共同努力下，第一届叙利亚大会于 1920 年 3 月通过决议，宣布包括巴勒斯坦在内的整个叙利亚独立，并选举费萨尔为叙利亚的国王。

为了宣传叙利亚和巴勒斯坦统一的思想和反对犹太复国主义的思想，巴勒斯坦的阿拉伯民族主义者还在大马士革成立了一些政治组织。如 1920

---

① Y. Porath, *The Emergence of the Palestinian-Arab National Movement* 1918 – 1929, Frank Cass, 1974, pp. 4 – 7.

年初建立的巴勒斯坦青年协会，该协会主张通过军事手段攻击英国在巴勒斯坦境内的机构，以此警告英国政府和犹太复国主义者，表明巴勒斯坦人阻止犹太民族之家政策的决心。① 还有一个是巴勒斯坦复兴协会，费萨尔的阿拉伯军队的陆军上尉塞里姆·塔伊比任主席；另外一个是 1920 年 7 月建立的巴勒斯坦阿拉伯人协会。②

但是，在费萨尔的大马士革政府中存在激烈的政治矛盾，特别是费萨尔和巴勒斯坦民族主义者之间在巴勒斯坦问题上存在尖锐的矛盾。这时的巴勒斯坦民族主义者尽管是坚定的阿拉伯民族主义者，他们主张叙利亚和巴勒斯坦实现统一，并要求阿拉伯土地的统一和独立，但是他们还希望独立和统一的叙利亚成为巴勒斯坦人反对英国统治和犹太复国主义运动的强大靠山和力量源泉。费萨尔是个不太坚定的阿拉伯民族主义者，更是一个圆滑精明的政治家。应该说，费萨尔是有一定的政治经验，特别是他与欧洲政治家打过多次交道，对西方列强的殖民野心和强权政治有比较深刻的认识。所以，他愿意通过一定的牺牲，甚至是很大的牺牲，譬如牺牲巴勒斯坦，以换取他的基本政治目标的实现。1919 年 1 月的费萨尔—魏茨曼协议和 10 月的费萨尔—克里孟梭协议即反映了这一情况。

1918 年 12 月，也就是在巴黎和会前夕，费萨尔和魏茨曼在伦敦进行了一次会谈，并于次年 1 月达成了一项协议。协议要求：巴勒斯坦和阿拉伯国家之间进行最紧密的合作；实施《贝尔福宣言》，允许犹太移民大规模进入巴勒斯坦，同时保护阿拉伯农民和佃农的利益，并且在经济发展方面提供帮助；宗教信仰自由，在行使公民权利政治权利时不得因宗教信仰而受到限制，而且，伊斯兰教的圣地应处于穆斯林的控制之下；犹太复国主义组织将派出一个专门委员会调查巴勒斯坦发展经济的能力，并尽最大努力帮助阿拉伯国家发展，而这个委员会应该接受阿拉伯国家的支配。③ 费萨尔以英国同意他在致英国外交部的备忘录中要求的阿拉伯独立为条件签署了这个协议，并附上了保留意见，"如果出现哪怕是最细微的更改或背离，我将不受本协议任何一部分的约束，该协议也将视为是无效的，并

---

① 杨辉等：《巴勒斯坦民族主义起源及早期实践》，《西亚非洲》2002 年第 2 期。

② Muhammad Y. Muslih, *The Origins of Palestinian Nationalism*, Columbia University Press, 1988, p. 150.

③ ［英］理查德·艾伦：《阿拉伯—以色列冲突的背景和前途》，商务印书馆 1987 年版，第 241 页。

且，我将不对任何事情负责"①。因为费萨尔的要求并没有得到满足，该协议始终没有生效，但是这件事却表明，费萨尔为了实现阿拉伯王国的愿望，甚至愿意与犹太复国主义运动合作，牺牲巴勒斯坦的利益。

1919 年 9 月 13 日，英法达成了一项协议，规定：法国同意英国控制巴勒斯坦，英国则同意法国对叙利亚实行军事占领。费萨尔反对这一瓜分阿拉伯领土的决议，并反对法国托管叙利亚。为了促使费萨尔同意这一协议，英国首相劳合·乔治邀请他到欧洲与法国谈判。10 月 20 日，费萨尔到达巴黎，与法国总理克里孟梭进行谈判，并于 11 月底达成了一项临时协议，即费萨尔—克里孟梭协议。该协议承认叙利亚国家独立和统一的权力，但是必须由法国对他实施保护和顾问，并规定叙利亚政府将尊重法国对黎巴嫩和叙利亚沿海地区的占领。② 大马士革的阿拉伯民族主义者坚决反对这项协议。法塔特的许多成员甚至告诉费萨尔，他们准备同时向英法宣战，因为他们认为英国计划将巴勒斯坦给犹太人，让他们建立一个犹太国家，而法国则图谋吞并叙利亚。

但是，这样的牺牲对于巴勒斯坦民族主义者来讲是不可能接受的，他们强烈反对这些协议。在费萨尔—魏茨曼协议签署后，大马士革的巴勒斯坦民族主义者就发起了一场反对犹太复国主义的运动。著名的巴勒斯坦民族主义者、法塔特的重要成员伊扎特·达尔瓦扎在媒体上发表文章，号召人民反对犹太复国主义。他在文章中嘲笑了犹太人可能对巴勒斯坦做出贡献的思想，指出了犹太复国主义移民对巴勒斯坦的灾难性影响和犹太复国主义对叙利亚，乃至整个阿拉伯世界造成的巨大威胁。③ 他还在叙利亚大会上发表了措辞强硬的讲话，"直到现在，我们一直在沉默，但是将来我们不能沉默。巴勒斯坦不能成为独立的牺牲品……"④

因此，双方之间产生了难以调和的矛盾，这种矛盾最终导致巴勒斯坦的阿拉伯民族主义将关注的焦点转移到了巴勒斯坦。

在叙利亚，还存在着叙利亚贵族与阿拉伯民族主义者之间的矛盾。由

---

① Antonius：*The Arab Awakening* 转引自 Muhammad Y. Muslih，前引书，第 121 页。

② ［英］理查德·艾伦：《阿拉伯—以色列冲突的背景和前途》，商务印书馆 1987 年版，第 248 页。

③ Muhammad Y. Muslih，*The Origins of Palestinian Nationalism*，Columbia University Press，1988，p. 122.

④ Y. Porath，*The Emergence of the Palestinian-Arab National Movement 1918 – 1929*，Frank Cass，1974，p. 89.

于来自伊拉克、巴勒斯坦的阿拉伯民族主义者占据了大马士革政府的重要职位，掌握了叙利亚的大权，而本来这些权力属于叙利亚本地的贵族，这种状况引起了他们的不满，指责他们不是叙利亚人，是外国人，根本不可能重视叙利亚的利益。为此，他们向费萨尔建议解雇这些外国人，用叙利亚人代替他们，还向其他官员递交了许多反巴勒斯坦人的请愿书。他们的活动产生了一定的效果，许多巴勒斯坦人被迫离开了他们在叙利亚的工作岗位。[①] 此外，由于费萨尔对法国妥协的政策得不到阿拉伯民族主义者的支持，他就转向叙利亚贵族寻求支持。在他的支持下，叙利亚贵族建立了民族党（The National Party）。该党主张在费萨尔—克里孟梭协议的基础上与法国达成妥协，并且对大马士革政府中的巴勒斯坦人和伊拉克人持强烈的批评态度。叙利亚贵族与阿拉伯民族主义者间的矛盾加剧了阿拉伯民族主义运动内部的矛盾，促使了阿拉伯民族主义运动的分裂。

四 巴勒斯坦认同的巩固和发展

1920 年 7 月，英国正式在巴勒斯坦实施托管统治，推行扶犹抑阿的政策，巴勒斯坦则继续进行反对英国的亲犹太复国主义的政策和反对犹太复国主义运动的斗争。在斗争过程中，他们的斗争目标更加明确了，那就是以全力维护巴勒斯坦的利益为首要目标。他们从事的各种活动都体现和贯彻了这一目标，巴勒斯坦人的民族认同同时也得到了进一步的巩固和发展。

（一）大叙利亚失败后与叙利亚民族主义者的关系

大叙利亚失败以后，叙利亚的阿拉伯民族主义者逃到了埃及，继续从事民族主义活动，并且与巴勒斯坦民族主义者保持着联系。但是，巴勒斯坦民族主义者对叙利亚人的警惕性很强，坚决反对他们任何试图牺牲巴勒斯坦的计划。

前文提到费萨尔企图牺牲巴勒斯坦以换取英国和犹太复国主义者对他的支持，实际上，这种倾向并非他一个人所有，叙利亚民族主义者当中有不少人与费萨尔持相同的观点，并进行了不少活动。

1921 年 11 月，里亚德·索勒赫（Ri'ad al-Sulh）在英国伦敦罗斯柴尔德的家中与魏兹曼等几个犹太复国主义领袖举行了一次会谈，主要议题是

---

① Muhammad Y. Muslih, *The Origins of Palestinian Nationalism*, Columbia University Press, 1988, p. 152.

巴勒斯坦的阿拉伯人与犹太人的关系。会谈并没有达成任何协议，但是里亚德同意只要宣布巴勒斯坦有权根据国联盟约二十二条独立，他就准备承认犹太民族家园；另外，犹太人同意从物质和道义上给予阿拉伯国家支援，并将尽力与阿拉伯人合作以实现他们的民族愿望。此时，第一次巴勒斯坦代表团正在伦敦活动，里亚德试图促使代表团接受他与犹太人达成的共识，结果遭到了拒绝。

在里亚德与魏兹曼伦敦会谈的基础上，1922 年 3 月，耶路撒冷犹太复国主义委员会主席埃德和埃及犹太人领袖与叙利亚统一党的领袖里亚德、拉希德·里达等在开罗举行了一次会议，双方同意：犹太人将帮助阿拉伯土地在联邦体制下取得独立和统一；同时，阿拉伯人承认犹太人的权利，但是反对《贝尔福宣言》和托管统治。同年 8 月，犹太人领袖与叙利亚—巴勒斯坦代表团在日内瓦的一次会谈中达成了内容与这相似的协议。①

叙利亚民族主义者与犹太人的交易遭到了巴勒斯坦人的强烈反对。海法的阿语报纸《卡尔迈勒》发表文章警告说：任何人不能"因叙利亚问题……而牺牲巴勒斯坦的利益"②。《卡尔迈勒》中的另一篇文章说："有一些叙利亚人相信在巴勒斯坦问题上的妥协可以解决整个阿拉伯的问题，特别是叙利亚问题。这一思想始于费萨尔国王的叙利亚政府时代。"文章继而痛心地说："看来，这种思想存在于我们一些叙利亚兄弟的内心深处。"该文还强调了犹太复国主义对整个阿拉伯土地的危险性，并指出："任何以为牺牲巴勒斯坦会有助于解决阿拉伯问题的人脑子有问题，除非他们治好了脑子，否则他们应该从阿拉伯的政治舞台滚出去。"③

叙利亚人还试图使巴勒斯坦接受他们与犹太人达成协议。1923 年 5 月，里亚德到达巴勒斯坦试图说服阿拉伯执行委员会书记加麦尔·侯赛尼与犹太复国主义运动进行合作。他强调这种合作对全部阿拉伯人都有好处。巴勒斯坦人坚决反对他的劝说，并告诉他，作为一个叙利亚人不要干涉巴勒斯坦的事务。

从费萨尔到流亡在开罗的叙利亚民族主义者，一直在试图与犹太复国

---

① Y. Porath, *The Emergence of the Palestinian-Arab National Movement* 1918 – 1929, Frank Cass, 1974, p. 113.

② 徐向群、宫少朋：《中东和谈史 1913—1995》，中国社会科学出版社 1998 年版，第 19 页。

③ Y. Porath, *The Emergence of the Palestinian-Arab National Movement* 1918 – 1929, Frank Cass, 1974, p. 114.

主义组织达成合作和相互承认的协议，叙利亚人的这种立场沉重地打击了巴勒斯坦民族主义者对大叙利亚统一的热情，从而大大加强了他们对独立的巴勒斯坦的政治信念。

（二）巴勒斯坦认同的政治实践

自1920年第三次巴勒斯坦阿拉伯人大会确立了巴勒斯坦认同后，从1921年到1928年间，召开了四次巴勒斯坦人大会，进一步巩固和发展了巴勒斯坦认同。

第四次巴勒斯坦人大会于1921年5月在耶路撒冷召开。大会决定派遣一个巴勒斯坦人代表团与英国政府谈判，并授权它以"巴勒斯坦阿拉伯人"的名义发言。这次大会根本没有提到"南叙利亚"，表明巴勒斯坦民族主义放弃了与叙利亚统一的思想，而以巴勒斯坦的利益为首要目标了。

大会结束后，阿拉伯执行委员会派遣了由穆萨·卡齐姆率领的巴勒斯坦人代表团前往伦敦活动。他们向英国政府提出：废除《贝尔福宣言》，成立阿拉伯民族政府；反对犹太移民大量进入巴勒斯坦，反对承认希伯来语为一种官方语言。英国政府拒绝了代表团的要求，同时，也做出了一些让步，于1922年7月发表了一份关于巴勒斯坦政策的白皮书，即1922年白皮书。

首先，白皮书要求阿拉伯人必须承认《贝尔福宣言》；其次，解释说犹太民族之家并不意味着是一个犹太国家，批驳了犹太复国主义者使用的"巴勒斯坦之成为犹太人的，正如英国是英国人的一样"的说法，并进一步强调英国政府无意将整个巴勒斯坦变成一个犹太人的民族家园，而是认为这样的一个民族家园应该在巴勒斯坦建立；再次，表明并不打算要使巴勒斯坦阿拉伯人口、语言和文化消失或处于次要地位，认为犹太移民的数量要受到巴勒斯坦经济承受能力的限制；最后，白皮书再次确认：英国一直认为在麦克马洪信件中向麦加谢里夫许下的阿拉伯独立的地区里并不包括巴勒斯坦。1922年白皮书第一次对《贝尔福宣言》中的"犹太民族家园"，做出了较为详细的解释，并第一次表明犹太移民的数量要受到某种条件的限制。

白皮书发表后不久，1922年7月24日，国联正式批准了将巴勒斯坦交给英国统治的委任统治条款。在这样的背景下，1922年8月，在纳布卢斯召开了第五次巴勒斯坦人大会。参加会议的代表团成员建议派一个代表团到阿拉伯半岛，与纳季德的伊本·沙特和希加兹的侯赛因国王达成相互理解，并提议加强阿拉伯人的团结，消除内部的分裂。参加会议的代表宣誓"作为巴勒斯坦阿拉伯人民的代表，要利用一切合法的手段为实现国家的独立和阿拉伯人民的团结而继续努力，坚决反对犹太民族家国和犹太移民"①。大会确定的一个重要的任务是抵制 1922 年 8 月颁布的巴勒斯坦宪法而准备举行立法会议的选举。大会结束后，巴勒斯坦民族主义者便发起了一场声势浩大的抵制立法委员会选举的运动。抵制活动主要采取了三种方式：去伦敦和希贾兹的代表团成员在全国各地巡回演讲，向人民解释参加选举的危险，并发起了反对选举的游行；清真寺的伊玛目在星期五的演讲中宣布抵制选举是一项宗教功课，以此号召穆斯林群众反对选举，清真寺因而成为抵制运动最重要的一个舞台；在农村，要求乡村领袖写出书面保证，声明他们的村民不参加选举活动。

通过民族主义者的努力，巴勒斯坦人成功地抵制了立法会议选举，导致了立法会议选举的失败，巴勒斯坦民族主义者达到了他们的目标。抵制运动的成功具有很重要的意义。一方面，席卷了整个巴勒斯坦的抵制活动实际上是对巴勒斯坦人进行的一场民族主义教育，在很大程度上，进一步唤醒了巴勒斯坦人的民族意识，加强了巴勒斯坦人民的民族认同感。另一方面，抵制运动再次锻炼了巴勒斯坦民族主义者及其政治组织的组织和动员能力，使其得到进一步的完善和发展，这对巴勒斯坦民族主义动员具有重要的影响。

1923 年 6 月，英国与希加兹国王签订了一项条约，其主要内容是希加兹国王侯赛因承认英国在巴勒斯坦的托管统治，作为交换，英国支持建立希加兹、伊拉克和外约旦的联邦。为了及时表明巴勒斯坦人对此条约的态度，6 月 16 日，在雅法召开了第六次巴勒斯坦人大会。这次会议的中心议题是反对英国—希加兹条约，迫使侯赛因国王废除该条约。侯赛因对此的反应是要求大会向他效忠，结果遭到大会的拒绝。《腓力斯丁》报的编辑伊萨根据他在费萨尔政府中工作的经历认为哈希姆家族从来不会关心巴勒斯坦的利益。在他看来，巴勒斯坦人必须依靠自己解决巴勒斯坦的问题，其他人是根本靠不住的。阿拉伯执行委员的书记以同样的口吻说，直到现在，巴勒斯坦人还忍受着阿拉伯兄弟带给他们的失望。他们的看法反映了

---

① Y. Porath, *The Emergence of the Palestinian-Arab National Movement 1918 – 1929*, Frank Cass, 1974, p. 111.

巴勒斯坦人对泛阿拉伯政策及其支持者的失望。这次大会也没有谈论"南叙利亚"问题，与会的代表和大会的决议围绕的中心点是巴勒斯坦，再一次表明，巴勒斯坦已成为巴勒斯坦人关注的焦点。

1928 年 6 月在耶路撒冷召开了第七次巴勒斯坦人大会。大会通过决议要求在巴勒斯坦建立一个代议机构，但没有明确对《贝尔福宣言》和托管政府表示反对，也没有明确要求巴勒斯坦独立。大会对阿拉伯执行委员会实施了改组，主席仍是穆萨·卡齐姆，两个副主席之一是一位希腊正教徒雅古拜·法拉吉①。很明显，这次大会对英国和犹太人的态度相当温和，要求在巴勒斯坦建立一个代议机构就等于默认了委任统治的现状。

综上所述，从 1920 年的第三次巴勒斯坦人大会到 1928 年的第七次大会的八、九年时间是巴勒斯坦的意识形态发生迅速变化的时期，其间最重要的现象是形成了巴勒斯坦人的民族认同意识。巴勒斯坦民族主义者逐渐抛弃了南叙利亚思想，并逐步确立了巴勒斯坦认同，并且为塑造和加强这种认同意识，在巴勒斯坦社会中进行了广泛而深入的动员，由于他们的不懈努力，巴斯勒斯坦人民逐渐接受了这个思想，最终形成了巴勒斯坦民族认同。这一时期的巴勒斯坦的大众媒体和出版物突出地反映了这一变化。

第四节　巴勒斯坦认同的最终确立

1929 年到 1939 年是巴勒斯坦民族主义运动史上非常重要的十年。十年中又出现了一批民族主义政治组织，涌现出了许多著名的民族主义领导人，在与英国托管政府和犹太复国主义的斗争实践中，巴勒斯坦民族主义组织及其领导人更加成熟，组织和动员能力更为强大，从而巴勒斯坦人民的民族认同意识在民族主义运动的过程中成熟了。

1929 年 8 月因哭墙事件②导致穆斯林和犹太人之间发生大规模的武装冲突，并波及希伯伦、雅法、海法、萨法德等地，导致双方各有一百多人死亡，这次起义成就了巴勒斯坦民族主义运动史上的第一批民族英雄。起

---

① Y. Porath, *The Emergence of the Palestinian-Arab National Movement* 1918 – 1929, Frank Cass, 1974, p. 252.

② 哭墙是穆斯林第三大圣地岩石清真寺和犹太教第二圣殿遗址的隔墙，也称西墙。

义平息后，托管政府判处了三名巴勒斯坦人死刑，他们是 Ata Ahamad Zayr、希布伦人 Mummad khalil Abu Jumjum 和萨法德的 Fu'ad Hijazi，并于 1930 年 6 月 17 日在阿克被施以绞刑。阿拉伯执行委员会发表文章高度赞扬他们，称他们是"自由和独立的先锋""贪婪的外国帝国主义和压迫政策的受害者"，并决定把每年的 6 月 17 日确定为这三位民族英雄的纪念日。①

进入 30 年代后，巴勒斯坦新出现了一批民族主义政治组织。1931 年重建了阿拉伯独立党；1932 年由巴勒斯坦穆斯林成立的青年大会；1934 年 12 月由拉吉布·纳沙西比领导，在雅法成立的民族保卫党（National Defence Party）；1935 年 1 月由耶路撒冷市长侯赛因·哈利德博士领导成立的改革党；1935 年 4 月，由贾马尔·侯塞尼领导成立的巴勒斯坦阿拉伯人党；1935 年 10 月由阿布都·拉蒂夫·萨拉赫领导成立的民族集团等。尽管这些党派带有浓厚的家族色彩和派系斗争的特征，但是它们基本政治目标一样，即反对犹太复国主义运动，要求建立民族政府。有些党派还带有泛阿拉伯色彩，如巴勒斯坦阿拉伯人党的章程中就强烈要求阿拉伯和伊斯兰世界帮助巴勒斯坦人民进行反犹斗争。② 这一共同点为它们的政治合作提供了基础。1935 年 10 月 20 日，除独立党外的巴勒斯坦各党派号召举行全国罢工，并向托管政府递交了一份备忘录，要求政府收缴犹太人手中的非法和合法的武器。同年 12 月，它们又联合提出了巴勒斯坦人的民族要求，包括 3 点：（1）立即停止犹太移民；（2）禁止把阿拉伯人的土地转移到犹太人手中；（3）在巴勒斯坦建立民族政府。③ 1936 年 4 月，五党又联合成立了阿拉伯高级委员会（Higher Arab Committee），并选举哈吉·阿明为主席，阿拉伯高级委员会成为巴勒斯坦民族运动新的领导机构，领导了 1936—1939 年的巴勒斯坦人大起义。

1936 年 4 月，首先在特拉维夫和雅法等城市发生了阿拉伯人袭击犹太人的事件，这种袭击活动很快蔓延至巴勒斯坦全境。同时，阿拉伯高级委员会宣布举行全国大罢工，直到英国同意建立民族政府，停止犹太移民入境和犹太人的土地买卖三项要求为止。罢工和阿拉伯人与犹太人

---

① Y. Porath, *the Palestinian Arab National Movement: From Riots to Rebellion 1929—1939*, Frank Cass 1977, p. 5.

② Ibid. , p. 77.

③ Ibid. , p. 143.

的武装冲突使整个巴勒斯坦陷入混乱，直到 10 月份，在沙特国王和伊拉克国王的调解下，阿拉伯高级委员会才宣布结束罢工。这是这次起义的第一阶段。

巴勒斯坦恢复平静后，英国政府派皮尔调查团到巴勒斯坦调查起义原因，并于 1937 年 7 月公布了调查报告。该报告分析了阿犹双方敌对情绪的原因后，认为现有形式的委任统治是行不通的；因此，它建议把巴勒斯坦分成一个犹太人的国家和一个阿拉伯人的国家，并保留一条从雅法到耶路撒冷的走廊，由委任统治国直接统治；并建议高级专员禁止把阿拉伯人的土地转让给犹太人，并把犹太移民的数量在今后五年中控制在每年一万二千人以内。①

皮尔报告书遭到了阿犹双方的反对，犹太人反对限制移民和土地买卖，阿拉伯人强烈拒绝分治计划，并要求立即停止犹太移民和土地买卖。阿拉伯人再次起义。1938 年，巴勒斯坦全境完全陷入了混乱，巴勒斯坦人民展开了大规模的武装斗争，游击队一度控制了包括耶路撒冷在内的部分地区，并建立了初具雏形的自治政府，还建立了一个独立的司法体系。②巴勒斯坦人的起义活动使英国的托管政府陷入瘫痪，根本无法处理日常事务。巴勒斯坦人还暗杀了"分治计划"的积极倡导者、英国驻加利利专员安德鲁斯。

面对如此混乱的局势，英国政府动用军队镇压，并解散了阿拉伯高级委员会，许多巴勒斯坦民族主义领袖被捕，哈吉·阿明等人被迫出逃。到 1939 年春，英国终于控制了局势，平息了巴勒斯坦人的大规模起义。这场起义造成了 101 名英军士兵死亡，463 名犹太人死亡，以及大约 5000 名巴勒斯坦人遇难。③

1939 年 5 月，英国政府又发表了一份关于巴勒斯坦政策的白皮书。白皮书计划十年内在巴勒斯坦建立一个与英国有条约关系的独立的双民族国家；对犹太移民做出了一定限制，规定今后五年内再移入七万五千名犹太人，五年以后犹太移民的进入，须经阿拉伯人的同意；白皮书还部分禁止

---

① 徐向群、宫少朋：《中东和谈史 1913—1995》，中国社会科学出版社 1998 年版，第 336—337 页。

② Deborah. J. Genres：*One Land, Two Peoples—the Conflict Over Palestine*，Westview press 1991，p. 28.

③ Ibid.

了犹太人的土地买卖。① 1939 年白皮书奠定了未来十年中英国对巴勒斯坦政策的基础，而且其主要内容基本满足了巴勒斯坦人的要求。

1936 年至 1939 年的巴勒斯坦人起义是巴勒斯坦民族主义运动史上的第一场全国性的大规模起义。这次起义表明巴勒斯坦民族主义组织已具备了大规模动员社会资源进行政治动员的能力，而巴勒斯坦人民的广泛参与起义说明民族主义者所宣传倡导的巴勒斯坦认同已深入人心，为广大巴勒斯坦群众接受。因此，这场起义标志着巴勒斯坦民族主义运动的成熟，也标志着巴勒斯坦认同的最终确立。

巴勒斯坦认同的确立决定了未来几十年巴勒斯坦政治发展的大方向，决定了巴勒斯坦人与犹太人之间不可调和的长期斗争；并预示着必然会出现一个独立的巴勒斯坦国家，除非巴勒斯坦人被全部消灭。尽管这样一个国家至今还没有建立，但是以阿拉法特为首的巴勒斯坦民族主义者已为此奋斗了几十年，几十年的战斗大大加强了这样一个信念，巴勒斯坦国家的建立是不可避免的。

第五节　巴勒斯坦民族主义运动与犹太复国主义运动

犹太复国主义运动对 20 世纪巴勒斯坦的历史产生了至关重要的影响，特别是对巴勒斯坦民族主义运动及巴勒斯坦认同的形成起了重要的催化作用。巴勒斯坦民族运动史上的历次重大事件都与犹太复国主义运动有关联，甚至有学者认为巴勒斯坦民族主义运动就是对犹太复国主义运动的反应，没有犹太复国主义运动就没有巴勒斯坦民族主义运动。因此，"不理解巴勒斯坦人对犹太复国主义运动的反应就不可能分析巴勒斯坦民族主义运动的演变"②。

犹太复国主义运动与巴勒斯坦民族主义运动的关系符合汤因比所说的"挑战和应战"模式。巴勒斯坦人的民族认同意识在他们与犹太人这个异民族及异文化的相互关系中被逐渐唤醒，逐渐强化，最终形成了成熟的民族认同意识，并在民族主义运动中发挥出了它的凝聚民族向心力的基本功

---

① ［英］理查德·艾伦：《阿拉伯—以色列冲突的背景和前途》，艾玮生等译，商务印书馆1987 年版，第 320 页。

② Muhammad Y. Muslih, *The Origins of Palestinian Nationalism*, Columbia University Press, 1988, p. 69.

能和作用。

尽管在许多著作中提到犹太人自罗马帝国时代从巴勒斯坦流散到世界各地后，时时刻刻希望回到巴勒斯坦，但是直到 19 世纪中叶，巴勒斯坦的犹太人数仍然很少。1945 年时，巴勒斯坦约有一万二千犹太人生活在耶路撒冷、萨法德、太巴列和希布伦等城市。[①] 流散在世界各地的犹太人一直保持着自己的信仰，没有被居住国的民族和文化同化，同时，他们在许多国家遭到歧视，特别是在欧洲国家遭到持续不断的大规模反犹运动的迫害，被迫从一个国家逃到另外一个国家，居无定所，为了摆脱这种悲惨的命运，在近代欧洲自由民主思想的影响下，一些犹太有志之士发起了犹太复国主义运动。

1862 年，德国犹太人摩西·赫斯出版了《罗马与耶路撒冷》一书，提出在巴勒斯坦重建一个民族自治实体，是解决犹太人问题的唯一办法。摩西·赫斯被认为是犹太复国主义运动的第一个倡导者。在他之后，陆续有俄国犹太人平斯克和奥地利犹太人西奥多·赫茨尔在他们的著作中表达了类似的观点。在他们的影响下，世界各地的犹太人成立了一些犹太复国主义组织。到 1897 年，在瑞士巴塞尔召开了第一届犹太复国主义大会，大会成立了由赫茨尔任主席的世界犹太复国主义组织，其目标是要在巴勒斯坦为犹太人建立一个得到公开承认和法律保护的家园。这次大会标志着世界性的犹太复国主义运动的出现。

在犹太复国主义组织的鼓励和支持下，犹太人开始了向巴勒斯坦移民的运动，即"阿利亚"（Aliyah）。第一次阿利亚发生在 1882 年，一批俄国犹太人来到巴勒斯坦，建立了一批农业居住区，这是第一批犹太复国主义移民。第一届犹太复国主义大会召开后，向巴勒斯坦移民的步伐加快了。1904 年到 1914 年的第二次阿利亚向巴勒斯坦移入了约四万人，使巴勒斯坦的犹太人口达到了 84000 多人。1914 年到 1924 年第三次阿利亚又向巴勒斯坦带入了 4 万多犹太人。1924 年到 1928 年和 1932 年到 1939 年的两次移民浪潮使巴勒斯坦的犹太人口数从一战结束时的 5.5 万人增加到 1939 年的 45 万人。大批犹太移民的到来显著地改变了巴勒斯坦的人口比例，犹太人口的比例迅速上升了。1882 年时，犹太人仅占巴勒斯坦全部人口的约 6%，到 1919 年时上升到了约 10%，1931 年达到 17%，而到 1939

---

① ［以色列］阿巴·埃班：《犹太史》，中国社会科学出版社 1985 年版，第 30 页。

年，更是达到了 31%。

犹太移民通过各种手段购买了大量的阿拉伯人的土地，使大量的阿拉伯农民失去了土地，流离失所。一部分农民流入到城市寻找生计，而落后的巴勒斯坦经济不能为他们提供更多的就业机会；他们又很少受过正规的技术培训，无法谋求到更好的工作机会。这是巴勒斯坦下层群众反对犹太复国主义运动及移民的社会根源。

犹太移民是犹太复国主义组织进行政治活动的基础，它的政治目标是在 1897 年世界犹太复国主义大会上指明的，即在巴勒斯坦建立一个犹太民族之家。为了实现这一目标，犹太复国主义者寻求大国支持。第一次世界大战后期，英国控制了巴勒斯坦，犹太复国主义者将目光转向了英国，经过不懈的努力，犹太复国主义者终于促使英国于 1917 年 11 月发表了《贝尔福宣言》，英国政府宣布支持犹太人在巴勒斯坦建立一个民族之家，从而大大加速了犹太复国主义运动成功的步伐。犹太民族之家的实质是要在巴勒斯坦建立犹太国家，犹太复国主义者在许多场合都表达了这一真实目的。巴黎和会前夕，世界犹太复国主义组织主席魏兹曼发表声明称：他们将通过大规模的移民要在巴勒斯坦使犹太人变成多数，并将建立一个独立政府，犹太复国主义组织的目标是"巴勒斯坦成为犹太人的巴勒斯坦，如同英国是英国人的那样"[1]。1918 年 12 月，巴勒斯坦犹太社团的领袖说，他们的目标是在巴勒斯坦形成犹太人多数地位，并建立一个阿拉伯人只是少数民族的犹太国家。

巴勒斯坦人自然反对犹太人的野心。从一开始，巴勒斯坦人对犹太复国主义及其移民可能带来的威胁就有模糊的认识，并表示反对。1871 年 6 月，耶路撒冷的贵族们就发电报给奥斯曼帝国的首相，要求他采取措施阻止犹太人移入巴勒斯坦，禁止犹太人买卖土地。[2] 1897 年，耶路撒冷在穆夫提塔黑·侯赛尼领导下成立了一个地方委员会，专门负责检查犹太人的土地买卖。该委员会在成立后几年中多次成功地阻止了犹太人的土地买卖。

早期的阿拉伯民族主义思想家对犹太复国主义运动的威胁有较清醒的

---

[1] Y. Porath, *The Emergence of the Palestinian-Arab National Movement* 1918 – 1929, Frank Cass, 1974, p. 35.

[2] Muhammad Y. Muslih, *The Origins of Palestinian Nationalism*, Columbia University Press, 1988, p. 72.

认识。拉希德·里达在他的文章中强烈反对犹太复国主义运动。他认为犹太人保存着希伯来语言和犹太教信仰，更重要的是他们拥有大量的资本，因而也就拥有强大的政治力量，因此，犹太人将会成为世界上最有影响力的民族之一；而且，犹太复国主义组织试图买下巴勒斯坦并建立一个民族国家。为了对付犹太人的威胁，他号召穆斯林学习现代科学技术，复兴伊斯兰信仰，从而变成一个强大的民族。[1] 另一位著名的阿拉伯民族主义思想家阿祖里也强烈反对犹太复国主义运动，预言犹太人与阿拉伯人的冲突不可避免。他在一篇文章中写道："这两个运动（阿拉伯民族的觉醒运动和犹太人重建古代以色列王国的运动）注定要发生持续不断的斗争，直到一方打败另一方为止。这两个代表两个思想对立的民族的斗争，其最后结局将决定全世界的命运。"[2]

1917 年 11 月英国外交大臣贝尔福发表了《贝尔福宣言》，宣称："英王陛下政府赞成在巴勒斯坦建立一个犹太人的民族之家，并将尽最大努力促其实现，但必须明白理解，绝不应使巴勒斯坦现有非犹太团体的公民权利和宗教权利或其他任何国家内的犹太人所享的权利和政治地位受到损害。"[3] 不久之后，英国军队即控制了巴勒斯坦全境，到 1920 年 7 月英国正式对巴勒斯坦实施托管。

随着英国对巴勒斯坦的控制的日益牢固，犹太复国主义运动在巴勒斯坦的活动也进入了一个迅速发展的时期。1922 年，犹太复国主义组织根据国联的委任统治训令在巴勒斯坦成立了犹太代办处，其主要任务是同英国委任统治当局进行联系，鼓励和组织犹太移民，并为他们募集经济支援。犹太代办处经过几年的发展，几乎成了巴勒斯坦的一个犹太政府。在英国托管政府的同意和支持以及犹太办事处的大力组织下，出现了 1924 年到 1928 年的犹太移民高潮。1933 年，纳粹在德国上台后，又一次出现了犹太移民浪潮，从 1933 年到 1939 年，共移入了 22 万犹太人，仅 1939 年一年就移入了 6.2 万人。[4] 1935 年的移民高潮直接导致了 1936 年的巴勒斯坦人大起义。

①　Muhammad Y. Muslih, *The Origins of Palestinian Nationalism*, Columbia University Press, 1988, p. 74–76.

②　Ibid., p. 77–78.

③　钟冬：《中东问题八十年》，新华出版社 1984 年版，第 15 页。

④　［英］诺亚·卢卡斯：《以色列现代史》，商务印书馆 1997 年版，第 108 页。

反对犹太复国主义运动及其移民活动一直是阿拉伯民族主义运动的一个重要目标。巴勒斯坦民族主义者积极参加了费萨尔领导的大马士革政府，一方面是他们信仰以阿拉伯统一为目标的阿拉伯民族主义思想，另一方面也是借此反对犹太复国主义运动在巴勒斯坦的活动，而在犹太复国主义问题上的分歧，导致巴勒斯坦民族主义者抛弃了泛阿拉伯民族主义思想，从1920年以后，巴勒斯坦民族主义者就集中全身心的精力反对犹太复国主义运动及其移民活动和犹太人的土地买卖。

总之，犹太复国主义运动为巴勒斯坦民族主义者提供了一个重要的组织和动员巴勒斯人民的手段和工具，借此吸引了广大的巴勒斯坦群众参加了巴勒斯坦民族主义运动，在运动过程中，强化了巴勒斯坦人的民族意识和民族认同感，大大加强了巴勒斯坦人的民族凝聚力。

第六节　总结

一　关于阿拉伯人与巴勒斯坦人的概念：

毫无疑问，的确存在着一个阿拉伯民族，阿拉伯国家的领袖们认为："凡是生活在我们的国土上，说我们语言，受过我们文化的影响，并以我们的光荣而自豪者就是我们的一员。"[①] 由这个定义可以看出，巴勒斯坦人无疑是阿拉伯民族的一部分。但是，此定义的出发点是历史和文化的角度；"二战"以后，中东形成了现代民族国家体系，各个国家要求自己的公民首先要忠诚于本国，阿拉伯人的第一法律身份已成为伊拉克公民或约旦公民等，而这种身份的民族或准民族含义极强，因此，历史和文化角度出发的定义明显不能适应政治现状的要求。

事实上，中东的许多民族国家的确已形成了各自的民族认同。从现实的政治角度看，的确存在着民族意识极强的伊拉克人、埃及人等提法，而就本章所讨论的巴勒斯坦来看，虽然由于外部武力的原因还没有建立一个巴勒斯坦民族国家，但巴勒斯坦人的民族认同意识已发展得很成熟了，因此，从民族认同意识的角度说，巴勒斯坦民族国家是存在的，存在于巴勒斯坦人民的心中。

但是，称他们为巴勒斯坦人并不意味着否认他们的阿拉伯人身份，由

---

① ［美］伯纳·路易：《历史上的阿拉伯人》，中国社会科学出版社1979年版，第3页。

于两个概念的出发点不一样，所以两种身份并不矛盾或是互相排斥。实际上，这正揭示了巴勒斯坦认同的一个重要特征，即复合认同。巴勒斯坦人首先认同于巴勒斯坦，认同于阿拉伯人，也认同于雅法人或纳布卢斯人，也认同于穆斯林或基督徒。这些认同焦点间并没有严格的先后次序，只是在不同的场合或情况下表现出不同的认同感，具体因参照对象的变化而发生变化，因为认同意识本来就是为了区别自己与别人的。强大的地方观念、宗教感情和家族观念导致了这种复杂的认同观。① 这一现象普遍存在于中东地区。

二　政治实体与认同意识的形成

正如本章所讨论的，巴勒斯坦成为一个独立的政治实体，对巴勒斯坦人的民族认同意识的形成具有重要的影响。就巴勒斯坦而言，英国对巴勒斯坦实施托管使巴勒斯坦不可逆转地成了一个独立的政治实体，由此开始，巴勒斯坦民族主义者将关注的焦点定位于巴勒斯坦这块区域，号召巴勒斯坦人民为巴勒斯坦的利益而奋斗，逐渐地唤醒了巴勒斯坦人民的民族意识，使他们忠诚于巴勒斯坦，最终成功地塑造了巴勒斯坦认同。巴勒斯坦认同的形成也就标志着巴勒斯坦人的形成，也即巴勒斯坦民族主义运动创造了巴勒斯坦人。反过来，巴勒斯坦认同大大加强了巴勒斯坦人的向心力，从而为巴勒斯坦民族主义运动提供了源源不断的动力，两者相互促进，从而使巴勒斯坦民族国家的建立进程变得不可逆转。

根据本章的讨论可以看出，巴勒斯坦民族认同的出现及确立主要是巴勒斯坦政治发展的结果，即巴勒斯坦主义运动唤醒巴勒斯坦人的民族意识，进而形成巴勒斯坦民族认同；外部因素，如英国的统治，特别是犹太复国主义运动为巴勒斯坦人提供了一个斗争对象，起到了催化剂和促进的作用。

通过巴勒斯坦民族主义运动和巴勒斯坦认同形成的关系，我们可以看到，巴勒斯坦民族认同的形成过程是一个自上到下，再由下而上的循环过程，这是民族认同形成的完整过程。

---

① Rashid Khalidl, *Palestinian Identity – The Construction of Modern National Consciousness*, Columbia University Press, 1997, p. 143.

三 关于西方的民族主义运动和中东的民族主义运动

一般认为，民族主义运动起源于 17、18 世纪的欧洲，如法国大革命、美国独立战争等，也称为原生的民族主义运动。通过考察巴勒斯坦民族主义运动这一比较典型的中东民族主义运动，我们可以发现 20 世纪的中东民族主义运动在许多方面与之有所区别。

从起源看，西方的民族主义运动是资本主义兴起的产物，是新兴的资产阶级反对封建主阶级，要求掌握政权的运动，阶级斗争的色彩极为浓厚，纯粹是国内政治发展的产物，外部因素的影响不大。而中东的民族主义运动同样基于地区内部政治的发展，但是中东的民族主义运动又深受外部势力的影响，如英国的殖民统治对于埃及民族主义运动，犹太复国主义运动对于巴勒斯坦民族主义运动等。

从它们追求的政治目标上看，西方民族主义运动要求新兴的资产阶级上台执政，并建立以代议制为主要特征的民主政治体制。而中东的民族主义运动主要目标是反抗外来的侵略和压迫，争取民族独立和自主，建立不受外国干涉的独立国家，其主要敌人是外国势力，阶级斗争的色彩不甚浓厚，也正是在这个意义上，中东的民族主义运动也被称为民族解放运动。

但是，中东的民族主义运动源于西方民族主义运动而产生，又深受西方民族政治思想的影响。因此，它具有追求民主政治的内容，在这个意义上，它也是一种民族主义运动，这决定了中东民族主义运动的世俗化大方向。

（马学清）

第十章　"新殖民主义"辨析[*]

第一节　何谓殖民主义、新殖民主义

探讨中非关系却引出了新殖民主义——这一常新的学术话题，表明殖民主义概念早已越出学术探究的领域，转而成为国际政治斗争的理论工具。笔者认为，针对以上西方对我国发展中非关系的指责，有必要从马克思、恩格斯、列宁、斯大林等革命导师关于宗主国和殖民地问题的论述及"殖民主义"的概念出发，对殖民主义的相关理论及其对非洲的影响，做一回顾和分析，抽丝剥茧，这对于批驳谬误及深化中非关系的发展，都是大有裨益的。在此，笔者对西方的不实言论予以批驳，目的是要维护公正，并还原历史的真实性，以正视听。

一　殖民主义问题研究概述

殖民主义一直是世界历史发展的一条主线。从殖民美洲到苏联对非洲实行殖民主义干预，可以说，地球上没有一处不受其影响。受其推动，世界史学界对于殖民主义的研究可谓汗牛充栋，成果令人目不暇接。在自由资本主义阶段，殖民主义理论经历了从亚当·斯密、李嘉图、威克菲尔德到马克思和恩格斯的殖民地理论的演进过程。[①]

---

[*]　作者在《西亚非洲》曾经两度撰文，对西方指责中国在非洲搞"新殖民主义"言论予以批驳。参见刘乃亚《互利共赢：中非关系的本质属性——兼批"中国在非洲搞新殖民主义"论调》2006 年第 8 期，《加强与欧盟间的交流，促进中非关系深入发展——再批"中国在非洲搞新殖民主义"论调》2010 年第 1 期。

①　斯密和李嘉图分别论述了国际分工和殖民地的关系；威克菲尔德则提出了殖民地移民应该沉淀为雇佣工人的"系统殖民理论"；以上分别从理论的角度论述了殖民地对资本主义发展的重要性。在垄断资本主义阶段，殖民地理论虽然有考茨基、霍布森、洛里亚、费边和希法亭等众多代表人物，但是大多认同殖民地是新生帝国的重要组成部分。霍布森的论述则相对深入，指出殖民地是资本积累的环境。卢森堡在《资本积累论》中指出，资本主义是第一个自己不能单独存在的经济形态，它需要其他经济形态（殖民地）作为传导体和滋生的场所。

二 马克思、恩格斯、列宁、斯大林关于殖民主义问题的论述

马恩列斯关于殖民主义及其在非洲的运行轨迹的论述散见于其各种著述之中。与其他殖民主义学者研究的不同之处在于，作为革命导师，他们的研究成果在世界近现代历史实践中更多得以运用并受到检验，对国际共运起到了积极的指导和推动作用。其研究方法及主要特点可以概括为以下三点：

一是采取个案分析和比较研究相结合的方法，深刻揭示了西方殖民主义政策的惨无人道和超经济强制性。马克思和恩格斯对自由资本主义时期殖民地和附属国问题的论述虽多为时事短评，但却深刻揭示了不同时期葡萄牙、西班牙、英国、法国、比利时、美国等殖民列强在非洲的殖民表现及其所采取的政策，并指出殖民主义的邪恶源于殖民统治政策对殖民地人民造成的难以弥补的伤害，非洲的社会经济发展环境因此日益恶化。在1830 年法国武装入侵、占领阿尔及利亚 37 年之后，作为 "马克思主义百科全书" 的《资本论》于 1867 年在德国汉堡首次出版发行。或许在读完《最后一滴血》中描述法国对阿尔及利亚人民的反抗所采取的血腥镇压等篇章后，人们对马克思所说的 "资本就是从头到脚，每个毛孔都流着血和肮脏的东西"，才会有更深刻的理解。值得一提的是，与其后第三世界国家的一些学者站在受害者立场对殖民主义持彻底否定态度不同，马克思和恩格斯关于殖民主义的论述，特别是对殖民主义双重使命的分析，则要更为客观和公允。

二是这些著述大多对殖民宗主国的统治和杀戮表现出愤慨，并对殖民地民族的悲惨遭遇深表同情。为了声援 "一战" 期间非洲大陆掀起的反殖、反帝斗争浪潮，1916 年 12 月，列宁在《给波里斯·苏瓦林的公开信》中指出，"我们党不怕公开声明，如果摩洛哥、阿尔及利亚和突尼斯能够掀起反对法国的战争或者起义，我们党是会同情这种战争或起义的"。如列宁所言，苏维埃政权其后对非洲兴起的民族解放运动确实给予了大量物质和道义上的支持。

三是列宁领导的苏维埃社会主义革命取得胜利，为广大殖民地和保护国的民族解放运动指明了方向，并促进了非洲社会主义在非洲大陆的蓬勃兴起。19 世纪末 20 世纪初，美、英等列强通过帝国主义战争，实现了由自由资本主义向垄断资本主义过渡。这一时期的相关理论架构主要是由列

宁和斯大林完成的。

列宁和斯大林在马克思、恩格斯思想基础上，从民族解放运动及殖民地和保护国无产阶级构成类型等角度，分别论述了殖民地与宗主国及主要帝国主义国家之间的关系。列宁在《论资本主义》专题文集之《帝国主义是资本主义的最高阶段》（1916年1月—6月）一文中提出，垄断是从殖民政策生长起来的。宗主国对殖民地所施行的超经济强制政策自然有利于本土资本主义实现对产品和市场的独占。针对西方对苏维埃政权的集体干预，列宁认为有必要团结并联合所有殖民地人民，反对帝国主义。列宁曾指出，"在社会民主党的纲领中，中心问题应该是把民族区分为压迫民族和被压迫民族。这种区分构成帝国主义的本质，而社会沙文主义者和考茨基却虚伪地避而不谈"。在当时沙皇俄国复杂的党派斗争形势及殖民地处于一盘散沙的状况下，列宁的这番话自然也是有所指代。殖民地的"精英"（即殖民地的民族主义者。——笔者注）最初对宗主国侵占及掠夺殖民地背后的经济成因缺乏足够认识。"对非洲的黑人和贝都因人等来说，曼彻斯特的棉纺当然要比他们自己的国王更生疏得多。"尽管如此，列宁有关被压迫民族理论和殖民地解放思想的广泛传播，对殖民地的民族觉醒还是起到了启迪和引领的作用。英法等老牌殖民宗主国在第一世界大战中所表现出的"脆弱"，特别是列宁鼓励和支持广大殖民地和保护国摆脱宗主国统治的声明，以及苏联成立后所表现出的勃勃生机，还是让殖民地的"精英"阶层看到了希望。在这些民族主义者的领导下，非洲大陆的民族解放运动在两次世界大战期间开始萌动并在"二战"后逐渐形成浪潮，最终导致60、70年代非洲国家通过各种斗争，纷纷走向独立。

对殖民地的阶级分析是斯大林在殖民地理论上的一大建树。斯大林根据帝国主义时期殖民地工业水平及无产阶级的不同发展状况，将殖民地和附属国分为三种类型："第一类是像摩洛哥这样的国家，没有或者几乎没有自己的无产阶级，工业完全不发达。第二类是像中国和埃及这样的国家，工业不甚发达，有少数较少的无产阶级。第三类是类似印度这样的国家，资本主义比较发达，国内有人数较多的无产阶级。"与以往人们把殖民地东方视为一个统一及同一式样的整体而混为一谈不同，斯大林的上述分类分析，无疑使问题得以清晰化，可以说是对殖民地问题研究的深化与贡献。如斯大林所言，随着帝国主义国家为转嫁危机而要求在殖民地和附属国扩大势力范围，后者反对帝国主义的斗争也必然日益增强。"印度、中国、埃及、印度尼西亚、北非及其他等地的民族解放运动的发展和加强，破坏了资本主义后方。"

通过对殖民地及附属国所做的阶级分析，斯大林由此提出：无产阶级将成为广大殖民地实现民族独立和自决的中坚力量。随着"一战"后广大殖民地民族主义运动的兴起，在斯大林看来，马克思、恩格斯写进《共产党宣言》及印于苏联国徽上的"全世界无产者联合起来"的口号，正随着世界革命浪潮的到来在逐步实现。也应看到，斯大林的以上思想对日后苏与美争霸世界，争夺广大的"中间地带"也均产生了深远的影响，这为此后苏据此采取的系列政策及非洲社会主义在非洲大陆的兴起所印证。

三 非洲人眼中的"新殖民主义"

所以有"新殖民主义"的称谓，最为常见的解释是"殖民主义的复活"。它指 20 世纪 60 年代亚非拉发展中国家纷纷取得独立后，西方等继续对上述地区施行殖民主义统治及其所带来的种种后果和影响。诸如民族冲突和边界纠纷、文化殖民主义、技术殖民主义等，不一而足。

（一）恩克鲁玛的"新殖民主义"观

作为社会主义的信仰者，同时也是马克思主义理论的实践者，恩克鲁玛将新殖民主义视为"帝国主义的最后阶段"，对殖民主义在非洲的种种表现自然是感同身受。恩克鲁玛指出，"新殖民主义已经代替殖民主义而成为帝国主义的主要工具，是帝国主义的最后的、也许是最危险的阶段"。他从经济、政治、军事、文化等诸多方面，对新殖民主义的表现形式进行了概括。在经济上，垄断资本集团成为西方推行新殖民主义的主力。在政治上，殖民宗主国通过策划政变、暗杀新兴国家的领导人，以及在前殖民地建立军事基地或驻扎军队，提供"顾问"等各种方式谋求继续保留其旧有的特权。在文化和意识形态领域，西方工会组织（如英国工会联盟、美国劳联和产联）在亚非拉国家进行各种渗透活动。好莱坞大片则成了新殖民主义者进行文化意识形态渗透的有力武器。

事实上，恩克鲁玛的上论观点具有一定的代表性，得到了威廉·波默罗伊、E. A. 塔拉布林、萨米尔·阿明和贾克·沃迪斯等学者的认同和印证。塔拉布林认为，在当代条件下，新殖民主义包容了"帝国主义针对发展中国家的战略策略的所有的基本方面"，也是"帝国主义所作的适应世界新形势的企图的表现形式之一"。阿明通过对西非地区的经济分析，也得出了相似的结论，即"西非经历的经济区域破碎，构成一种不可抗拒的要求维持殖民地结构与政策和殖民地'发展'的压力，而这些又同样不可抗拒地导致外在控制和欠发达"。沃迪斯指出，新殖民主义的一个特征是，除了给每一个帝国主义国家提供新的机会外，它还使它们对发展中国家的联合剥削成为可能。这表现为某种形式的"集体殖民主义"。

（二）关于新殖民主义与老殖民主义的区别

1961年3月，第三届全非人民大会以会议文件的形式，专门通过了一项关于新殖民主义的决议，认为"新殖民主义是非洲新近获得独立的国家或者接近这种地位的国家的最大威胁；新殖民主义是殖民制度的复活，它不顾新兴国家的政治独立得到了正式承认，使这些国家成为在政治、经济、社会、军事或者技术方面进行间接而狡猾的统治的受害者"。决议以比较的方式，对新殖民主义在非洲的表现予以具象化：第一，扶植傀儡政府。第二，在殖民地独立前后把其组成联邦或共同体，并与宗主国或原宗主国联结起来。第三，对一些国家实行巴尔干化，别有用心地进行政治分割。第四，使主权得到正式承认的国家在经济上继续依赖前殖民国家。第五，把非洲一些地区并入殖民主义经济集团，这种集团使非洲的经济仍保留其不发达的特点。第六，通过投资、贷款、财政援助或派遣享有特权的技术专家等方式对新生国家进行经济渗透。第七，财政上控制新生国家。第八，在新生国家建立或保持军事基地，这些军事基地有时以科学研究站或训练班的形式出现。

综上，英、法等欧洲殖民宗主国不择手段地通过武装占领并在殖民地实行超经济强制，完成了其资本的原始积累过程。殖民主义被永远钉在了世界近现代史的耻辱柱上。凯诗琳·鲍伯将之与食人者相提并论；包括恩克鲁玛在内的一些政治家和学者常把殖民主义与帝国主义在概念上互换使用。殖民主义已然成为侵略、剥削、掠夺、不平等和不公正的代名词。

笔者认为，在全球化形势下，发达资本主义国家通过跨国公司在技术、工业制造、投资和金融等领域对发展中国家仍然保持着垄断和控制，成为殖民主义在新时期的具体表现。新殖民主义虽无军事占领及大规模移民，但其实质仍然是对他国行使实际控制和影响。

综上，新殖民主义表现为主要资本主义国家至今仍在竭力维护不公正的国际政治秩序，以及不平等、不合理的经济、贸易和金融秩序，以维护其传统的既得利益。传统殖民主义和新殖民主义虽然在表现形式上有所不同，相关政策也是因国而异，但是，新老殖民主义的共性特征在于其目标的一致性，其实质是掠夺和剥削，换言之，不公正性和不平等性是二者具有的同质属性或交集所在。西方指责我国在非洲搞新殖民主义，其最大的错误之一正是没有搞清楚新老殖民主义的这一同质属性，而另一大错误则是其对我国一以贯之地在和平共处五项原则基础发展互利共赢中非关系政策的无知和无视。

第二节　西方指责中国在非洲搞"新殖民主义"的主要表现及其影响

自 2006 年以来，西方掀起了一阵又一阵指责中国在非洲搞"新殖民主义"的浪潮，且有愈演愈烈之势。有媒体宣称，中国已非 50 年前无私帮助非洲抵抗"帝国主义"的那个中国，污蔑中国在非洲从事"赤裸裸的交易"。有些媒体则有意将中国"走进非洲"与非洲的所谓"腐败""独裁"和"违反人权"等联系起来，丑化中国形象。

一　西方指责中国在非洲搞"新殖民主义"的主要表现

在指责中国在非洲搞"新殖民主义"问题上，西方各界达成了空前的共识，可谓各司其职。其中政客充当了"急先锋"，媒体发挥着传播的功能，而欧美学术界一些知名学者则通过立项进行所谓的"实证研究"，运用"二律背反"等逻辑思维，著书立说，往往带有更大的欺骗性，因而可以看成是此种指责的"升级版"。他们极尽所能，可谓无所不用其极，具体表现在以下方面：

（一）掠夺资源说

获取资源是西方指责中国在非洲搞"新殖民主义"的主要抓手。以下对此稍做列举：

——"大约 600 年前，明朝的航海家到达这个大陆的东海岸，带回了一头长颈鹿以满足皇帝的好奇；今天，中国的船只在同样的航线定期航行，带回了石油、铁矿石和其他商品，以满足一个庞大的经济体发展的贪婪胃口。"（《英国经济学家》，2006 年 1 月）

——"中国在尼日利亚的一切举动，更多是为了确保其石油来源安全，而不是其他。我们需要拿出针对中国的长期政策。"（美国前驻尼日利

亚大使瓦尔特·卡林顿,《国际先驱导报》转引英国《金融时报》的报道,2006 年 3 月 13 日)

——"中国迅速接近非洲的最大理由是为获得对中国经济发展来说不可缺少的石油和金属等资源和能源。非洲国家因内战等,矿业开发一直处于停滞状态,对后发展起来的能源消费大国来说,非洲是中国获得资源的最好对象。2006 年中国进口的原油中,有 1/3 来自非洲。"(日本《读卖新闻》,2006 年 6 月 18 日)

——《武器、石油和肮脏交易:中国如何将西方赶出非洲》(《明镜》周刊,2007 年)①

——"我们不会只为了自己的经济增长从非洲地下榨取矿产(以此影射中国在非洲掠夺资源),我们想建立为所有人创造工作和机会的伙伴关系,开启非洲增长的下一个时代。"(奥巴马在华盛顿美非峰会上的讲话,2014 年 8 月 5 日)

(二)破坏环境说

以披露中国在非洲投资及经营状况为主业的南非斯泰伦博什大学中国研究中心转引渣打《英文虎报》2014 年 2 月 18 日报道,年近八旬的世界著名的动物学家、环境专家珍妮·古道尔在进行环球演说并接受法新社采访时称,"如同欧洲殖民者,中国在非洲正进行的资源开发对当地环境造成了灾难性破坏,当地非洲人的生活处于赤贫状态。在科技发达的今天,中国这头巨龙为了满足其因经济不断发展对资源的巨大需求,对非洲环境造成了更大的破坏"。此外,作为环境保护主义者,珍妮还指责中国作为当前世界最大的象牙和犀牛角消费市场,对非洲大象和犀牛数量日益减少负有不可推卸的责任。

(三)推销"中国模式"说

针对非洲国家纷纷"向东看",效仿"中国模式",学习"中国经验",为了贬低"中国模式"(也有人称之为"北京共识")的影响力,欧盟一些学者甚至以非洲为例,把"华盛顿共识"和"北京共识"进行对比,认为,中国和美国,作为世界第一和第二大经济体,它们有着各自特定的历史和文化,二者均不符合非洲国家的国情。不言自明,似乎只有欧

---

① 德国政府媒体与民众对中非关系的偏见较深,该文指责指责中国在非洲大肆掠夺土地,并将所种粮食大量运往中国。该文甫出即在德国乃至欧洲引起较强烈的反响。

洲的政治模式适合非洲大陆。为了抵消中国在非洲的影响力，有些西方政客甚至不惜自揭"伤疤"。2006 年 2 月中，英国外交大臣杰克·斯特劳访问尼日利亚。他在尼国民议会发表的演讲中将中国在非洲不断增强的影响力与贫困、地区冲突、恐怖主义等一并列为非洲面临的十大挑战之一。斯特劳还竟然声称，中国在非洲所做的事情，"多数是 150 年前我们（英国）在非洲时已经做过的"。

（四）百万移民说

《纽约时报》前驻上海分社社长傅好文（Howard W. French）的新书《中国的第二块大陆：百万移民如何在非洲建立新帝国》一经出版，即在西方社会引起较大的反响。傅好文不是从政府视角看待中国在非洲的经济存在，也没有纠结中非关系中孰输孰赢，而是将目光投向形形色色的个体——在非洲的中国人和非洲人本身。傅能说一口流利的汉语，自称是"用真诚"打动被采访人，说出真话，以此表明该书内容的真实性。即便是有关权威部门也难说得清楚在非中国人究竟有多少。该书以新闻记者惯用的标题党的手法，通过所谓的实地采访具体个体（具明真名实姓），貌似真实可靠，以此表明其可信度。然而，其用意不言自明，把"百万"与"移民"和"帝国"联系在一起，读者仅从极具震撼力的书名自然就有了自己的判断。

二 西方指责中国在非洲搞"新殖民主义"的后果及影响："赞比亚现象"

位于非洲中南部的赞比亚是与中国建立友好关系较早且合作关系最密切的非洲国家之一。自 1964 年两国建交以来，双方高层互访频繁；中方援建的 1860 公里的坦赞铁路延伸的不仅仅是中国与坦桑尼亚、赞比亚两国的友谊，而是中国对整个非洲人民的友好见证。几十年来，中赞友谊可谓经历了风雨考验。经过卡翁达、齐卢巴、姆瓦纳瓦萨、班达等三任总统的努力，中赞间政治交往不断，经贸合作日益深化。

然而，也正是这个被外界视为中非友好典范的赞比亚，却成为西方媒体、非政府组织及学界指责中国在非洲搞"新殖民主义"惯引的"范例"。无论是傅好文，还是《龙的礼物》作者德布拉·布拉提姆，均在其书中以较大篇幅论及中国在赞比亚的人员及经济经营情况，但是书中存在大量以偏概全，与事实不符，甚至是严重失实的情况。每当西方媒体、非政府组织等指责并列举我国在非掠夺资源、破坏环境、推销中国模式、大举移民等种种"新殖民主义"表现时,赞比亚往往成为一个典型"例证"。事实上,正是这种失实的夸大宣传与传播对我国在赞及在非洲的形象产生了极为严重的负面影响,其结果是直接导致了"赞比亚现象"的发生。

所谓"赞比亚现象",是指那些越是注重对华友好,不断密切与中国政治、经济关系的政治家,往往更易受到西方及本国亲西方的反对派媒体的大肆攻击,在大选中所得选票也就越少;相反,在选举中站在西方一边指责我国在非洲搞新殖民主义的政客,却能够蛊惑人心,在选举中胜出。2011年主张对华友好的鲁皮亚·班达总统没能成功连选连任,却败于叫嚣"要把中国人赶出赞比亚"的反对派领导人迈克尔·萨塔。这一现象确实值得关注中非关系发展的人们的深思。

第三节 西方何以指责中国在非洲搞新殖民主义?

可以说,西方的媒体、政界、学界对我国发展中非关系的指责,是对我国对非工作力度加大的强劲反弹。西方指责我国在非洲搞新殖民主义原因有以下几个方面:

一 中非新型战略伙伴关系的深入发展及其深远影响

自1956年中国与第一个非洲国家建立外交关系至今,中非关系已经走过了60个年头。经过毛泽东、邓小平、江泽民、胡锦涛和习近平等几代中央领导集体的共同努力,中非关系进入了前所未有的历史发展新时期。

研究表明,西方指责我国在非洲搞"新殖民主义"的言论大多出现于2006年前后,其后这种指责和攻击有进一步加剧的趋势。事实上,2006年正是中非关系实现突飞猛进、承上启下的一年。首先是年初中国政府首次发表《中国对非洲政策文件》,第一次系统地阐明了中国政府的对非政策立场;其次,同年11月4日—6日,中非合作论坛北京峰会召开,40多位非洲国家元首和政府首脑应邀到访北京,共商中非关系发展大计;胡锦涛主席在会上提出了八项举措,并减免非洲国家100亿美元债务。在这一年中国发展对非关系力度之大前所未有。此次峰会被誉为预示中国大国崛起的"2008年奥运会的预演",这自然引起西方一些不怀好意的媒体、政客的极大不满和恶意诽谤。

从 2006 年至 2014 年的 9 年间，中非关系得以中兴并不断深化发展，特别是在贸易和投资领域出现双增。2013 年，中非贸易额达到 2102 亿美元，是 1960 年的 2000 多倍，中国已连续 5 年超过法国和美国，成为非洲第一大贸易伙伴国。中国对非直接投资从无到有，存量超过 250 亿美元。不断扩展的投资贸易规模，给双方人民带来实实在在的好处。

这一时期中非关系的另一个突出特点是双方高访不断，共同推进"中非新型战略伙伴关系"建设。中国外长每年的农历新年出访必首访非洲，已然成为惯例。中非高层领导人保持经常性互访，表明双方互有需求，这是双边多层次关系得以发展的政治基础。中国领导人利用高访并发表演讲之际，就西方对我国发展互利共赢的中非所做的无端指责进行公开揭露和批驳，以抵消其消极影响。2007 年 4 月下旬，胡主席先后访问摩洛哥、尼日利亚和肯尼亚，并在尼日利亚国民议会发表题为《为发展中非新型战略伙伴关系而共同努力》的重要演讲，强调中国愿同非洲国家一道努力，与时俱进，开拓创新，增进互信，深化互利合作，发展中非新型战略伙伴关系，不断为中非友好合作开辟新的途径、充实新的内容、注入新的活力；6 月 17—24 日，温家宝总理又应邀如期访问埃及、南非等非洲七国。在不到两个月时间里，中国国家领导人先后对非洲十国进行友好访问，并宣示中国对非关系的政策主张，其目的是进一步巩固和发展中非传统友谊，扩大互利合作，建立和发展中非新型战略伙伴关系。这确实向世界发出了一个非常强烈的信号，即中国重视对非洲关系的程度是空前的。

鉴于此，中国领导人借访非之际，均对西方的这种不实指责进行了驳斥，媒体及学界也纷纷对此展开反击。在开罗，温家宝总理在题为《传承友谊，携手发展，开创中埃关系更加美好的未来》的讲话中，义正词严地指出，中非与非洲同样饱受殖民主义之害，新殖民主义——这顶帽子绝对扣不到中国的头上。

以此为先例，习近平在出任国家主席后同样把非洲国家列入首访名单。2013 年 3 月下旬，习主席在结束对俄罗斯的访问后，首访坦桑尼亚、南非和刚果（布）等非洲三国，并在坦桑尼亚尼雷尔国际会议中心发表题为《永远做可靠朋友和真诚伙伴》的面向全非的演讲，提出了中方发展对非关系"真、实、亲、诚"的理念，并表示，中方将始终秉持这一理念，继续与非方一道，推动中非关系再上新台阶。习主席还指出，中非从来都是命运共同体，共同的历史遭遇、共同的发展任务、共同的战略利益把我们紧紧联系在一起。中非互视对方的发展为自己的机遇，都在积极通过加强合作促进共同发展繁荣。可以说，习主席首次提出的上述理念是对"发展中非新型战略伙伴关系"内涵的真实诠释和准确定位。李克强总理随后于2014年5月首访埃塞、尼日利亚、安哥拉和肯尼亚四国，并在被称为"中非传统友谊和新时期合作的里程碑"的非盟会议中心发表演讲，提出以经贸合作为核心的6大工程建设项目，涉及产业、金融、中小企业、减贫、生态环境保护、人文交流及和平与安全合作等领域，李总理此行旨在落实习主席在演讲中所做出的各项承诺。李克强指出，中非都曾饱受殖民主义、帝国主义的侵略和压迫，都深知独立平等的可贵。双方不把自己的意志强加于人，不干涉对方内政，在合作中出现的问题通过平等协商解决。中方坚持对非援助不附加任何政治条件。这些已成为中非友好不断发展的重要基石。

二 法国、英国等非洲前殖民宗主国的"殖民情结"难以割舍

作为欧洲传统势力范围，国际政治视野中的非洲的外交走向直接关乎欧盟及其相关成员国的地缘政治影响力，因而在其对外关系中有着重要的战略地位。法国、英国等欧盟主要成员国是非洲前主要殖民宗主国，其"殖民情结"难以割舍。20世纪以来，法国历任总统都将非洲视为法国的"生命线"。萨科奇在其就职演说中，更是把法国与非洲的关系列为法国与美国和欧盟同等重要的地位。为了加强对法语非洲国家的控制，法国在非洲至今仍集中保有相当数量的驻军和军事基地，动辄对不服调教的非洲国家大打出手。除了保持军事高压外，前殖民宗主国还将其政治制度、经济发展模式强加给非洲国家，并以是否认可并实施欧洲式的议会民主、人权标准作为其援助的前提。英国则通过八国首脑会议涉非议题设置及举办索马里问题国际会议等举措，力图重返非洲。除英国和法国之外，欧盟也是非盟及部分非洲国家政府得以正常运转的主要金主和赞助方，欧盟对非洲的控制由此可见一斑。

三 围绕"新殖民主义"问题的斗争具有长期性和反复性的特点

中国与西方围绕殖民地和殖民主义问题的斗争早在第二次世界大战结束后，特别是在美苏冷战时期就已经开始了。出于争夺世界霸权的需要，

西方和苏联不断加大对包括非洲在内的广大"中间地带"的控制，大肆推行"新殖民主义"。

对于 20 世纪 60、70 年代美苏在非洲搞新殖民主义的行径，我国面临着"既反美帝国主义又反苏联修正主义"的国际形势。当时的《人民日报》《红旗》杂志等官方主流媒体时常连篇累牍地刊登有关报道和批驳文章，支持第三世界国家反对帝国主义和新老殖民主义的斗争。如在 1963年，有媒体指出，美国利用联合国作为工具，肆意干涉亚非拉国家的内政，对这些国家进行军事干涉，经济渗透和文化侵略。当美苏难以用"和平"手段维持对这些国家的控制的时候，就在这些国家制造军事政变，进行颠覆活动，甚至对这些国家进行直接的武装干涉和武装侵略。"在推行新殖民主义方面，以美国最为积极，也最为狡猾。美帝国主义利用新殖民主义作为武器，力图把其他帝国主义的殖民地和势力范围攫为己有，建立自己的世界霸权。这种新的殖民主义，是更阴险、更毒辣的殖民主义。"在 20 世纪 60 年代初中苏大辩论时期，我国反对苏共为谋求缓和与西方的关系，在殖民地民族革命问题上采取的消极政策，并对其"取消反对帝国主义和殖民主义的斗争任务""取消被压迫民族革命的药方""反对民族解放战争"等做法进行了批判，认为这是对列宁主义的歪曲。可以说，我国与西方围绕"新殖民主义"问题的斗争是自新民主主义革命以来"反帝"斗争的继续，但情况较以往也更为复杂。

四　中非关系的深入发展，触及了西方在非洲的利益和底线

在 20 世纪 80 年代中后期，西方即利用苏东剧变及非洲经济困难之机，以援助为诱饵，要挟非洲国家在政治体制上实行多党民主，在经济上实行自由化和结构调整。西方通过贸易和赠款援助，不遗余力地在非洲推行人权、法制、民主和市场经济等制度模式和价值理念，且效果彰显，选举制度在非洲绝大多数国家已基本得以确立。每逢非洲国家举行大选时，欧盟通常也会派观察团对选举进行全程监督。近年来，中国与非洲大陆的政治、经济、外交、文化等各种关系的不断深化，相对弱化了西方对非洲国家的传统影响力。特别是在发展援助方面，中国政府的对非援助不附带任何政治条件，打破了西方在对非援助问题上必须附带前提条件的"游戏规则"，在客观上阻碍了西方针对非洲大陆的"新殖民主义"进程，引起西方各界的恐慌与不满。在此背景下，西方对中非关系说三道四，横加指

责，似乎也在情理之中。

西方对我国指责不断升级表明，西方试图通过掌控话语权，混淆视听，以期占领舆论和道德高地，对我国发展互利共赢的中非关系进行道德评判，阻碍中非关系的进一步发展。

第四节 中国在非洲没有搞"新殖民主义"

以上马恩列斯有关殖民地问题的论述，以及新老殖民主义给非洲人民带来的苦难，中国共产党人以及广大中国人民可以说是感同身受。

中国不会在非洲搞"新殖民主义"，这是由植根于"和为贵"传统文化的有中国特色的社会主义外交理念所决定的。有中国特色社会主义是马克思主义中国化，是马克思主义与中国革命和建设具体实际相结合的产物，是由毛泽东思想、邓小平理论、"三个代表"重要思想、科学发展观和伟大中国梦所构成的有中国特色的系统化的理论架构，既一脉相承，又与时俱进。有中国特色的社会主义外交理念的核心是党的领导，中央决策。在新中国成立之初，面对20世纪人类所经历的两次残酷的世界大战，这一理念主要体现为在中国共产党领导下坚持在对外关系中走和平发展道路。和平共处五项原则是我国在发展对外关系中所采取的一以贯之的外交政策原则。在其后的不同历史时期的对非关系中，这一原则的内涵不断得到丰富和发展，在表述上虽有所变化，但我国在对外交往，特别是在对非关系上却始终没有偏离这一宗旨。

一国的对外关系取决于其外交理念和外交实践，后者最终还是要落实到具体的外交政策上。中国对非洲国家的外交战略发展服务于中国对外关系总体大局，大致经历了两个阶段：即毛泽东世界革命时期及邓小平、江泽民、胡锦涛和习近平改革开放时代。

第一个阶段（1956—1978年）：和平共处——毛泽东的世界革命时期。

这一阶段是和平共处五项原则确立以及中国与非洲国家大规模建立外交关系时期。1955年4月，在印度尼西亚的万隆举行了由23个国家参加的第一届亚非会议（又称"万隆会议"）。此次会议是新中国与新生的亚非国家第一次在没有西方大国参加的情况下，自主决定自己命运的一次重要的国际会议。周恩来总理兼外长亲率中国代表团应邀出席。在中国代表团的积极努力下，会议决定以中印缅首倡的"互不侵犯、互尊主权和领土完整、互不干涉内政、平等互利、和平共处"五项基本原则为基础，通过了十项原则作为此次会议的成果文件。作为中国外交恪守的根本准则，和平共处五项原则在更大范围内得以宣示和确认。中国倡导国家不论大小、一律平等的原则深得非洲广大新生国家的赞同与认可。

在既反帝又反修的国际大背景下，在"中间地带"理论及三个世界理论指导下，为打破封锁和孤立，发展与包括非洲国家在内的第三世界国家友好合作关系，是以毛主席为首的党中央面对严峻复杂的国际形势所做出的重大外交决策。"五项原则"同样适用于中国发展与非洲国家的友好合作关系。1956 年，即亚非会议召开后的第二年，中国与第一个非洲国家埃及在五项原则基础上建立外交关系。为了更好地发展与非洲国家的关系，毛泽东主席高度重视对非洲国家的研究工作，亲自指示成立非洲问题研究机构。① 基于此，曾经共同的历史遭遇和巨大的现实需要表明，坚定支持非洲国家为争取民族独立和自决而进行的斗争，自然成为我国在 20 世纪60、70 年代的战略选择和中国外交工作的重点。② 正是出于这一原因，60年代非洲纷纷取得独立之后，中国就在五项原则基础上与这些刚刚摆脱殖民主义统治、取得独立地位的非洲新生国家陆续建立了外交关系。世界革命的时代观决定了我国在这一时期的对非政策是以反对帝国主义和反对殖民主义为中心的。同时中非间高层互访及经贸往来日益频繁，我国对非洲国家的援助也在与年递增。1972 年中国恢复在联合国大会席位，得到了非洲国家的大力支持，毛泽东主席风趣地说，"是非洲兄弟把我们抬进了联合国"。

第二个阶段是自 1978 年开始中国实行改革开放时期。

邓小平、江泽民、胡锦涛和习近平等几代中国领导集体均非常重视发展中非友好关系。在不同历史时期，出于国际格局变化及我国国内形势发展需要，对非政策也有所调整，但是我国对非所奉行的友好与平等原则却一直没有改变，且在此基础上，中非友好合作关系却不断地得到深化和发

---

① "应该搞一个非洲研究所，研究非洲的历史、地理、社会、经济情况。我们对于非洲的历史、地理和当前情况都不清楚，所以很需要出一本简单明了的书，不要太厚，有一两百页就好，可以请非洲朋友帮忙，一两年内就出书，内容要有帝国主义怎么来的，怎么压迫人民，怎么遇到人民的抵抗，抵抗如何失败了，现在又怎么起来了"。——摘自毛主席 1961 年 4 月 27 日同非洲外宾的谈话。

② 事实上，早在新民主主义革命时期，"反对帝国主义、封建主义和殖民主义"就是中国社会革命的主要任务。

展。这体现在不同时期我国对中非关系有中国特色的概括上：从互利共赢到合作发展，从新型伙伴关系到命运共同体建设。

一　和平与发展：改革开放与有中国特色的对非关系

在 20 世纪 70 年代末 80 年代初，邓小平同志根据对当时国内外形势的判断，提出和平与发展仍是当今时代的主题。基于这一判断，邓小平同志做出了对内改革对外开放的战略部署。在这一时期的对非关系上，邓小平同志高瞻远瞩地分析了东西南北等诸多矛盾，指出，中非关系是南南合作的重要组成部分，应该通过南南合作，促进南北对话，要努力改变现行的不合理的国际政治、经济、贸易及金融秩序，建立新秩序。在这一思想的指导下，我国根据形势的发展，在总结对外援助工作经验的基础上，提出了"平等互利，讲求实效，形式多样，共同发展"的新的对外援助原则。与以往相比，该原则在提法上已经有所变化，即在坚持平等互利基础上，实现共同发展。需要指出的是，中国的对非援助及经贸合作指导思想开始由单纯意义上单边援助逐步向战略合作过渡，并为其后实行的"走出去"战略奠定了原则基础。

二　"走出去"战略的实施

在继续实施改革开放，吸引外资，发展自身经济的同时，中共中央提出利用两种资源、两个市场，实施"走出去"战略，该战略与"改革开放战略""人才战略""中西部开发战略"并称世纪之交的四大战略。非洲无疑是我国实施走出去战略的重点地区。2000 年中非合作论坛建立，中国对非贸易增加，但是对非投资额却因为中西部战略的启动，中国政府鼓励企业由东南部向西部实施产业转移和投资而没有太多的增长，甚至一度出现下降的趋势。

三　科学发展观时代

随着中国改革的进一步深入，经济的飞速发展对资源和环境均构成了巨大的压力，中央与时俱进地提出中国经济在稳增长、调结构的基础上，摒弃粗放型的增长方式，积极落实科学发展观，进一步推动中国企业实施走出去战略。在这一时期，我国对非工作力度也在进一步加强。中国政府设立非洲事务特别代表，表明中国对非洲发展及和安全事务的关注度进一步增加。在这一时期，随着走出去战略的深化实施，中非间贸易和投资均实现了一个较大的飞跃。2006 年 11 月，中非合作论坛北京峰会成功召开。2007 年 4 月下旬，胡主席先后访问摩洛哥、尼日利亚和肯尼亚，并在尼日利亚国民议会发表题为《为发展中非新型战略伙伴关系而共同努力》的重要演讲，对新时期发展中非关系进行了准确定位。他强调，中国愿同非洲国家一道努力，与时俱进，开拓创新，增进互信，深化互利合作，发展中非新型战略伙伴关系，不断为中非友好合作开辟新的途径、充实新的内容、注入新的活力。

四 和平崛起：中国梦时代与中非命运共同体建设

党的十八大提出两个"一百年"目标，实现伟大的"中国梦"。习近平主席在十二届人大一次会议上指出，实现中国梦必须走中国特色社会主义道路。全国各族人民一定要增强对中国特色社会主义的理论自信、道路自信、制度自信，坚定不移沿着正确的中国道路奋勇前进。实现中国梦必须弘扬中国精神。这就是以爱国主义为核心的民族精神，以改革创新为核心的时代精神。在对外关系上，中国人民爱好和平。我们将高举和平、发展、合作、共赢的旗帜，始终不渝走和平发展道路，始终不渝奉行互利共赢的开放战略，致力于同世界各国发展友好合作，履行应尽的国际责任和义务，继续同各国人民一道推进人类和平与发展的崇高事业。

在对非关系上，习近平主席在访问坦桑尼亚时提出，要在"互利、共赢、合作、发展"基础上，共同建设中非新型战略伙伴关系，打造中非命运共同体。其本质内涵是要中非关系由最初单向度的单纯援助，通过互利发展，逐渐向正常化的国家间友好合作关系过渡。

发展"中非新型战略伙伴关系"是中国政府对新时期中非关系的准确定位。在当代国际关系中，依据依存度和重要性的不同，人们通常把两国及多国的友好关系定义为"伙伴关系""战略伙伴关系"等。如何理解"中非新型战略伙伴关系"？

事实上，中国领导人在访非时所做的历次演讲报告对此有较为明确的阐述，且同样具有中国特色。如"好朋友、好伙伴、好兄弟"，以及"真、实、亲、诚"，均是对中非友好关系的最为形象的描述；"互利、共赢、合作、发展"既是对中非关系的现实写照，也是实现中非新型战略伙伴关系的手段。西方有政要、媒体和学界将中国与非洲国家正常的友好交往与新殖民主义相提并论，表明西方大国在密切关注中国的对非洲政策及其成效和影响。它有以下几层含义：

首先，历史的传承与发展表明，中非交往与西方对非洲关系有本质区别，具有中国特色。暂且不论中国是一个社会主义国家，中国也曾经批评苏联出于美苏争霸的需要，在非洲搞苏修帝国主义，但是中国的对非洲政策主张确实有其自身特色，有别于上述种种。这与中国在战后所处的国际政治环境有密切的关联。中国共产党在新中国成立后，为了避免西方孤立中国，而采取了"一边倒"和与第三世界国家广交朋友的外交政策。中国在国家建设最困难时期对非洲进行无偿援助，如援建坦赞铁路等做法，也是毛泽东关于三个世界理论划分的体现与落实。对长期饱受殖民掠夺的非洲国家而言，中国不附带任何政治条件的援助，对于巩固非洲国家的民族独立和自决无疑是一种及时之助，这可以理解为一个社会主义国家对非洲民族主义的馈赠，抑或说是一种理性的政治投资，是国际共产主义兄弟友谊的高度体现。这种大公无私的精神是追逐超额利润的帝国主义国家或谋求超经济强制的殖民主义国家所不具备的。它与殖民主义双重使命中的建设性使命无疑也是有本质区别的。无论从其内涵还是外延看，中国与非洲的关系都与殖民主义无任何共同之处。如今，中国政府继续坚持这一做法，如援建非盟会议中心，加大对非投资力度，这在客观上弱化了西方利用"民主""人权"对非洲国家的控制，自然引起西方的不满与指责。①

其次，作为中非关系的能动者和主角，中国政府历来是本着和平共处原则制定对非洲政策的，从这个意义上讲，中非关系的发展应该是对新老殖民主义本质属性的反动。如前所述，新殖民主义和老殖民主义的本质属性在于其不公正性与不平等性。中国与非洲关系是亚非关系中的一个重要组成部分，也是南南合作的一支重要力量。在发展中非关系问题上，中国主张双方在政治上加强互信；在经贸合作上开展互利互惠，具体地讲，就

---

① 傅好文就《中国第二块大陆：百万移民和他们的帝国》一书接受德国之声采访时称，中国在非洲寻求长期利益，使用以量取胜的原则。如果西方找不到更有效的方式拉拢非洲，特别在经济领域，当非洲开始在世界经济中扮演远比现在重要的角色时，一个在工业生产领域不断提升经济价值链的中国将会在非洲享有巨大优势。傅认为，中国在非洲进行大量基础设施建设的方式富有新殖民主义色彩：中国提供设计和策划、劳动力、甚至低级劳力，中国提供贷款，甚至在许多情况下提供原材料。也就是说，中国建立了一个可以不断扩大自我利益和优势的反馈回路。非洲人从中获得极少的技术知识。中国移民在建立这一系统中扮演着另一个角色：他们加强中非之间的贸易、金融和文化联系，这些联系长期内可以大幅提升中国的影响力。

是利用中国的资金、技术和市场，"重在帮助非洲国家把资源优势转化为发展优势"，实现双赢。在文化交往方面，中国也绝不会像西方奉行新老殖民主义的国家那样对非洲国家搞文化侵略，强求精确复制，而是强调文化平等交往。即便在学习中国经验的问题上，也是建议非洲国家根据本国国情，通过发展经济不断增强综合国力，而不能照搬中国的做法。诚如温家宝总理在开罗访问期间驳斥关于"中国在非洲搞新殖民主义"的论调时所指出的，从1840年鸦片战争开始，中国遭受了大约110年的殖民主义侵略。中华民族懂得殖民主义给人民带来的苦痛，也深知要同殖民主义做斗争。中国长期以来之所以支持非洲民族解放和振兴，这是一个主要原因。正因为中非同为殖民主义的受害者，共同的遭遇及相互同情是发展中非友好关系的历史基础和政治基础。

再次，从中非平等互利这一属性出发，笔者认为，西方无端指责中国在非洲搞新殖民主义，无疑是脱离了中非友好的实际，这仍旧是西方冷战思维的表现。这也表明，世界范围的殖民化与非殖民化运动的斗争尚未完结。回顾近50年来的中非关系，确实可以用"好朋友、好伙伴、好兄弟"三点来概括。中国与非洲在地理上相隔遥远，在宗教信仰及文化方面也有很大的差异。然而，这并没有阻碍中国与非洲国家建立相互信任的新型伙伴关系，对发展包括与非洲国家在内的第三世界的外交关系成为新中国外交的基石。中非关系的发展能够历久弥新，并不断体现其强大的生命力，这是非常值得世人关注的历史，然而却又是非常现实且意义重大的命题。笔者认为，这一迷思需要人们从历史中找寻，在现实中求证，中非关系无疑也会在未来得到更大的发展。

西方政要何以将中国对非洲关系与新殖民主义联系在一起？笔者认为，其根源在于：它割裂了新殖民主义与老殖民主义的内在联系性。持续了约400年的大西洋奴隶贸易使非洲损失上亿精壮人口，这是非洲欠发达的历史远因；而在近现代历史上，欧洲殖民列强对非洲的豆剖瓜分则使非洲陷入了万劫不复的深渊，正是欧洲的殖民主义使非洲变得不发达。这或许也恰恰应验了英国著名哲学家罗素的名言：白人有支配他人的欲望。与此同时，罗素还对中国文化有独特的解读：中国人有不希望支配他人的美德。

西方对中非关系错误解读的原因还在于：它们对中国基于传统文化理念而制定的和平外交政策的无知和无视。社会主义的中国把和平共处的外交政策写进了宪法，因而是根本不可能对外实行殖民扩张的。新中国成立至今，从和平共处到和平发展，再到和平崛起，中国在不同阶段的外交战略无不贯穿着和平的理念。其要义在于中国奉行互尊主权和领土完整、互不侵犯、互不干涉内政、平等互利、和平共处五项基本原则。本着这一理念，中国在赢得世界信任和尊重的同时，也为自身赢得了外部的发展空间，中国对非洲国家的友好交往就是一个极好例证。

最后，就其成效而言，西方指责中国在非洲搞"新殖民主义"，可以说是收效甚微。关于中非合作对非洲国家的影响，非洲能力培养基金会执行秘书长、马里前总理苏马纳·萨科认为，非洲正从与中国的紧密合作伙伴关系中获益。中国的投资为非洲创造了大量就业机会。自中国开始在非洲开展贸易和投资以来，他们给非洲带来了价廉物美的商品，非洲国家可以根据自己公民的购买力从中国进口不同档次的商品。中国的市场经济发展使非洲获得了5%的经济增长率。基于双边紧密的政治伙伴关系，中国努力使国际组织做出的决定有利于包括非洲国家在内的最贫穷的国家的发展。在联合国改革过程中，中国和非洲也有共同的利益。非洲国家已经注意到，中国尊重别国的主权，允许别的国家掌控自己的命运和经济政策，中国对把自己的一套东西强加给别人不感兴趣。事实表明，中国非常尊重非洲和非洲国家政府，中国通过正面鼓励来支持非洲，而不是用高压和惩罚的手段对待非洲。

作为中坦友好关系的见证人，坦桑尼亚资深领导人，坦桑革命党副主席姆塞夸在2009年接受媒体采访时表示，西方国家所谓的中国对非"新殖民主义论"是非常有害的，这是意图分裂非洲和中国朋友的关系，这一言论的出台是源于西方对中国的妒忌。姆塞夸强调，坦方非常反对"新殖民主义论"。他认为，中国与非洲的互利合作是"南南合作"的重要组成部分。坦方希望进一步加强这种合作，更希望"北方国家"不要干预"南南合作"。同样，面对西方对中非关系的质疑，坦桑尼亚总统基奎特也曾于2011年12月指出："非洲的商品需要市场；非洲需要技术和基础设施以谋求发展。这些中国全都能提供。这有什么问题吗？"2009年，在华盛顿举行的美非商业峰会上，基奎特告诉美国人："为什么抱怨中国呢？你们只管像中国人一样来非洲投资。"肯尼亚外长拉斐尔·图朱在接受英国《金融时报》采访时说，如果非洲像西方所希望的那样不与中国接触，那才真正是疯狂之举。

津巴布韦华裔女政治家费琼也指出，中国与非洲进行的广泛经贸合作，包括扶持区域基础建设以及促进富余产能向非洲转移等政策，给了非洲国家一个摆脱西方"新殖民主义"束缚的难得机会。非洲各国政府应当把握时机，调整扶持政策，加大财政对基础设施的投入，以便从中非产能合作中受益。①

事实上，即使在西方学界，对这种无端指责"中国在非洲搞新殖民主义"的做派同样也有不少反对之声。研究中非关系的美国学者德布拉·布拉提姆（Deborah Brautigam）同样通过实地调查、访谈等实证方法，撰写了《龙的礼物》（The Dragon's Gift）一书，对中非关系做出了相对中肯、客观公正的评价，在学界反响强烈，成为西方在这一问题上持完全不同立场的知名学者。同样，对于上文提到的 2007 年《明镜》周刊发表的题为《武器、石油和肮脏交易：中国如何将西方赶出非洲》一文所反映出的德国媒体人对中国在非洲影响力的片面认识，2011 年 8 月 15 日，德布拉与德国发展研究院的阿力克斯·伯格（Alex Berger）和波恩大学的菲利普·波加特纳（Philipp Baumgartner）三人联合撰文对该文的错误观点进行了批驳，指出这种对中国在非洲影响力的判断缺乏令人信服的证据。特别是后两位作者伯格和波加特纳作为德国人，能够从德意志民族性的角度，就德国人对中国人的在非存在所表现出的反感情绪进行了分析，堪称此类博文中不可多得的力作。②

综上，中国与非洲关系的发展与殖民主义毫无共同之处。当前一些西方国家政府和舆论对中国开展对非洲外交的片面报道实际反映出它们的一种不健康心态，即中国的到来会损害西方国家的切身利益，尤其在石油和矿产资源领域。中非关系的发展让某些西方国家和非政府组织感到不舒服。一定程度上唤起了其殖民主义的罪恶感，因此对中非关系的发展存在以上的"误读"或"误判"也就不足为奇了。

在全球化形势下，中国和非洲国家在进一步加强高层领导人互访和政治互信，通过相互投资，促进经济发展和人民福祉。与此同时，双方更应将加强彼此的文化交往作为发展双边关系的"润滑剂"和软实力建设的重要组成部分。文化力的作用在于以文化的平等交往，促进相互间的了解和

---

① 曾经担任津巴布韦前教育部长、就业创造部部长，非盟高级顾问兼联合国教科文组织非洲能力建设研究院首任主席。——作者注

② http：//www.die-gdi.de/en/the-current-column/article/why-are-we-so-critical-about-chinas-engagement-in-africa/.

信任。对非洲加强文化交往,这也是中国政府一贯倡导的世界文化多样性的具体实践。

"中国在非洲搞新殖民主义"的奇谈怪论,特别是由此引发的"赞比亚现象"对中国和非洲国家无疑都有一种警示作用。中非双方应以一种全新的思维,对双边各个层面的关系进行重新定位和思考。笔者以为,西方的指责同样也是中非双方反思现行合作中存在问题的契机,找出问题所在,分析并解决这些问题,无疑也是中非双方进一步深化关系的关键所在。对于中国而言,要做一个敢于担当、负责任的新兴大国,通过树立正确的义利观,打造中非命运共同体,这是我们必须面对且必须解决好的问题。事实上,个别企业的行为并不影响我国继续实施一以贯之的互利共赢的对非政策。西方的攻击和指责只能更加坚定中非双边加强合作的信心。[1]因此,如果能就这一问题达成共识,那将是对发展经济学和国际关系理论的一大突破与进步。这样,我们就可以在理论和实践上,对中国在非洲搞"新殖民主义"的谬论展开双重反击,使谣言止于智者,不攻自破。

现阶段,笔者正倾力加紧实施"一带一路"战略,旨在向"一带一路"沿线国家转移优质过剩产能。笔者认为,非洲无疑是"一带一路"战略中的题中应有之义。[2]中非互视对方为提升各自国际话语权的战略选择,中国可借此着手改变"以欧美为中心"的外交战略格局,通过加强"金砖"国家及上海合作组织国家的合作,积极谋划建立国际政治、经济新秩序。值此非洲国家实施2063年战略构想之际,"一带一路"战略能够助力非洲国家通过大力发展工业化,加快非洲一体化进程,打造一个团结、发展、对人才有吸引力的新非洲,最终达成2063年的美好愿景。

(刘乃亚)

---

① 赞比亚现象的本质是:中石油、中石化、中兴等为代表的国有大中型企业的海外经略被西方及投资对象国看成是中国政府行为,而非完全意义上的企业行为;某些中资企业(更多是私营业主)在非违法经营,显然不代表中非经贸合作的主流。非洲当地非主流媒体及西方各界借此抨击、指责我国在非洲"只顾攫取资源,忽视企业的社会责任,搞所谓'新殖民主义'",攻击我国互利共赢的对非政策,扭曲互利共赢的中非关系本质,累及我国在非形象及我国在非利益,这一做法当然也是片面和不负责任的。

② 参见刘乃亚《中国向非洲实施规模化产能转移正当其时》,西亚非洲所网站,2015年5月15日。Also see: Liu Naiya: Africa on Silk Road, China Daily, 2015/6/7; Africa Stays United with AU, Panview, 2015/6/25。